今、ここを生きる

The Joy of Living

新世代のチベット僧が説く
マインドフルネスへの道

ヨンゲイ・ミンゲール・リンポチェ 著
涉 訳

Yongey Mingyur Rinpoche

The Joy of Living

This translation published by arrangement with Harmony Books,
an imprint of the Crown Publishing Group, a division of Penguin Random House, LLC.

はじめに

ダニエル・ゴールマン

私たちは今、科学の歴史上、前例を見ない出来事を目《ま》の当たりにしている。科学者と瞑想家が対話を始めたのだ。科学的な視点から見たとき、この出会いには目が覚めるようなものがあった。私の専門は心理学だが、その起源はかつては常にヨーロッパとアメリカにもとめられ、おおよそ二十世紀に始まったものと信じられていた。しかしこの思い込みは文化的な先入観に基づくものであり、歴史を鑑みても近視眼的な見方でしかなかったことがわかったのである。心とその働きに関する理論――心理的システム、とでもいおうか――は、世界に広がった偉大な宗教のほとんどにおいて発達してきた。しかも、その宗教はすべてアジアで生まれたのだ。

一九七〇年、大学院生として私はインドに調査旅行をし、アビダルマを研究した。これは仏教に古くから伝わる心理学の中でも、もっともエレガントなものの一つと私には思えたのだった。心の科学の基本的な問題が、たった百年前どころか、何千年も前からすでに探求されていたことを知って、私は驚愕した。当時の私の専門であった臨床心理学においては、さまざまな感情的な苦痛を和らげる方法が研究されていた。驚くべきことに、何千年も前から連綿と続いてきた仏教の心理システムは、単に精神的苦痛を癒すばかりではなく、慈悲や共感という人間の肯定的な能力を拡大する方法論をも明確にしているのである。私はこのような心理学が存在することをそれまで聞いたこともなかった。

現在、この古くからの内的科学の実践家と、現代の科学者とのあいだの活発な対話は、現実の共同作業へと花開いている。ダライ・ラマと「心と生命研究所」が促進してきたこの協力関係によって、ここ数年間、仏教徒とその研究者が現代の科学者と議論を重ねてきている。はじめは対話であったものが共同研究を行うまでに至ったのだ。その結果、仏教における心の科学の専門家と神経科学者との共同研究では、さまざまな心の訓練（メンタル・トレーニング）の神経系に与える影響が記録された。

本書の著者ヨンゲイ・ミンゲール・リンポチェはこの研究に参加した専門的な実践者の中でも最も積極的な一人であり、ウィスコンシン大学ワイスマン脳映像及び行動研究室の責任者、リチャード・デイヴィッドソン教授とともに調査を行った。この調査は、もし今後も重ねて実施されれば、科学における基本的な仮説を塗り替えてしまうような結果をもたらした——たとえば、数年にわたって体系的な瞑想の訓練を行った場合、それが脳の活動にもたらす肯定的な変化の大きさは、現代の認知・神経科学には想像もつかないほど目を見張るものがあった。

最も驚くべき結果は、ヨンゲイ・ミンゲール・リンポチェを含む何人かの瞑想の達人を研究することによってもたらされたものだろう（本書にもそのくだりは述べられている）。彼らが慈悲の瞑想を行う間、幸福感を司る脳の領野におけるニューロンの活動が、七〇〇％ないし八〇〇％も増大したのである。同じ研究では普通の被験者、すなわち瞑想をはじめたばかりの初心者でも、一〇%から一五%の増加が見られた。彼ら瞑想の達人はオリンピック選手のような修練を積んでおり——その生涯で一万時間から一万五千時間を瞑想に費す——何年にもわたる隠棲のあいだに瞑想の技術を磨くのである。ヨンゲイ・ミンゲール・リンポチェはこの分野での天才児といっていい。幼少時から実父であるトゥルク・ウルギェン・リンポチェから非常に深い瞑想の指導を受けたが、この父は中国共産党による侵攻直前にチベットを脱出した偉大な高僧の一人である。ヨンゲイ・ミンゲール・リンポチェは十三歳のとき啓示を受けて三年間に及ぶ瞑想生活に入り、それが終わると今度は同じ僧院でさらに三年、指導者として隠棲することになった。

ヨンゲイ・ミンゲール・リンポチェは現代科学に高い関心を抱いている点でもまた異例の存在である。「心と生命研究所」の会議に欠かさず出席し、科学者たちをつかまえては彼らの専門について話を聞いていた。こうした対話から、仏教と現代科学の、その理解の急所においての共通性が明らかになってきた——その共通性は心理学にとどまらず、量子論の進化によって発見されつつある宇宙の法則にまで及ぶものだ。こうした対話の一端は本書にも紹介されている。

そしてさらに秘教的《エソテリック》な話題のかずかずが諄々と語られ、瞑想の実践法の初歩としてわかりやすい形で紹介されている。つまるところ本書は人生をよりよいものにするための実用的な案内書である。私たちが最初の第一歩を踏み出すとき、旅はすでに始まっているのである。

序文

エリック・スワンソン

世界各地の仏教センターにおけるヨンゲイ・ミンゲール・リンポチェの初期の講演を文章に起こし、それを編集して一冊のまとまった本にする、というのがそもそものはじまりであった（ここでまず「リンポチェ」ということばに触れておこう――チベット語で「大事な人」といった意味であるが――偉大な師に与えられる尊称の一種で、たとえば西洋における「〜博士」あたりがこれに近い。チベットの伝統では、リンポチェの尊称を受けた師僧は、しばしばこの尊称のみをもって言及される）。ところが、単純と見えた仕事は生き物のごとく、当初のもくろみを超えてより大きな事業へと成長していった。私が受け取ったリンポチェの速記録は、そのほとんどが彼の初期の講演におけるものであり、彼が後に得た現代科学への詳細にわたる理解は反映されていなかった。リンポチェは「心と生命研究所」協議会に何度となく足を運び、またウィスコンシン大学マディソン校のワイスマン脳画像及び行動研究室における実験の被験者という個人的経験を通して、欧米の科学者と対話を重ねてきたのである。

幸い私は、その原稿について直接リンポチェとともに作業する機会に恵まれた。世界をめぐる講演旅行をいったん休んで何か月かネパールに滞在するとのことで、二〇〇四年の終わり頃の話である。正直にいうが、政府と反政府勢力が対立を深めるその国に数か月ものあいだ滞在するにあたって、当時の私は愉しみよりもむしろ恐怖心が先に立っていた。たしかに滞在中は何かと不便を感じたものだが、それまでに私が賜ったどんな高誼にも増して、この最もカリスマ性のある、最も聡明な、最も博識な師僧の一人と、毎日一、二時間を過ごすという稀有な体験を思い合わせれば、少々の不便などまったく取るに足らぬことだったといわねばならない。

ヨンゲイ・ミンゲール・リンポチェは一九七五年、ネパールのヌブリに生まれた。チベット以外の場所で修行した新世代の師僧として、チベット仏教界の新星と目されている。古来伝わる実践的かつ哲学的な伝統に精通しているのはもちろんのこと、彼はまた現代の文化全般についても極めて深い理解を示している。けだし、ほぼ十年にわたって世界各地で教えを説き、全く異なる畑の人々と語り合ったという経験の賜物であろう。その人々とは、世界的に著名な科学者から、隣人との小競り合いを解決したいと望んでいる郊外生活者まで、文字通り千差万別である。世界をめぐって教えを説く途上で遭遇する、複雑で、ときに激しい感情の交錯する事態に、彼はなぜあのように余裕をもって向かうことができるのか。幼少時におかれた過酷な生活環境がその一因であると私は見ている。彼は三歳のとき、カルマパ十六世（二十世紀最大のチベット仏教の師僧の一人）によって、ヨンゲイ・ミンゲール・

リンポチェの第七代目の生まれ変わり（転生）として、正式に認められた。この初代は十七世紀に活躍した瞑想家、学僧であり、特に瞑想の実践法を革新した人として知られている。また同じ頃、ディンゴ・キェンツェ・リンポチェによって、彼（本書の著者、ヨンゲイ・ミンゲール）が、かつて瞑想の実践において天才的と評されたキャブジェ・カンギュル・リンポチェの転生者でもある旨、その両親に伝えられたという――カンギュル・リンポチェは一九五〇年代にチベットを震撼させた政治的変動のあおりを受けて、自らの意思で故地を離れ、その後の生涯を東西両世界の多くの弟子の育成につとめた第一世代の亡命チベット僧の一人である。

チベット仏教に独特の「生まれ変わり（化身、転生）」というしくみについて、耳慣れない読者のために若干の説明が必要だろう。チベット仏教の伝統に従えば、高次の「悟り」を得た高僧は、一切衆生が苦痛から完全に逃れられるよう助力するため、大いなる慈悲によって何度も繰り返し生まれ変わるといわれる。このように慈悲を委託された男女のことを、チベット語で「トゥルク」という。このことばの大体の語義は、「肉体化した霊気」、とでもいえばいいだろうか。現代における最も著名な「トゥルク」といえばもちろんダライ・ラマであり、当代の化身ラマは自らに課された他者への福祉という慈悲を具現化する存在なのである。

現ヨンゲイ・ミンゲール・リンポチェが持つすぐれて実践的かつ知的な能力が、果たして連綿と続く転生に由来するものなのか、あるいは彼個人の超人的努力の賜物なのか、その判断は読者に委ねられよう。現リンポチェが歴代のリンポチェと異なる点があるとするなら、それは彼の影響力と名声が世界的規模で広がっているという一点につきる。歴代のリンポチェがチベットという地理的にも文化的にも孤立した地域に限定されていたのに対し、当代はそのおかれた環境も手伝って、自らの深くかつ広汎にわたる洞察を、マレーシアからマンハッタンに至るまで、世界中の何千という聴衆に授けているのである。

ところが、個人的な悩みに向き合うとき、尊称や血統はむしろ役に立たないものであるが、彼もまたその例に漏れなかったようだ。本人が率直に語るところによると、手付かずの自然を誇るネパールの一地方の、愛情あふれる家庭に生まれながら、彼は幼少期を我々のいう「パニック障害」に悩みつつ育った。当時の不安の深さを私に初めて打ち明けてくれたとき、温かで魅力的な、カリスマ性を備えたこの青年が、絶えず恐怖に怯えて子供時代を過ごしていたなどとは、にわかには信じがたかった。この事実は、現在の彼の驚くべき内面の強さのみならず、薬や療法に頼らずにその苦しみを克服することを可能にした、本書（彼の処女作である）でも解説されているチベット仏教の瞑想法の有効性をも証明するものである。

リンポチェの個人的証言が、精神的苦痛に打ち勝った闘病記にとどまらないのはいうまでもない。彼は二〇〇二年、長年の実績を持つ仏教の瞑想家が八人選ばれたなかの一人として、ある調査研究に参加した。その研究を主導したのは、フランシスコ・バレーラの薫陶を受けた神経科学者のアントワーヌ・ルッツ博士、世界的な神経科学者で、国立精神衛生研究所の科学療法士評議会の一員であるリチャード・デイヴィッドソン博士の二人であり、リンポチェはウィスコンシン大学マディソン校のワイスマン研究所で一連の神経科学実験の被験者となった。その実験は、すでに芸術の域に達した観のある機能的磁気共鳴画像（ｆＭＲＩ）の技術を用いて――脳や身体のはたらきをスチール写真で示す通常のｆＭＲＩとは違って――脳の異なる領野における活動を、時々刻々変化する画像としてとらえるものだった。脳細胞どうしが交信する際に起こる微小な電気信号を測るのに使用された脳波計（ＥＥＧ）もまたかなり精巧な機器で、通常の脳波計では、頭に計十六本の電気コードを装着して頭蓋表面の電気的活動を測定するのに対し、ワイスマン研究所のそれは百二十八本を数え、被験者の脳内における微細な電気的変化をも拾うことを目指していた。

ｆＭＲＩやＥＥＧを用いて八名の瞑想家を調べた結果は、二つの水準において印象的なものだった。慈悲や親愛の情に関する瞑想を行っているあいだ、母性愛や感情移入を司るとされる脳の領野において、著しく活発な活動が見られた。これは別の被験者のグループ、すなわち、脳をスキャンする一週間前から毎日瞑想のレッスンを受けさせた人々の結果と比べたとき、その違いは特に顕著であった。ヨンゲイ・ミンゲール・リンポチェの利他的かつ肯定的な心の状態を生み出す能力は瞠目に値するといわねばならない。というのは、パニック障害の経験のない人でも、ｆＭＲＩ機の狭い空間に横たわる際、しばしば閉所恐怖症的な感情に襲われるからである。閉所恐怖症を誘発するような環境下でも心の集中を実現させる彼の能力は、パニック障害という性向は瞑想の訓練によって駆逐されることを示唆している。

さらに驚くべきは、ＥＥＧを用いての瞑想家に対する実験で、数値が――私の理解するかぎりでは

――通常のものとは桁違いだったことで、最初、担当技術者は機械の不具合を疑った。とり急ぎ二重のチェック体制をとって再試行したところ、機械の不具合という可能性は排除せざるを得ず、注意と集中に関連する脳の電気活動が前代未聞のレベルに達しているという事実に直面することとなった。二〇〇五年に行われたタイム誌のインタビューで、リチャード・デイヴィッドソン教授は、はじめこそ科学者らしい慎重な物言いだったが、「私は興奮した……こんなドラマチックな結果は、予想だにしなかった」と述べている。

さて、本書において、ヨンゲイ・ミンゲール・リンポチェは極めて打ち解けた態度で自らの抱えていた問題、それに打ち勝つまでの顚末を語っている。そして、子供のころ、当時まだ若かったチリの科学者、フランシスコ・バレーラと出会った際の思い出も披露している。後に彼は二十世紀をリードする神経科学者の一人に数えられることになるが、バレーラはヨンゲイ・ミンゲールの父、トゥルク・ウルギェン・リンポチェの弟子でもあった。父のリンポチェはヨーロッパ、北アメリカ、そしてアジア各国で講演し、何千人もの弟子を抱えていたのである。バレーラはヨンゲイ・ミンゲールの親友として、自然界や人間の脳機能に関する西洋の思想を彼に紹介した。父リンポチェの他の西洋人の弟子も、ヨンゲイ・ミンゲールの科学好きなのを知って、物理学や生物学、天文学などについて、次々と彼に情報を提供し始めた。こうした早期の「科学教育」は九歳児の心に深い感銘を与え、後年、チベット仏教と現代科学を統合しようという考えを芽生えさせることとなった。その方法は、科学の専門書を読み通すこともできず、仏教の本には懐疑的かあるいは圧倒されるかどちらかの反応を示すけれども、幸福感を持続させる実用的な方法は知りたい、そのような人々を想定したものである。

ヨンゲイ・ミンゲールがこの事業に着手するためには、まず仏教徒としての正式な教育を修了せねばならなかった。十一歳から十三歳まで、彼は父の仮寓であるネパールとインドのシェラブ・リン僧院を何度か往復した。後者は第十二代タイ・シトゥ・リンポチェの本拠地である。このリンポチェはチベット仏教における在世の高僧のうち最も重要な人物の一人である。ネパールとシェラブ・リンの師僧の指導のもと、ヨンゲイ・ミンゲールは「経《スートラ》」（ブッダの実際のことばを集めたもの）と「論《シャーストラ》」（インドの仏教徒やチベットの師僧が「経」に付した注釈）の勉強にいそしんだ。一九八八年、学期の修了とともに、タイ・シトゥ・リンポチェはヨンゲイ・ミンゲールに初めてシェラブ・リンにおける三年間の「安居《あんご》」（隠棲して学ぶ修行）に入ることを許した。

何百年も前に瞑想の上級者のための基礎訓練として考案された三年の安居は、チベット仏教の瞑想の真髄を学ぶ集中課程として、選ばれた者にしか許されない。ヨンゲイ・ミンゲールは恐らく史上最年少でこれに選ばれた。この間、彼の進歩はめざましく、課程の修了と同時にタイ・シトゥ・リンポチェにより、次回の安居を指導する任を与えられた――この時、彼は十七歳。これもまた史上最年少での抜擢である。指導者として、結局彼は七年にわたる日々を過ごすことになった。

一九九四年、二度目の安居の終わりに、彼は僧院大学に移って経典の解釈を中心とした正式な勉強を続けたが、翌年、シェラブ・リン全体の代表者たる地位を与えられ、僧院の活動を監督する立場となり、学生として、教師として、さらに研鑽を続けることとなった。そして三度目の安居が終わった後、一九九八年、彼は二十三歳で僧院での修習をすべて終えたのである。

十九歳の年から――ほとんどの者がもっと世俗的な愉しみにかまけている年頃であるが――ヨンゲイ・ミンゲールは厳しい日程に追われて日々過ごしている。ネパールとインドにおける僧院の監督、世界規模で行われる講演旅行、個人に対するカウンセリング、仏典の暗記、チベット内で修行した最後の世代からの知識の吸収、などがその内容である。

彼と知り合ってから、私にとって最も印象的なのは、何か挑戦すべきものごとに突き当たったときに見せる、うらやましいばかりの冷静さもさることながら、むしろ天才的ともいえる時宜にかなったユーモアの感覚である。ネパールに滞在中、前日に話し合った草稿を前に作業が行き悩んでいるときなど、彼は眠りこけたふりをして、われ関せずといった顔を決め込むことが一度ならずあった。これはあまり難しく考えすぎるなと私を「叱咤」するための、彼一流の表現であることがすぐに理解できたが、仏教の修行には多少の軽みも必要なのだということを直截なやり方で示してくれてもいたのである。ブッダが悟りを開いてすぐ授けた最初の教えにもあるように、日々の生活が本質的に苦であるとするなら、その特効薬は笑い――特に、自分自身に対する笑いである。もし自分を笑い飛ばすことができたなら、どんな経験にもどこかしら一条の光が見出せるだろう。

これはネパール滞在中の私がヨンゲイ・ミンゲールから得た最も重要な教訓かも知れない。そして私はこれを人間の心の本質に対する深い洞察として有難く拝受している。彼はチベット仏教の精妙と、現代科学の驚くべき啓蒙と、この二つを統合させるという類稀なる能力を通じて、私たちにその教訓を知らしめてくれる。本書を読まれたすべての人が、日常にはりめぐらされた苦痛や不快感、絶望感の迷路を抜けて、私と同様、笑うことを知るようにと、心から願う次第である。

今、ここを生きる　目次

第3部　果

第1部

礎《いしずえ》

我々人間を含む一切衆生は、悟りを得るための素質をすでに備えている。

――ガムポパ

第1章　旅の始まり

今、現代科学の求めるものと合致する宗教があるとすれば、それは仏教であろう。

――アルバート・アインシュタイン

仏教者としての訓練を受けていると、仏教を宗教とは考えなくなります。それは科学の一つであり、さまざまな技法を使って自分の経験を調べることからはじめ、自分の行動や反応などを批判することなしに見つめて、「ああ、私の心はこのように働くのだ。幸福を経験するには、こうするのだ。不幸を避けるには、こうすればいいのだ」と理解するのです。

仏教は、基本的に極めて現実に即したものです。それはやすらぎ、幸福感、自信などを養い、不安、絶望感、恐怖心などを起こすものを避けます。仏教の訓練とは、自分の思考や行動を変えてよりよい人間になるというよりは、あなたの人生や環境がどうであっても、あなたはすでに善であり、全体であり、完全であるということなのです。これはあなたの心にもともと備わっている潜在的な力を認めることでもあります。仏教とは、何かこれ以上よくなるというよりは、今、ここで、あなたはすでに本質的にあなたが望む以上に完全であり、よきものである、ということを認めることなのです。

信じられないでしょうか。

私自身も長い間、信じられませんでした。

打ち明け話から始めましょう。それは前の世で、あらゆる善い行いをした結果、ラマとして生まれ変わったとみなされている私のような人間の口から聞くと、おかしなものに思われるかもしれません。実は、子供のときから私は、あらゆる種類の恐怖や不安に取り付かれていました。知らない人の前に出ると、汗が流れ、心臓が飛び出しそうになりました。こうしたことには何の理由もありません。私は美しい谷間に住んでいて、まわりには僧侶や尼さんや親切な人たちが住んでおり、みな内面のやすらぎと幸福に目覚めようと修行をしていました。ところが私には不安が影のように付きまとっていたのです。

六歳ごろ、初めてわずかながら不安からの救いを経験し始めたようです。子供の好奇心から、私は山に登り、僧たちが何世代にもわたって瞑想の修行をした洞窟を探検してみたのです。時にはその洞窟に入って、瞑想の真似事もしてみました。どのように瞑想したらいいのか、知りませんでしたが、ただ座って「オーム・マニ・ペメ・フーム」とマントラ（真言。神聖な呪句）を唱えていました。これはチベット人なら誰でも知っているマントラです。時には、私は何時間も座って、自分がしていることもよくわからずに、マントラを唱え続けました。そのときやすらかな気持ちが自分に広がり始めるのを感じたのです。

しかし、三年間ほど、洞窟の中でよくわからないまま瞑想を続けていたら、私の不安は大きくなり、今の西洋ではパニック症候群といわれるような状態にまでなってしまいました。そのころ、しばらく祖父の指導を受けていました。祖父は偉大な瞑想の師でしたが、自分の業績を口に出さないようにしていました。やがて、私は勇気をふるって、母に「父に正式な指導をしてもらえるように頼んでほしい」と言いました。私の父、トゥルク・ウルギェン・リンポチェは賛成してくれ、こうして続く三年間、私は父からさまざまな方法による瞑想の指導を受けました。

最初よくわからなかったのは、教えられたように自分の心を落ち着かせようとするのですが、まったく落ち着かないのです。この正式な指導を受けた初めのころは、以前にもまして気が散るようになってきました。ひざの痛みやそのほかの身体の不快感、雑音、ほかの人たちとの衝突など、あらゆることに気をとられました。何年も後になって、私はこのころ、実際には悪い方向に向かっていたのではなく、絶え間なく流れる思考や感覚に、以前よりも気がつくようになっていたのだ、ということがわかりました。ほかの人たちも同じような経過をたどるのを見て、これは瞑想を通じて心を探求しようとする人にとっての、初めのころの共通の経験なのだと気がついたのです。

つかの間の落ち着きを経験しても、恐怖は飢えた幽鬼のように私にとりついていました。毎年、新しい先生や仲間と修行するためにインドのシェラブ・リン僧院におくられるとき（そこは、チベット仏教の在世の偉大な師の一人であり、私に最も影響を与えた第十二代タイ・シトゥ・リンポチェの本拠地でした。師の智慧と御恩には感謝しきれません）や、父のもとで修行を続けるためネパールに戻るときなど特にそうでした。三年間、インドとネパールの間を行き来して、僧院での修行と父のもとでの修行を続けました。

もっとも怖るべき瞬間が、十二歳のときにやってきました。私は、シェラブ・リン僧院で、初代ヨンゲイ・ミンゲール・リンポチェの転生者として正式なお披露目の式を開いてもらうことになりました。何百人もの人が、贈り物や祝福を私にささげるためにやってきました。私はただのおびえた十二歳の少年だったのに、まるで本当に重要な人間であるかのように扱われたのです。私の実兄、ツォキニ・リンポチェなど、私がだんだん青ざめるのを見て、気を失うのでないかと思ったそうです。

このころを振り返ってみると、あれほど師僧たちが親切だったのに、なぜあのようにおびえたのか、不思議に思います。今から考えれば、私の不安は、まだ私の心の本当の姿を認識していなかったことに由来していたのだと思います。確かに頭では基本的な理解はしていたのかも知れませんが、恐怖や不安というものは自分の心が直接に生み出したものだ、ということを認識する直接的な経験はまだなかったのです。さらには、やすらぎや自信、幸福のための、揺るぎない基礎というものは、自分の目よりも近いところにあるのだ、ということを確信できる経験もありませんでした。

私は、正式な仏教の修行を始めました。それと同時に、そのときはよくわかりませんでしたが、あるすばらしいことが起こりました。それは私のその後の人生を通じて大きな影響を与えることになります。私は現代科学、特に脳の機能と性質に関する科学の分野を、徐々に学び始めることになったのです。

心と心の出会い

何が本当に起こっているのかを理解するためには、
座って自分の心と経験を考察するという過程を経ねばならない。
――カル・リンポチェ

フランシスコ・バレーラに出会ったとき、私はまだほんの子供でした。バレーラはチリの生物学者で、その後二十世紀でもっとも高名な神経科学者となりました。バレーラはネパールの私の父のもと、仏教の心の考察や修行の方法を学びに来ていました。勉強や瞑想の合間にフランシスコはよく現代科学、とくに彼の専門である脳の構造と機能に関して私に話してくれました。もちろん九歳の少年にわかるようにです。私の父の弟子だったほかの西欧人たちも私の科学に対する興味に気がついて、生物学や心理学、化学や物理学を教えてくれました。ちょうどそれは二つの言葉を学ぶようなものでした。一つは仏教、一つは現代の科学でした。

私は二つの間でそれほど大きな差はないように感じたことを覚えています。言葉はもちろん違いますが、意味するところにはそれほど大きな違いはありません。しばらくして、私は西欧の科学と仏教はその扱う対象に対して非常によく似た方法で向かっていることに気がつきました。古典的な仏教は、まず考察する対象に関して理論的な基礎を提示することから始めます。これを「礎」といいます。それから、さまざまな修行の方法に進みます。これが「道」といわれるものです。最後に個人的な経験の分析を行い、次の修行へ進むための示唆を得ます。これが「果」です。西欧科学の研究も、同じような構造を持っています。まず仮説を提示し、仮説が検証される方法を説明し、実験の結果を分析して、最初の仮説と比較するのです。

現代の科学と仏教を学んでいて、最もすばらしいと思ったのは、仏教では、人々が幸福を実現するための完全な力を持っていることをまず認識し、それを実現するための内面的で主観的な方法を教えます。一方、西欧的な方法では、自分たちの理論がなぜ、どのように有効であるかを確認するために、より客観的な方法がとられます。仏教と現代科学は、人間の心のはたらきに関して、ずばぬけた洞察を示しているのです。両者は互いに補いあって、より完全かつわかりやすい全体像を形作るのです。

インドとネパールを往復している間、私はシェラブ・リン僧院で三年の安居《あんご》（一定期間、修行に専念すること）が行われることを知りました。この安居の指導者はサリジェイ・リンポチェで、当時のチベット仏教で最も卓越した師といわれていました。低い声で話す穏やかな人で、的確なことを的確なときに話す、驚くべき能力をお持ちでした。師のまわりにいた人々も、同じような力を持っていました。非常に深い教えを、まるで何も教えていないかのようにして教える、という力です。この人たちのありようがそのまま教えでした。こうした教えが一生の教えとなるのです。

サリジェイ・リンポチェは非常に老齢で、それが最後の指導となりそうでした。私はどうしてもこの安居に参加したかったのです。まだ十三歳で、こうした厳しい修行には幼なすぎるとみなされていました。しかし私の父のなかだちでこの修行が実現することになりました。タイ・シトゥ・リンポチェが私の参加を許してくれたのです。

この修行の話の前に、チベット仏教の歴史について簡単に触れたいと思います。そうすれば、なぜ私がそれほどこの安居に参加したかったのか、ご理解いただけると思うからです。

相伝の重要性

概念的な知識だけでは十分ではない。自分で経験して確信を得ねばならない。

——ギャルワン・カルマパ九世

仏教と呼ばれる、心を直接に探究し、それに働きかける方法は、インドの若い貴族であったシッダルタによって始められました。自分の育った特権的な環境では見られない人々の怖ろしい苦しみを見て、シッダルタは人間の苦しみの解決を求め、快適で安全な自分の家を捨てました。苦しみは多くの形をとります。それは、もしあなたの人生がここでこうなればもっと幸福になれるのに、という心の中のしつこいささやきから、病気や死の恐怖のようなものまで様々です。

シッダルタは苦行者となってインドを放浪しました。自分の求める解決法を知っているという師のもとで修行しました。残念ながら、そうした師の答え、そうした師の教える修行は、完全とは思われませんでした。最終的に彼は、そうした外側からの教えを捨て、実は苦しみの源泉はそこにあるのではないか、と思われるところへ解決を求めたのです。インド北東部のビハール州ブッダガヤというころで、彼は菩提樹の下に座し、解決を求め、それが見つからなければ死んでもいいという覚悟で、自分の心の中へ深く入っていきました。

何日も何夜もかかって、彼はとうとう自分の求めているものを発見しました。それは変わることのない、壊すこともできない、そして、無限の意識でした。その深い瞑想から出てきたとき、彼はもはやシッダルタではありませんでした。彼はブッダと呼ばれました。ブッダとは、サンスクリット語で「目覚めた人」という尊称です。

ブッダが悟ったのは、人間の「本性」のもつ完全な、潜在的な力です。この潜在力は、それまではいわゆる二元論によって限定されていました。二元論――つまり、明白なかたちで先天的に実在する「自己」は、同じく明白なかたちで先天的に実在する「他者」とは区別されねばならない、という考え方です。これからお話しするように、こうした二元論は間違いでも欠陥でもありません。それは複雑な生存のためのメカニズムで、脳の機能や構造に深く根づいているのです。それは、他のメカニズムと同じように、経験によって変わり得るものです。

ブッダは、この変化を可能にする能力を、内省によって認識しました。間違った概念が心の中に根づいてしまうようすと、そうなることを回避する方法は、その後四十年間インドを旅する間のブッダの教えの主題となりました。二千五百年以上経った現在、科学的に極めて厳密な調査によって、ブッダの洞察は驚くほど正確であったことがわかったのです。

ブッダの洞察や知見が、通常の人々が持っている自分自身や現実についての考え方を大きく超えていたために、ブッダは自分の発見を伝えるため、寓話や実例、なぞなぞや比喩などで教えました。言葉を使わざるを得なかったのです。その言葉は、サンスクリット語、パーリ語、その他の言語で書かれました。そして、何世代にもわたって、常に口承で受け継がれてきました。私たちがブッダやブッダに従って同じ境地に達した他の祖師の言葉を聞くとき、そうした言葉の意味を考え、自分の人生に適用してみなければなりません。このとき、私たちは自分の脳の構造や機能にも変化を生み出しているのです。このことについては後ほどお話ししますが、このようにして私たちはブッダの経験した自由と同じ自由を創りだすのです。

ブッダの死後何世紀もたって、その教えはチベットへも広がりました。地理的にほかの世界と隔絶していたため、師弟ともども何世代にもわたって、ブッダの教えを勉強し、修行に専心するのに、チベットは理想的な環境でした。悟りを得て、存命中にブッダ（目覚めた人）となったチベットの師たちは、自分の学んだことすべてをもっとも有望な弟子に伝えました。そして、この弟子はさらに自分の弟子のなかでもっとも有望な弟子にそれを伝えていったのです。このようにして途切れることのない教えの継承がブッダの教えに基づいて行われ、その教えは忠実な弟子たちによって書き遺されました。しかし、チベット仏教に純粋性と活力をもたらす伝承の真の力は、教えの真髄を口承で、時には秘伝として伝える師の心と弟子の心の直接の結びつきにあるのです。

チベットの各地域は、山や谷、深い川などによって隔てられているので、師や弟子たちは、自分の学んだことを伝えるために旅することが困難でした。その結果、各地で継承された教えは、やや異なって発展していきました。これが今のチベットの四つの主要な流派、すなわちニンマ、サキャ、カギュー、ゲルクの各派です。それぞれの派は、チベットの異なった地域で、異なった時代に発展しましたが、基本的に同じ原則、修行体系、信仰などを持っています。これらの派の相違は、キリスト教のプロテスタントのなかの諸派ぐらいの相違です。相違は主として術語や修行などに対する微妙な差異にあります。

七世紀から九世紀初頭にかけて立てられた諸派のなかで、最も古いのはニンマ派です。ニンマとはチベット語で「古い」という意味に相当します。このころ、チベットは王政でした。残念なことに、最後のチベット王ランダルマは仏教に対する苛酷な弾圧を行いました。ランダルマは八四二年に暗殺されましたが、その後百五十年近く、仏教は地下に潜伏せざるを得なくなりました。その間、チベットは大きな政治的な変化をとげ、いくつかの王国が分立した緩やかな連合体になりました。

こうした政治的な変化によって、仏教にも、徐々にではありますが、影響力を持つ機会が再び訪れました。インドの師たちがチベットを訪れる一方、関心を抱いたチベットの学生たちが勇敢にもヒマラヤを越え、インドの師たちから直接学ぼうとしたのでした。こうして、このころにチベットに根を下ろした最初の派はカギュー派と呼ばれました。「カ」とは、「言葉」「指示」という意味であり、「ギュー」とは「継承」という意味です。カギュー派は基本的に師から弟子へと口承で伝えられ、それによって無類の純粋さが保たれたのです。

カギュー派の伝統は、十世紀のインドで、ティローパという卓越した人がその力に目覚めたことに発しています。数世代のうちにティローパの達成した洞察と、それをもたらした修行は、師から弟子へと伝えられ、やがてガムポパという人に至りました。この人はもともと医者だったのですが、仏教を学ぶため医学をあきらめました。ガムポパは自分の学んだことすべてを四人の弟子に伝え、やがて四人はチベットの異なった地域で、それぞれの派を開きました。

その弟子の一人、トゥースム・キェンパ（チベット語で三つの時、つまり過去、現在、未来を見るもの、という意味です）は、今日、「カルマ・カギュー派」として知られている派を立てています。「カルマ」はサンスクリット語で、「行為」とか「業《ごう》」というような意味です。カルマ・カギュー派では、百巻以上にのぼる哲学的・実践的な教えが、「カルマパ」と尊称される師によって、少数の弟子に伝えられます。彼らは次の「カルマパ転生者」にすべてを教えるため、その口承を受け継ぐのです。こうして千年以上にもわたって、計り知れないほど貴重な教えが純粋なままに守られ、引き継がれてきました。

西欧文化においては、このような直接的に連続して伝達されたものはありません。たとえばアルバート・アインシュタインのような人が、もっともできる弟子に向かって、こう言うようなものです。「これから、君の脳に私が学んだことすべてをダウンロードしよう。君はそれをしばらく保持する。私が二十年か三十年たって転生して戻ってきたとき、君がすべきことは、私が伝えたことから直感的に私だとわかるその転生者に、君の脳にあるすべてを教えることだ。ところで、念のため私が教えることは、ほかの何人かの学生にも伝えてもらいたい。そうした学生の資質は、私が教えることをもとに、君にも見抜くことができるだろう。とにかく、失うものが少しでもあってはならない」

一九八一年に亡くなる前、カルマパ十六世は何人かの弟子にその貴重な教えを伝えました。弟子たちはカルマパ十六世の「心の息子」と呼ばれ、カルマパの次の転生者に対して教えを受け継ぐ責任を与えられると同時に、優秀な弟子たちに教えをそのままの形で伝えることにも責任を持ちました。「心の息子」の中で傑出していたのは第十二代タイ・シトゥ・リンポチェでした。この師が私の将来性を認め、インドのシェラブ・リン僧院で修行できるよう、取り計らってくださったのです。

すでにお話ししたように、各派の相違はそれほど大きなものではありません。術語や修行の仕方が多少異なるぐらいです。たとえば私の父や師たちが属していたニンマ派の伝統では、本性に関する教えは「ゾクチェン」と呼ばれています。これはチベットの言葉で「大いなる完成」という意味です。シェラブ・リン僧院で研鑽したタイ・シトゥ・リンポチェ、サリジェイ・リンポチェ、その他多くの師が属するカギュー派では、本性に関する教えは「マハームドラー」と呼ばれており、その大意は「大いなる封印（大印）」です。二つの教えの間にはわずかの相違しかありません。ゾクチェンでは、根本的な本性を見る上での深い理解を養うことに、一方、マハームドラーでは、本性を直接に経験することをうながす瞑想の修行に焦点が当てられています。

飛行機や自動車、電話などが利用できる現代世界では、師も弟子たちも非常に簡単に旅行できるようになりました。その結果、過去の異なった派によって発達してきた違いは、あまり重要ではなくなってきました。しかし、それを修得した師から直接に教えを学ぶことの大切さは変わりません。実際に師について学ぶと、何かとてつもなく貴重なもの、まるで生きて呼吸しているかのように思える教えがその師の心から弟子の心に直接伝えられます。これが三年間の「安居」で師から弟子へ受け継がれることなのです。私がシェラブ・リン僧院でぜひとも学びたかったのは、そうした理由からだったのかも知れません。

自分の心との出会い

心の意味を理解することは、他のすべての理解を包括する。
——ジャムグン・コントゥル

ほかの修行者たちとともにシェラブ・リン僧院での三年の安居に入ってやれやれと思ったのもつかの間、そのはじめの一年は、私の人生の中でも最悪のものになりました。

不安を示すさまざまな症状——緊張、喉のつかえ、めまい、集団で修行するときに特に強く感じられたパニックなど——に容赦なく襲われました。今の西欧の言葉で言えば、私は神経症に陥っていたのです。

あとから思えば、私が経験していたのは神経衰弱ではなく、神経の飛躍的な前進でした。日常の一切の雑事から切り離され、私は自分の心と直接対面せざるを得なくなったのです。それは、その時点では、あまり美しい風景とはいえませんでした。何週間も経つうちに、私の心的・感情的な風景は、ますます怖ろしいものになっていきました。とうとう、安居の一年目を終えるとき、私は次の二年間を自分の部屋の中に隠れて過ごすのか、それとも私の父や師たちが教えてくれたことを真実として受け取るかどうかの選択を迫られたのです。その教えとは、私が経験しているいかなる難題も、心に深く染みこんだ思考や知覚の単なる習慣に過ぎない、ということでした。

私は、自分の受けてきた教えに従うことにしました。

三日間、私は自分の部屋に閉じこもり、あとからお話しする、それまでに教わったいろいろな瞑想の手法を試してみました。次第に私は、何年にもわたって自分を悩ませてきた思考や感情が、いかにはかなく、またうつろいやすいものであるかがわかってきました。そして小さな問題に固執すると、それがいかにものすごく大きな問題に変化してしまうか、ということもわかってきました。静かに座り、いかに早く、いかに論理に合わない形で、いろんな思考や感情が浮かんでは消え、浮かんでは消えるのかを観察していると、そうした思考や感情が、見かけほど堅固なものでも現実的なものでもないことがわかってきました。こうした思考が語りかける物語を信じることを止めてしまうと、私は、思考の背後にあって、その思考を作り出している「著者」を見ることができるようになりました。それは無限に広大な心の本質をなす、意識そのものでした。

自分の本性を直に経験することを言葉で表すことはできませんが、あえて言ってみれば、それは計り知れないやすらぎであり、何度も繰り返し経験することでひとたび安定すると、ほとんど不動のものになっていきました。「本性」は絶対的な「善き存在」で、どんなに身体や感情、心の状態が移り変わっても、それらを貫いて光り輝いています。たとえそれが不快な状態であっても同じです。内面的・外面的な変化を超えた、このような「善き存在」を感じることこそ、仏教でいう「幸福」とは何かを理解する上でもっとも透徹したかたちの一つであり、私は幸運にも三日間の単独の瞑想でそれを垣間見ることができました。

三日間が過ぎると、私は個室を出て、集団での修行に戻りました。子供時代から続いた不安を乗り越えるには、その後さらに二週間の集中した修行が必要でした。こうして私は、自分が教わってきたことの真実を悟ったのです。その後、二度とパニックは襲ってきませんでした。この経験からくるやすらぎや自信、安楽の感覚は、たとえ客観的にはストレスに満ちているといわれるような条件の下にあっても、決して弱まることはありませんでした。このような変容について、私自身にいかなる力もあったわけではないと申し上げたいのです。それは私の先輩である師たちから手渡された真実を、直接応用しようと努力した結果に過ぎないからです。

十六歳のときに安居を終えましたが、驚いたことにタイ・シトゥ・リンポチェは、私を次の安居を指導する師としました。そして、それは直ちに始められました。こうして数か月もたたないうちに私はまた僧院にもどり、カギュー派の初歩からさらに進んだ修行までを指導することになりました。新しい参加者に、私が受けたのと同じ教えを伝えることになったのです。ほぼ七年間にわたる集中的で連続した修行は、私にとって非常にすばらしい機会でした。この間、私自身、一度も恐怖というものを体験したことはありませんでした。

二度目の安居を終えてから、私はシェラブ・リン僧院からほど近いゾンサル僧院大学に一年間、籍を置きました。これは、もともと父の考えで、タイ・シトゥ・リンポチェはすぐに賛成しました。この大学のケンチェン・クンガ・ワンチュク学長は優れた学者で、ちょうどチベットからインドに赴任したばかりでした。仏教の哲学的、科学的な訓練をこの師についてさらに学んだことは大きな幸運でした。

伝統的な僧院の大学における学び方は、西欧の大学とは異なります。自分でクラスを選んだり、教室や講堂で、教授が特定のテーマについて自分の意見や説明を行うことをただ座って聞いたりするようなことはしません。また論文を書いたり、試験を受けたりすることもしないのです。僧院大学では、膨大な仏教の経典を読むことが必修です。そして、毎日ビンの中に入ったくじから学生の名前が呼ばれ、経典の特定の箇所についての意見を求められるのです。私たちの「試験」は、経典に関する意見を書くこともあれば、教授が学生を突然に指名して、仏教哲学に関してまったく予期しないような質問を行い、それに対する正確な答えを求めることもありました。

ゾンサルでの一年が終わるころ、タイ・シトゥ・リンポチェは世界への伝道の旅に出発することになり、私は、シェラブ・リン僧院の毎日の活動の監督を任命されました。また、三年間の安居を何回か指導することも命じられました。師の恩を深く感じていたので、私はためらうことなく、こうした責任を引き受けました。もし師が、私を信頼して任されるのであれば、どうしてその判断を疑うことなどできましょう。しかも、幸いなことに電話があるので、迷ったときはすぐに師に連絡して指導を仰ぐこともできたのです。

シェラブ・リン僧院での監督の仕事をして四年がたちました。弟子に伝えるべきこと、教えるべきこと、そして私自身の教育も終わりました。この四年目の終わりに私はブータンに旅し、ニョシュル・ケン・リンポチェの教えを受けることになりました。偉大なゾクチェンの師であり、ずば抜けた洞察力と、「トレクチュ」と「トゥギャル」と呼ばれる教えを直接に相伝するすぐれた力を持っていました。「トレクチュ」とは「原初的な純粋性」、「トゥギャル」とは「自発的な現前」といったような意味です。

これらの教えは、一度に一人にしか伝達されません。私はこの教えを直接受けることになり、天にものぼる気持ちでした。ニョシュル・ケン・リンポチェは、タイ・シトゥ・リンポチェ、サリジェイ・リンポチェ、そして私の父と並んで、私の一生の恩師となりました。

相伝を受けるという機会は、別の意味でも私に非常にすばらしい教えを与えてくれました。それは、どのようなことでも、人のために何かをするということに関与すればするほど、学ぶ機会は何倍も何千倍も大きくなり、またその進歩も早いのです。不運な日にめぐり合った人に微笑みかけるということでも、温かい言葉をかけるということでも、いずれまったく予期しない形であなたに還ってきます。どのようにして、またどうして、そのようなことが起こるのか、後ほどお話ししたいと思います。それは私が世界を旅する間に、また現代科学の巨匠たちから直接学んだ生物学や物理学の原理なども、非常に関係が深いのです。

西欧からの光

たった一つの松明《たいまつ》が、何千年にもわたって蓄積された暗闇を振り払ってしまう。
――ティローパ

最初の安居のあと、私はかなり忙しかったので、認知科学や神経科学の分野で起こっている進歩を、あまり興味をもって研究する機会がありませんでした。また主流の分野になりつつある物理学での新発見も、理解する余裕がなかったのです。

しかし一九九八年、私の兄のツォキニ・リンポチェがアメリカで講演する予定だったのが急に行けなくなり、私が代わりを務めることになって、私の人生に思いがけない展開が訪れました。それは、西欧への最初の長い訪問となりました。

私はそのとき二十三歳でした。ニューヨークへ行く飛行機に乗ったときには、まったく予期していなかったことですが、そこで出会った人々は、その後の私の思考に長く影響を与え続けることになったのです。

そこで出会った科学者たちは、たくさんの本、DVD、ビデオなどを私に提供し、現代物理学や神経科学、認知科学、行動科学などの分野の最近の進展を教えてくれました。彼らの科学的な研究は、仏教の修行の影響に関してであったので、私も非常に刺激されました。彼らの研究は多彩で興味深い、詳細なものであり、そしてなにより、科学者としての教育を受けていない私のような人間にも、とてもわかりやすいものだったのです。私の英語は、そのころは今ほど上達していなかったので、私にも理解できるようにわかりやすく説明してくださった科学者の方々には、大変感謝しています。たとえばチベット語には、細胞、ニューロン、DNAなどに相当する言葉はありません。こうした概念を、私に理解できるように、科学者たちは言葉の宙返りをするような複雑なプロセスをたどらなければなりませんでした。私たちは、最後にはよく笑い出したものでした。

友人の生物学者、フランシスコ・バレーラは、そのころダライ・ラマと一緒に、仏教の僧侶や学者および現代の科学者とのあいだの対話を組織していました。こうした対話は「心と生命研究所」という協議会に発展していきました。そこでは、さまざまな分野の科学者や仏教の研究者が集まり、心の性質や働きについて意見を交換していました。私は、幸運にも二〇〇〇年三月にインドのダラムサラで、また二〇〇三年にマサチューセッツ州ケンブリッジのマサチューセッツ工科大学（ＭＩＴ）で行われた会議に参加することができました。

ダラムサラの会議では、心の生物学的な仕組みについて、多くのことを学ぶことができました。しかし、人間の経験というものを調べるための仏教の内省的な方法と、現代科学の客観的な方法に焦点を当てたＭＩＴでの会議に参加して、私は深く考えるようになりました。自分が修行の間に学んだことを、必ずしも仏教修行に詳しくない人や現代科学に詳しくない人に、どう提示していけばよいのだろうかと。

ＭＩＴの会議が進展していくにつれ、私の中で次のような考えが浮かんできました。もし仏教と現代科学のアプローチが結び合わされたら、どうなるのだろう。経験の主観的な記述や描写を詳しく提供できるように訓練された人による情報と、脳の活動の微細な変化を計測できる機械によって得られるデータを一緒にしてみると、どのような結果がもたらされるだろうか。仏教の内省的な修行法が提供する事実のうち、西欧の科学技術による調査・研究では提供できないものとは何だろうか。臨床的な研究による客観的な観察によって、仏教修行者が提供できる洞察には、どのようなものがあるだろうか。

会議が終わりに近づくにつれ、仏教徒も、また科学者たちも、双方お互いに協力すれば、得るものは非常に大きいことがわかってきました。会議の終了にあたって、MITの分子生物学教授で、ホワイトヘッド研究所およびMITゲノム研究センター所長のエリック・S・ランダー博士は、仏教の修行が人間の意識のレベルを高めることに焦点がおかれているのに対して、現代科学は精神的な病の患者を正常の状態に回復させることに重点がおかれている、というコメントを発表しました。

「私たちは、もう病気ではない、というだけにとどまらず、もっともっと精神的に健康になろうということに関心を抱いたらどうでしょうか」

ランダー教授のコメントを聞いて、仏教や現代科学で学んだことを、人々が日常出合うような問題に応用できる機会をどうしたら提供できるのか、考えるようになりました。修行の最初の一年で学んだように、仏教の理論的な理解だけでは日常的に出合う問題、頭痛や苦痛をもたらす心理的・生物学的な習慣を克服するには十分ではありません。変容が起こるためには、理論は実践によって応用されなければなりません。

私は、自分の仏教の恩師や科学者たちに感謝の念を持っています。そして、科学者たちには、私が学んだことを西欧の人たちに理解しやすい表現に直したり、また研究室のさまざまな研究によって証拠となるデータを集めてくださったことに感謝しています。

西欧科学と仏教がこのように協力し合うということは、人間の歴史のなかでも非常に幸運な出来事だと思います。またそういう機会に立ち会える私たちも幸運です。このことが人間の幸福のレベルを高める可能性は、想像を超えたものでしょう。一人でも多くの人が、このまれに見る協力の結果として得られた知見を生かして、日常の生活をよりよきものにしていただければ、そして人間の可能性を十分に実現していただければ、この本を書いた私の望みは達せられるのです。

第2章　内面の交響楽

車輪などの部分の集合が、「乗り物」という概念を作り出す。
――阿含経相応部

仏教者として最初に教わったのは、一切衆生――人間だけでなく基本的な意識の感覚を備えているもの――は、三つの特性を備えているということです。それは身体であり、言葉であり、心です。身体というのは、もちろん私たちという存在の物理的な側面を指しています。身体は常に変化していきます。それは誕生し、老齢となり、やがて死に至ります。言葉とは、私たちの話す能力をさすだけでなく、音、言語、表情、身振り、そして哺乳類が分泌して他者の行動に影響を与えるフェロモンのような化学物質をも含む情報の交換を指しています。身体のように、言葉もまた変化しやすい。私たちがお互いに発する言葉は、時間の中で起こり、時間の中に消えていきます。身体が死ねば、言葉を話す能力も失われます。

心とは、説明するのがより難しい。それは身体や言葉のように、簡単に「これです」といって指し示すことができないのです。この心という側面をいくら調べても、これが心であるというように、対象として位置づけることができません。何千冊もの本や論文が、心のこの捉えがたい本質を説明しようとしたり、記述しようとして書かれました。しかし、そうした努力にもかかわらず、仏教者も西欧の科学者も、「ああ、私は心を発見した！　それは身体のこの部分にある。そして、それはこのような働き方をします」と最終的に言えた人は、今までいませんでした。

何世紀にもわたる調査や研究は、心がどこにあるのか、その形、色、そのほかのことを、たとえば心臓や肺の位置、血液の循環の原理、あるいは新陳代謝の理論などと同じようには、はっきりとは確認できませんでした。そのようなものは存在しないのだ、幽霊とか精霊と同じようなものだ、と言うことができればどれほど簡単でしょう。

しかし、心の存在を本気で否定することは誰にもできません。私たちは考えます。また感じます。背中が痛い、眠りに落ちていく、などとわかります。疲れたり、楽しかったり、さびしかったり、ということがわかります。そうした現象を正確に位置づけたり定義したりできないからといって、それらが存在しないということにはなりません。要するに、研究対象となりうるだけの十分な情報がまだ蓄積されていないのです。簡単な比喩を使えば、心に関する科学的な理解とは、電気の力の理解と同じようなものと考えることもできます。電灯のスイッチやテレビのスイッチを入れるとき、電磁力のエネルギーに関する詳しい理解は必要ではありません。もし電灯がつかなければ、電球を取り替えるでしょう。テレビが映らなければ、ケーブルなどをチェックするでしょう。まったくだめな場合は、修理業者を頼むでしょうが、いずれの場合も、電気というエネルギーが働いているということは信じている、あるいは理解しているわけです。

同じようなことが、心のはたらきについても言えます。現代科学は、知性や感情、感覚的な現象が起こる際、そのときに働いていると思われる細胞の構造や機能を特定してきました。しかし、科学はまだ、なにが心そのものをつくり上げているのか、ということは特定できていません。科学者たちが心のはたらきを精密に調べれば調べるほど、それは仏教徒が理解する心、つまり常に変化している「出来事」であって、固定された「実体」ではないという考え方に近づいていきます。

仏教の経典が西欧に最初に紹介された頃、心というものを当時の科学では把握できない、限界を超えた「もの」であるかのように訳されました。これは正確な翻訳ではなく、最初に翻訳した西欧の人たちに、すべての経験とは、何らかの形で身体機能に基礎を置いている、という思い込みがあったからでしょう。最近の経典解釈では、仏教の「心」は現代科学の「心」の概念に非常に近いものになってきています。つまり「心」とは、直接的な経験の予測しがたい要素と、神経細胞ネットワークの「習性」との間の相互作用によって生起する、常に変化し、進化する「発現」である、というものです。

仏教者も現代科学者も、心を持つということが、意識ある存在を、石や岩、キャンディの包み紙のようなものと分けるものだということは一致しています。確かに心は、すべての「衆生」(意識ある存在)が共有している、もっとも大事な属性でしょう。ミミズでさえ心を持っています。それは人間の心ほど複雑ではないかもしれませんが、それでも単純さという美徳を備えているかもしれません。ミミズが株価の動向を気にして眠れない、などという話は聞いたことがありません。

仏教者と現代科学者が一致しているのは、心とはいわば人形遣いのようなもので、身体やさまざまなコミュニケーションの手段は、その道具なのだということです。

鼻が痒いとします。それで鼻を掻くとして、痒みを感じているものはどこにあるでしょう。身体が痒みを感じているのでしょうか。身体が手に、鼻を掻くように指令を出すのでしょうか。身体が、手、痒み、鼻などの区別をつけるのでしょうか。のどが渇いたとき、心は最初に渇きを感じ、一杯の水を飲むようにし、そして手がグラスを持って飲みます。身体的な要求を満たしたときの快感を覚えるのも心です。

私たちがそうと意識しなくても、心は常に、今、ここにあり、活発に動いています。それはビルと樹木、雨と雪、晴れた空と曇った空を区別します。こうした心は、私たちのあらゆる経験の根底に動いているので、私たちは心の働きを当たり前のこととしているのです。私たちは、いちいち、心が今、おなかがすいている、どこかへ行きたい、座りたい、などと思っているかどうか、チェックしないのです。心は身体の中にあるのか、外にあるのか、それはどこで始まっているのか、どこにあるのか、どこで止まるのか、などとは普段は気にしません。それは形を持っているのか、脳のでたらめな働きによるのか、どのようにして習性を蓄積していくのか、などと自問しません。しかし、私たちが日常生活で出合う、さまざまなレベルの苦痛、悩み、不快感などを見据えて、心があることの本当の大切さを知ろうとするのであれば、私たちは心を見て、いくつかの特性を識別してみる必要があります。

その手順は非常に単純なものです。難しく見えるとするなら、それは私たちがいつも面白い対象や経験に満ちているように見える「外の世界」ばかり見ることに慣れているからです。自分の心を見ようとする行為は、ちょうど鏡の助けなしに後頭部を見ようとするのに似ています。

そこで普通の理解の仕方に沿って心を見ることにより生じる問題を示すために、ちょっとしたテストをします。このテストは落ちる人はいないので、心配しないでください。また、解答用紙もありません。

テストはこうです。次に食事するとき、自分に問いかけてみます。この料理の味がいいとか悪いとか考えているものは何か、食べているということを認識しているものは何か。「私の脳です」という答えがすぐ出てくるでしょう。しかし、実際、現代の脳科学者の視点から見ると、答えはそんなに簡単ではないことがわかります。

そこで何が起こっているのか

すべての現象は心の投影である。
——ギャルワン・カルマパ三世

幸福でありたいと願うとき、脳の働きを理解する必要があるのでしょうか。幸福なことを考えたり、身体が白い光で満たされていると想像したり、部屋の壁に虹やかわいいウサギの絵を描いているだけではいけないのでしょうか。

心を調べるとき、一番の障害は「私たちは生まれつきこうなんだ。これは変えようがないのだ」という、無意識的な思い込みです。私も子供のとき、同じような悲観的な無力感にとらわれました。私は世界中の多くの人との修行を通じて、そのことを何度も繰り返し考えてきました。よほど気をつけないと、自分の心は変えようがないと思い込むことであらゆる試みが疎外されてしまいます。

自己を肯定したり、祈りを唱えたり、心象風景を視覚化したり、心のありようを変えるためにいろいろ試したけれども、すぐに効果があらわれなかったので、何日かでやめてしまったという人がほとんどです。それらの試みがうまくいかなければ、単に本を売るためのいんちきだとして、心に働きかけるということをやめてしまうのです。

さて、僧侶の袈裟をまとい、まずまずの肩書きを帯びて世界を旅行すると、いいこともあります。それは普通、一般の人とは話す時間のないような忙しい人でも、私が何か重要人物であると考えて、話してくれることです。そうやって世界の科学者たちと話していて一番驚いたのは、彼らの間では、脳は毎日の経験の中で実際に変化が可能な仕組みになっているということが、ほぼ共通の認識であることです。

過去十年ほど、私は神経科学者、生物学者、心理学者から、非常に興味深い考えを聞くことができました。私が慣れ親しんできた考えとは反対のものもありましたし、私の教わった考えを、別の面から確認させるものもありました。こうした対話から学んだもっとも大事なことは、脳の仕組みや働きをほんのわずかでも理解することで、私が学んだ仏教のさまざまな方法がなぜ実際に効果があるのか、そのことを科学的に理解する上での基礎になるということでした。

もっとも興味深い比喩は、ロバート・リヴィングストン博士の言われたことです。博士は、カリフォルニア大学サンディエゴ校の神経科学科長です。一九八七年の「心と生命研究所」協議会で、脳とは「非常によく音が合い、統制のとれた交響楽（団）のようなものである」と博士は言われました。交響楽団と同じように、脳にも多くの演奏者のグループがいます。そうしたグループが共同して、思考、運動、感情、気分、身体感覚などを生み出すのです。その結果は、たとえば、あくび、まばたき、くしゃみ、腕を上げる、などのように、非常に単純なものであるかも知れません。しかし、そうした単純な行為に参加している演奏者の数や、その間の相互作用は、ほとんど描写不可能なほど複雑なのです。

リヴィングストン博士が言われたことをさらによく理解するため、私は多くの本や雑誌の論文に書いてあることを理解しなければなりませんでしたし、そのことについて多くの人に質問しました。多くの本は専門的で、科学者の卵や医学生たちに同情しながら、そうした本に取り組みました。

幸運だったのは、科学の専門用語を普通の言葉に置き換えて説明できる専門家の助けを得ることができたということです。おかげで私の英語の語彙が飛躍的に増大したばかりか、脳のはたらきがどのようなものか、普通の人の理解できる感覚で理解できました。そこで次第に明らかになってきたのは、リヴィングストン博士が言われた交響楽団の「演奏者」のたとえは、普通、仏教について何も知らない人に、仏教の瞑想が身体的なレベルでいかに、そしてどうして効果的かということを理解してもらううえで非常に役立つということです。
また自分が、しょっちゅうパニックに襲われていた子供から、どうして世界を旅して何百人もの人の前で講演しても、まったく不安を抱かないようになったのか、その間自分の脳に何が起こったのか、非常に興味を抱きました。何年もの修行のあとに起こったこうした変化の自然科学的な理由になぜそれほど興味を持ったのか、自分でもわかりません。多くの師や同世代の人々は、意識の転換そのものに満足していました。私の前世は機械工か何かだったのかも知れません。

脳の話に戻ると、わかりやすい言葉で言えば、脳のはたらきはニューロンと呼ばれる特別な細胞のはたらきが基礎になっています。ニューロンは非常に社交的な細胞です。うわさ話《ゴシップ》が好きで、ある意味ではいたずら好きな子供みたいなところがあります。いつも何か書いては友達に回したり、ひそひそ話をしたりしています。感覚、運動、問題の解決、記憶の構築、思考や感情の生成、といったことがニューロン間の秘密の会話の内容なのです。

うわさ話の好きなこの細胞は樹木に似ています。幹になる細胞はアクソンといい、枝になる細胞は、ほかの枝や神経細胞とメッセージをやりとりします。神経細胞は筋肉や皮膚、他の臓器や感覚器などに張り巡らされています。神経細胞は、シナプスという隙間を通して、他の神経細胞とメッセージを交換します。こうした隙間を実際に通っていくのは、神経伝達物質（ニューロトランスミッター）という化学分子で、それは化学的な信号を発生させますが、その信号は脳波計によって計測することができます。こうした神経伝達物質のうち、よく知られているのが、うつに影響するセロトニン、快感に関係するドーパミン、アドレナリンという名のほうが知られているエピネフリン、これはストレス、不安、恐怖に対応して生み出されるとされていますが、同時に注意力、警戒などの働きにも対応しています。

ニューロンから他のニューロンへの電気化学物質の伝達は、科学の専門用語では、「活動電位（アクション・ポテンシャル）」と呼ばれていますが、私には仏教の勉強をしたことのない人が「空《くう》」という言葉を聞いたときに感じるように、聞きなれない言葉でした。

神経細胞の活動を学ぶということは、一見して苦しみや幸福とは関係がないようですが、ある重要な点では、そうでもありません。神経細胞が結ばれると、長い間の友達どうしのように絆《きずな》を形作るようです。つまり、同じようなメッセージを繰り返しやりとりするという習慣ができるのです。友達どうしが、いつも同じようなうわさ話や出来事について語るのと似ているかも知れません。こうした生物学的な結びつきが基礎になって、私たちの「心の習慣」が形作られます。それは、同じようなタイプの人や出来事、場所などに対する、私たちのとっさの反応を作るのです。

私は子供時代に犬が怖かったのですが、それは、「犬は怖い」という思考と、脳内に作られた、恐怖に反応した神経細胞の結合とが対応するからです。次に犬を見たときに、神経細胞は互いにおしゃべりを始めて、犬は怖いという思考を思い出させるのです。このようなおしゃべりは、繰り返されるごとに、より声が大きくなり、また、より説得力を持ったものになっていきます。そのため、ついには犬という言葉を聞いただけで、心臓はどきどきし、汗をかくようになってしまいます。

しかし、あるとき、友人の家を訪ねると、犬が出てきて私のところに飛んできて、うれしそうに、くんくんにおいをかいだりしました。また私のひざにとびのったりもしたのです。つまり犬の脳の中では、私のにおいや感覚が、ほかのパターンと結びついて「この人はいい人だ」というパターンを作り出したのでしょう。一方、私の中でも「かわいい犬だ」というパターンが作り出されました。何度も友人の家を訪ねるうちにこのパターンが強化され、やがて私は犬が怖くなくなったのです。

神経科学の用語では、こうした神経細胞的な結合を新しいものに交代させるという力を指して、「ニューロンの可塑性」と呼んでいます。チベットの言葉では、この力を「レ・ス・ルン・ワ」といいます。翻訳すると、「柔軟性」くらいの意味でしょうか。大事なことは、細胞のレベルでは、経験が繰り返されると脳の働き方が変わる、ということです。これこそが、不幸へと導かれやすい心の性癖を除くために、仏教で用いられる手法の裏付けとなる事実なのです。

一つになった三つの脳

ブッダの姿は、三つに分類される……。

――ガムポパ

今までのところで、脳とは一個の対象ではなく、「これはどんな味がするのか、ということを考えているものは何か」という問いに対する答えも、見かけほど単純ではないことがおわかりになったと思います。食べることと、飲むことなどの基本的な活動も、巧妙に組織された電気化学信号が、一瞬の間に脳内や身体の中の何百万という細胞の間でやりとりされるのです。

人間の脳内の何十億もの神経細胞は、その機能により三つの層に区分けされます。それぞれの層は、種が進化する間に、生存のための非常に複雑な機構を発達させてきました。第一の、最も古い層は脳幹で、脊髄の頂点から伸びた電灯のような形をしています。この層は通常、「爬虫類脳」と呼ばれています。爬虫類の脳によく似ているからですが、その基本的な機能は、呼吸、代謝、心臓の鼓動、体液の循環などの不随意機能を統制することです。また「戦うか、逃げるか」を決定する「喫驚」反応も司っています。大きな音や知らないにおい、何かが腕の上を動いている感触、といったまったく予期しない出来事に対する反応で、それらを主として潜在的な脅威と解釈するものです。意識しないうちにアドレナリンが放出されて脈拍が上がり、筋肉が緊張します。脅威が自分の力を超えたものであれば逃げ出します。もし打ち負かすことができると思えば戦います。こうした自動的な反応が、いかに私たちの生存にかかわっているのか、すぐに理解できるでしょう。

ほとんどの爬虫類は協力的というよりは敵対的です。そして子供を育てるという本能を持ちません。ほとんどの爬虫類の雌は、卵を産むと巣を離れます。孵化したばかりでも成体と同じ本能や能力を備えていますが、その身体はまだ弱くて覚束ないものです。誰も守ってくれませんので、多くが数時間しか生き延びることができません。爬虫類が安全な環境を求めて必死に競争するのは自然なことです。しかも途中でほかの動物や自分と同じ種によって捕食されてしまいます。生まれてすぐ親に食べられることもあります。親は、子と獲物とを区別できないのです。

同じ脊椎動物でも、鳥類や哺乳類にまで進化すると、脳の構造にも驚くべき変化が現れます。爬虫類と違い、これらの動物の子供は、生まれたばかりのときは自分だけで生存することができるほど成長していません。ある程度の親の世話を必要とします。子供の欲求を満たすため、また種の存続を確保するために、脳の第二層が徐々に進化しました。この第二層が辺縁系で、脳幹をヘルメットのように覆っています。ここには子供を養うための本能を刺激するさまざまな神経細胞の結合があります。食物を提供すること、子供を外敵や危険から守ること、遊びやその他の運動を通じて、基本的な生存の技術を教えることなどです。

これらの新しい神経細胞の伝達の経路は、こうした新しい生物に、戦うか逃げるかよりも、もっと広い範囲の感情を区別する能力を提供しました。哺乳類の親は、子供の発する音が、不快感を示すものか、快感を示すものか、あるいはおなかが減っているのかを区別することができます。辺縁系はさらに、ほかの種の動物の示す姿勢や動き、顔や目の表情、身体が発するかすかなにおいなどからその意図を読み取るという、さらに細かい能力も提供しました。こうしたさまざまな信号を読み分けることで、哺乳類や鳥は変化する環境に、より柔軟に対応することができるようになりました。これが学習や記憶の基礎になっています。

辺縁系は、感情の役割を考えるとき、後に詳しく見ていくように、実に驚くべき構造や能力を備えていることがわかります。ここでは二つの組織を見てみましょう。一つは海馬で、側頭葉に位置しています（左右の脳半球に一つずつ備わっています）。海馬は直接に経験したことに関する記憶を作り出します。人間であれば、感情的な反応に対して意味を与える言語的な文脈を提供するのです。脳のこの部分に損傷を受けると、新しい記憶を作るのが困難になります。それまでのことは覚えていても、損傷が起きると、その後に会った人や出来事は忘れてしまいます。海馬はアルツハイマー病や統合失調症、うつなどによって影響を受けます。

辺縁系のもう一つの重要な部分は小脳扁桃で、辺縁系の底部に位置しているアーモンドのような形をした神経細胞の組織です。海馬と同じように、左右の脳半球に一つずつあります。小脳扁桃は、いろいろな感情を感じ、感情による記憶を作る場所です。調査の結果、小脳扁桃を欠損すると、恐怖や共感のような基本的なものも含めて、ほとんどの感情の反応がなくなることがわかりました。また社会的な人間関係を認識したり、形成したりすることもできなくなります。

海馬と小脳扁桃の働きは、私たちが幸福というものを科学的に考えようとするときに注目されます。小脳扁桃は、自律神経の中枢となる脳幹の一部につながっています。脳幹は、筋肉、心臓、腺などのはたらきを自動的に制御しています。辺縁系の基部に位置する視床下部は、アドレナリンやその他のホルモンを血液に放出します。その結果、作り出される感情の記憶は非常に強力で、重要な生物学的・生化学的な反応すべてに関係してきます。

強い生物的な反応を生成するような出来事、アドレナリンやホルモンを放出するような反応を生成する出来事に出合うと、海馬は脳幹に信号を送り、そこで一つのパターンとして記憶されます。スペースシャトルの事故やケネディ大統領の暗殺などの惨事を見聞きしたとき、自分がどこにいて何をしていたのかを多くの人が覚えているのはこのためです。こうした型のパターンは、非常に肯定的、あるいは否定的な性質を持った個人的な経験の記憶としても貯蔵されるのです。

このような記憶とそれに結合したパターンは非常に強力なため、後に同じような出来事に出合うと、その記憶とパターンがよみがえる引き金になります。生命の危険があるようなとき、こうした強い反応の記憶は、生存のために明らかに重要です。一度食べて病気になった食べ物を避ける、攻撃的な動物からは逃げる、こうしたことを認識するのは大事ですが、一方では日常の経験をゆがめてしまう場合もあります。子供のとき、両親からいつも叱られ、惨めな思いをしていた子供は、大人になっても、同じような支配的な人に対しては、怖れや恨みのような不快な感情を抱きます。こうしたゆがめられた反応は、小脳扁桃が記憶の反応の引き金を引くときの、非常におおまかな「連想」に由来しています。現在の状況の中で重要な出来事が、過去の同じような経験での広範囲の思考や感情を呼び起こし、それが最初の経験で貯蔵されたホルモンや筋肉の反応の引き金を引くのです。

辺縁系、あるいは感情脳と呼ばれる部分の働きは、次に進化してきた脳の層、新皮質によってバランスが保たれます。この部分は哺乳類に特徴的ですが、推測したり、概念を作ったり、計画したり、感情を調節したりします。哺乳類の多くは、この部分は非常に薄いのですが、それでも猫がクローゼットを開けようとしたり、犬がドアの把っ手をうまく動かすのを見たことのある人は、それらの動物が新皮質を働かせているのを見たことになります。

人間やその他の高度に進化した動物は、新皮質がさらに複雑で、大きな構造になっています。私たちの大きな新皮質が、たとえば脳というものを想像して、心の目で見るときに働いているのです。シンボルの創造、理解、操作という能力は新皮質によっています。話すこと、書くこと、数学、音楽、その他の芸術に対する力も新皮質によっています。問題を解くこと、判断すること、情報を整理すること、過去の経験から学習すること、みな新皮質の働きに基礎を置いています。

人間の脳が三つの層から成り立っているのは驚くべきことです。いくら自分は現代的だ、洗練されていると思ってみたところで、たった一つの思考を生み出すために、脳幹、辺縁系、新皮質という三つの層で、複雑な相互作用を行うことが要求されるのです。さらに、どのような新しい思考も感覚も、異なった相互作用の集まりによるということ、ほかのタイプの思考では働かない部分が働いているということがあります。

見えない指揮者

心は頭の中にあるのではない。
――フランシスコ・バレーラ

しかし、まだ疑問があります。もし脳がリヴィングストン博士の言うように交響楽団であるのなら、指揮者はいるのでしょうか。ある特定できる脳の部分が、すべてを指揮しているのでしょうか。「頭の中が真っ白だ」とか「頭がどうかしていたに違いない」とか言うとき、私たちは確かにそのような部分がどこかにあると感じているようです。

いろいろな科学者と話してわかってきたのですが、現代科学もまたこうした「指揮者」を探してきました。すべての感覚、知覚、思考その他の精神活動を指揮する細胞もしくは細胞のグループが存在するのかどうか、長い間、期待とともに努力が積み重ねられました。しかし、最先端の計測機器を用いても、そのような指揮者がいるという証拠は見つかりませんでした。つまり、さまざまな演奏者を指揮しているはずの脳の中の「小さな私」は、どこにもいないのです。

現在、神経科学者は、そのような指揮者を見つけることを放棄し、その代わり脳内に分布・配置されている何十億もの神経細胞の働きを調整している、そのメカニズム、あるいは原則を発見しようとしています。このように広く配置された細胞の群れが一致して働くのは、特定の指揮者のいないジャズ音楽の演奏に似ています。ジャズ奏者たちは即興で演奏するとき、それぞれ互いに違う音を出しながらも、一定の調和を保とうとします。

脳の中の「小さな私」の位置を特定しようという考えは、古典物理学が基礎になっています。古典物理学は特定の場所に働く支配的な法則を見つけようとしてきました。この考えが基礎になって、心というものがあるのなら、それは特定できる場所にあるはずだ、と考えたわけです。しかし、現代の科学は、実体というものの考えの枠組みを変えてしまいました。物質のもっとも小さな部分を特定しようとすると、さらに小さな部分が発見されてしまいます。こうした研究が進むにつれて、物質というものの基礎になるものを確実に特定することが、ますます困難になってきたのです。

したがって、論理的に考えると、仮に脳をどんどん小さな部分に区分けして、たとえば粒子のレベルにまで分けていっても、その小さな部分が心であるとはいえないわけです。どの細胞も、より小さな分子、さらに原子、粒子というものから成り立っているので、どの部分が心を構成するのか、特定できません。

仏教が新しい視点を提供できるかも知れないのは、この点においてです。科学を探求する上で新しい道の基礎を提供できるかも知れません。チベット仏教では心は「セム」といい、「それを知ること」くらいの意味をあらわします。仏教では、心は特定の対象物ではなく、経験を認識し省察する能力であると考えていることが、この簡単な単語によって理解されるでしょう。ブッダは、脳とは心を身体的に支えるものであると教えましたが、心それ自体は見ることができない、触ることもできない、言葉で定義することはできない、と強調することも忘れませんでした。身体の器官としての眼は視覚そのものではなく、耳も聴覚そのものではないように、脳もまた心そのものではありません。

私が父から教わった最初の教えは、仏教では心を特定の実体とは捉えないということです。それは常に、「今、ここ」で展開している経験そのものです。ネパールの僧院に座って、世界中からやってきた学生たちとこの教えを聞いたとき、ずいぶんおかしな考えだと思いました。そこは狭い部屋で、学生が全員座ると身動き一つできません。窓の外には、高い山々や壮大な森林が見えます。私の父は人いきれも気にせず、きちんと座って、私たちが「私の心」、「私の身体」、「私の自己」と考えているもの、つまり「この私」と考えているものはみな、止むことなく流れている思考、感情、知覚、感覚などによって生み出される幻である、と説いていたのです。

父の経験の確かな力のおかげなのか、それとも狭い部屋の中でほかの学生とひざをつき合わせながら見た窓の外の景色の広大さのおかげなのかわかりませんが、その瞬間、何かが私のなかで「腑に落ちた」のです。「私の心」、「私自身」という視点から考えることと、空や山々のように広く開かれた存在をただ経験する可能性を区別する自由を得たのです。のちに西欧世界に来てみると、多くの心理学者が、心や自己の経験を映画を見ることにたとえていることを知りました。私たちが映画を見ているとき、実際には投影機から映写された一つ一つのコマを、音響や運動の流れとして経験します。もし、フィルムを一コマずつ見ていけば、ずいぶん違った経験となるでしょう。

これはまさに私の父に「心を見よ」と教えられたことでした。心を通り過ぎていくそれぞれの思考、感情、感覚などを一つ一つ観察していると、限界のある自己という幻影は消えていきます。そのかわりに、もっと広々とした、落ちついた、静かな「気づき」の意識という感覚が訪れます。そして科学者たちは、経験が脳内の神経細胞の構造を変えるので、こうした心を観察するという経験は、常に私たちの「自己」を生み出す脳内の細胞の「うわさ話」を変えることができる、と言っているのです。

心の充実（マインドフルネス）

そもそも見ることのできない心を何度も見るうち、
その意味が、ありのままに、はっきり見えてきます。
――ギャルワン・カルマパ三世

仏教者の修行は、続々と起こる思考や感情、感覚にありのままに気づき、そこに心をただ休めることができるかどうかにかかっています。仏教の伝統では、この穏やかな「気づき」の意識は「心の充実（マインドフルネス）」と呼ばれています。心に本来備わる「明晰性」のなかにただやすらぐこととも言えます。自分の習慣的な思考や感情、感覚のままに流されるのではなく、ただ、そういう思考が起こっている、そういう感覚が起こっている、と気づくことで、それらが持っている力が消えはじめます。そうした思考や感情は、心の自然な機能として、起こっては消えていくものです。それは海や湖の表面に起こる波のようなものです。子供のころ、あれほど私を脅かした不安感に打ち勝とうと、安居の部屋の中で座していたときに発見したのは、まさにこのことでした。心の中で何が起こっているのかを、ただ見守ること、このこと自体が心の中で起こっていることを変えてしまうのです。

簡単な練習で、この自然に備わる明晰さの持つ自由を味わうことができます。背筋を伸ばして座り、普通に息を吸ったり、吐いたりします。そのときに、息が入ってくること、出ていくことに意識を向けます。リラックスして自分が吐く息、吸う息だけを意識していると、そのうちに何百という思考が心の中に浮かんでは消えていくのに気がつくでしょう。もし、こうした思考を追いかけそうになったら、ひたすら呼吸に意識を戻します。これを一分間続けてみましょう。

最初、まるで滝から水が落ちるように、無数の様々な思考が起こるのに驚かれるかも知れません。こうした経験は失敗を意味しているのではありません。成功のしるしなのです。普段どのくらいの数の思考が、意識しないまま心の中を通り過ぎていくのか、あなたは初めてそれに気づいたのです。また、ある特定の思考に巻き込まれ、ほかの一切の思考を無視していることに気がつくかも知れません。そして、はっと我に返って、今の練習は自分の思考を見守ることだったことを思い出されるかも知れません。このときも自分を責めたり、思考を追いやろうとするのではなく、ただ単に呼吸に意識を戻します。

この練習を続けていると、思考や感情は起こったり消えたりしますが、その間に心の本来の明晰さは、停止したり、邪魔されることはないということに気がつかれるでしょう。カナダのノヴァ・スコシアを訪れたとき、ちょっとした別荘に滞在したことがありました。到着の日、天気は申し分なく、空は晴れわたって、海は深く透き通るような碧色でした。とても気持ちのいい景色です。翌朝、起きてみると、海は泥のような色をしていました。いったいどうしたのかと思って海岸に出てみても、わかりません。空を見上げると、黒い雲に覆われていました。空の色が海の色を変えていたのです。水そのものは相変わらず透明できれいでした。

心とは、多くの点でこの海のようなものです。海の色は日差しによっても変わります。それと同じように、心の「色合い」も、一瞬一瞬の思考や感情を反映して変化します。しかし心それ自体は海と同じで、決して変わることはありません。そこに何を映そうといつも透明なのです。

「心の充実」を実践することは、最初は難しいと感じるかも知れません。しかし、すぐうまくいくかどうかは問題ではありません。今は不可能なことのように思えても、練習を重ねればやさしくなります。実践中に起こってくる不快な思考や感情を、ちょうど機嫌の悪い親戚や同僚をうまくあしらったり、混雑した道路を潜り抜けたりするように、当たり前のこととして対処すればよいのです。「心の充実」とはすなわち、神経細胞の新しい結びつきを確立させ、古い神経細胞間の「うわさ話」を排除する漸進的な過程なのです。ごく短い間隔をあけて、一度に少しずつ、辛抱強く進めることが要求されます。

チベットには、「急いだらラサには着けない。ゆっくり歩けばやがて着く」ということわざがあります。東チベットの人がラサまで巡礼していた当時にできたことわざです。首都のラサは国の中央部にありました。早く着きたいからとあせって、急いで歩く人は、やがて疲れて病気になってしまい、目的を達せずに家に帰らねばならなくなります。自分のペースで歩き、夜はキャンプして同胞と楽しく語り、また朝、出発するような人は、実際ラサに早く着くのです。

経験とは、意図の後からついてきます。どこにいようと、何をしていようと、思考や感情、感覚などを自然なものとして認識すればよいのです。拒否するのではなく、また受け入れるのでもなく、ただ、そういう経験が起こっていると認め、消えるがままに放っておくのです。このようにしていると、やがて私たちは、かつてはつらかったり、怖かったり、さびしかったりした状況に、より落ち着いて対処できるようになるでしょう。自信は傲慢やプライドからくるものではありません。私たちはいつも守られており、いつも安全であり、常に家にいるようなものだ、と気がつくようになります。

次に昼食や夕食をとるときに、前に紹介しました簡単なテストを思い出してください。「この料理の味がいいとか悪いとか考えているものは何か、食べているということを認識しているものは何か」、少し前なら答えは簡単だったでしょう。でも、今はもうそういうわけにはいきませんね。

それでも食事のたびごとに何度もそのテストをくり返してください。出てくる答えが混乱した、矛盾をはらむものであれば、それでよいのです。混乱は理解の始まりです。自分は何者で、何ができるのか。それを考える上で、極めて片寄った思想に自分を縛りつけていた神経細胞の「うわさ話」を排除する第一段階なのだと、私は教わりました。

混乱は、別の言い方をすれば、真の幸福への道に踏み出す最初の一歩なのです。

第3章　心と脳を超えて

心が認識されたとき、それがブッダである。
――古い経典より

あなたは、自分で考えているような不安に満ちた、限界のある人間ではありません。修行を積んだ仏教の師であれば、自らの経験から確信を持って、あなたにこう言ってくれるでしょう。あなた自身が慈悲の中心であり、完全に悟っていて、自分だけでなく、すべての人のために最善のことをなす力があるのだと。

たった一つ問題があるとすれば、あなたがそれを自分で認識していないことです。西欧やアメリカの多くの専門家たちと話した結果、私にもわかってきた厳密に科学的な言い方をすれば、ほとんどの人々は、神経細胞によって習慣的に形成された自分自身についての像を、本当の自分であると勘違いしています。この像は常に二元論的な言葉で言及されます。自己と他者、苦痛と快感、持つことと持たないこと、好感と嫌悪感、という具合です。これらは、私が理解する限り、生存のための最も基本的な言葉です。

残念なことに、心がこうした二元論の見方に染められると、すべての経験——喜びや幸福を味わう瞬間でさえも——が何か限定されたような感覚に縛られてしまいます。常に「しかし」という言葉が、陰にかくれているのです。たとえば、違いを意味する「しかし」。「誕生日のパーティはすばらしかった。しかし、にんじんケーキじゃなくて、チョコレートケーキだったらばよかったのに」。あるいは「もっと」という意味の「しかし」。「私の家はすばらしい。しかし、ジョンの家のほうがもっと大きくて素敵だ」。そして、恐怖をともなった「しかし」というのもあります。「私は、今の仕事には我慢できない。しかし、こんな景気では、新しい仕事など見つかるだろうか？」。

このような個人的な限定の感覚は、私の経験からして、克服できます。そうでなければ、私は尻ごみして集団で行う修行にも参加できず、恐らくはまだ自分の部屋にこもっていることでしょう。当時の私は、十三歳の少年なりに、恐怖や不安を克服する「方法」だけを理解したのです。後年、生物学者のフランシスコ・バレーラや神経科学者のリチャード・デイヴィッドソン、ダン・ゴールマンやタラ・ベネット＝ゴールマンなどの専門家による懇切な教えを通じて、客観性のある科学的見地から、瞑想の修行が効果的である「理由」もまた理解していきました。不安、恐怖、その他個人を限定するさまざまな感情は、実際には神経細胞の「うわさ話」に過ぎず、本質的には単なる癖なのです。身についた癖は、落とすこともできるのです。

本来の心

それが「本性」と呼ばれるのは、
だれかがそれをつくったわけではないからだ。
——チャンドラキールティ

仏教者として、最初に私が習ったのは、心の本当の姿というのは、あまりにも広大で、知的な理解を完全に超えている、ということでした。それは言葉で言い表すことができず、また、手際よく概念にまとめることもできません。私のように言葉とか概念に親しみを感じる人間にとっては、そこが問題でした。

ブッダの教えは、最初はサンスクリット語で記録されました。そのとき、本性を指すのに、「タタガタガルバ」という言葉が使われました。これは非常に精妙な、うまい表現です。文字どおりに言えば、「このようにして行ったものの性質」という意味です。「このようにして行ったもの」というのは、完全な悟りを開いた人という意味です。すなわち、言葉では言い表せない通常の限界を超えた心の人々、という意味になります。

あまりにも手がかりがなさすぎると思われるでしょう。私もそう思います。ほかの訳では、「タタガタガルバ」を「仏性」とか「本性」「悟りを得た本質」「平常心」、あるいは「本来の心」などと呼びますが、どれもあまりにも手がかりがなさすぎるのです。「タタガタガルバ」を本当に理解するためには、それを直接、経験しなければなりません。私たちのほとんどは、それを瞬間的に、自然に、垣間見るのです。私が最初にそれを垣間見たとき、仏教の経典が「タタガタガルバ」に言及しているすべてのことが真実なのだと悟りました。

私たちのほとんどにとっては、「仏性」あるいは私たちの「本来の心」は、習慣的に形成された神経回路の型によって限定されています。しかし、それは条件によって何でも作り出すことのできる、心の無限な力の反映にすぎないのです。本来の心は、何でも作り出すことができ、そのなかには自分の本性に対する無知も含まれるのです。言い換えれば、本来の心を認識できないということは、望めば何でも作り出すことのできる、心の無限の力の一例なのです。自分の弱さや傷つきやすさに加担している恐怖、さびしさ、欲望、その他の感情に襲われたとき、私たちは自分で自分の肩をぽんとたたいて、そのことを知らせてやればいいのです。私たちはその瞬間にも、心の無限な性質を経験しているのですから。

心の本当の性質を言葉ですべて言い表すことはできないにしても、理論的な枠組みを作ろうとすることはできます。そうした理解には、限界はあるにしても、心を直接、経験するための道標になるでしょう。ブッダは、そうした経験を直接、言葉で表すことはできないにしても、たとえや物語で説明することはできるということがわかっていました。ある経典では、ブッダは「タタガタガルバ」を泥や埃で覆われた金塊にたとえています。

自分を宝探しの探検家と想像してみましょう。ある日、泥の中から金属の塊を見つけ、自分の家に持ち帰って少し磨いてみると、そこだけ金色の光を放っています。全部磨いてみて、やはり金塊だとわかりました。さて、少しだけ光を放っている塊と、全部が光っている金塊と、どちらが価値があるでしょう。答えは、むろん同じ価値です。泥で覆われた塊と、洗われた金塊の差は、文字どおり表面的なものです。

同じことが、本来の心についても言えます。あなたの心を完全に見ることを妨げる神経細胞のうわさ話は、あなたの心の基本的な性質を変えることはありません。「私は醜い」「私はバカだ」「私はつまらない人間だ」などという思考は、言うならば生物学的な泥のようなもので、一時的にせよ仏性、すなわち本来の心の輝くような性質を隠してしまうのです。

時には、ブッダは心の本来の性質を、宇宙にたとえています。それは現代科学で言われているような宇宙空間という意味ではなく、むしろ私たちが雲のない、青く広い空を見上げたときや、広い部屋の中に突然入ったときに感じる開放感をしみじみ味わうのに似ています。空間と同じように、本来の心もまた、何かの条件に依存してあるわけではありません。それは、単に「ある」のです。計り知ることもできず、いかなる特徴も持たない、すべてが拠って立つ背景とも言うべき場であり、私たちはそこへ自由に出入りして、自分の感知したさまざまな対象の違いをそこで認識するのです。

本来の心においては、拒絶も受容も、喪失も獲得もない。
――ギャルワン・カルマパ三世

本来のやすらぎ

本来の心と現代科学でいう宇宙空間の比較は、あくまでも便利なたとえであって、正確な記述とは言えません。私たちが宇宙空間という言葉で思い浮かべるのは、その中ですべてが起こっては消えてゆく、空白の背景です。恒星、惑星、彗星、ブラックホールなどが現れては消えていきます。しかし、こうした現象によっても、私たちの考える宇宙空間というものの本質は、変わることはありません。知る限り、宇宙空間そのものがその中で起きたことに対して不平を言う、などという話は聞いたことがありません。私たちは何千、何万ものメッセージを宇宙に向けて発信してきましたが、「お気に入りの惑星に小惑星が衝突しおった。けしからん」とか、「新しい星がたった今生まれた。感激！」といった返信は、かつて一度も来たためしがありません。

同じように、心の本質もまた、不愉快な思考や、普通なら苦痛に感じられるような状態には、まったく妨げられることがありません。それは、ちょうど親に連れられて博物館を見てまわる子供の心のように、本来やすらいでいるものです。両親のほうは、さまざまな美術品を見て、すばらしいとか、すばらしくないとか、いろんな判断に忙しいのですが、子供のほうはただ見るだけです。この展示品はいくらするのだろうとか、どのくらいの年代にできたものだろうとか、考えません。子供の見方は無垢なものです。すべてをただありのままに見ます。このような無垢の視点を、仏教では「本来のやすらぎ」（安心《あんじん》）といっています。ジムに行って運動した後とか、難しい仕事を一仕事終えた後の、のびのびとくつろいだ感じです。

昔、王様が新しい宮殿を作らせたときのことです。宮殿が出来上がると、王様はひそかにいろんな宝物を古い宮殿から移さなくてはならなくなりました。自分ひとりではもちろんできなかったので、忠実な部下にやらせねばなりません。しかし、宮廷には、そんなにたくさんの信頼できる部下がいなかったのです。ただ一人だけ信頼できる将軍がいました。

そこで王様は将軍を呼び、お前だけが信頼できる、だから宝物を運んでもらいたいと命じました。この仕事で一番大事なのは、たった一日で終えなければならなかったことです。この仕事をうまくやりおおせれば、一生、お前だけでなく、家族一同も安泰に暮らせるだけの宝を与えよう、と王様は将軍に約束しました。そこで将軍は、自分だけでなく孫の代まで安楽に暮らせるよう、張り切って仕事に取り組んだのです。

こうして将軍は、古い宮殿から新しい宮殿へ、秘密の通路を通って宝物を運びました。休んだのは、お昼のときだけ。ついに最後の宝物の箱を新しい宮殿に運び込んだときには、陽も落ちていました。将軍は王様に報告に行きました。王様は、約束したすべての宝物を将軍に与えました。

将軍は家に帰って風呂に入り、疲れ果ててはいましたが、難しい仕事をやり終えた後の満足感に浸っていました。仕事をやりとげた達成感と自信に満ちて、その場のありのままの自分という自由を経験していたのです。

このような全く努力のないくつろいだ状態というのが、本来のやすらぎというものです。

本来のやすらぎを経験することは、通常のくつろぎを超えたもので、説明するのがなかなか難しい。仏教の経典では、ロバに飴を与えることにたとえています。飴が甘いという経験をロバが得ているのは間違いありませんが、それを表現する力がありません。同じように、私たちは心で「本来のやすらぎ」を味わって、その経験はたしかに事実なのですが、言葉では表現できないのです。

次に食事するとき、このように自分に尋ねてみましょう。いったい、これがおいしいとか、おいしくないと感じているものは何か、何が食べているということを認識しているのだろう。この問いに答えられなくても、びっくりすることはありません。自分の経験を言葉にできないということ、これは進歩の証です。それは、あなたがついに「本性」という広大な領域に足を踏み入れた、ということなのです。多くの人は、自分たちの不平や不満に馴れてしまって、その中に浸っているので、この領域に足を踏み入れようとしないのです。

チベット語で、瞑想のことを「ゴム」といいますが、文字どおりには「親しむ」「なじむ」「よく知る」という意味です。瞑想とは、本来の自分の心に親しむことです。ちょうど友達をさらに深いレベルで知る、というのと似ています。また、友達をよく知るのと同様に、本来の自分の心を知るということは、徐々に進んでいく過程なのです。全部一度にわかる、ということはめったに起こりません。

瞑想と、友達をよく知るということの違いは、よく知っていく相手が自分自身であるということだけなのです。

自分の本来の心を知る

貧しい男の家の下に莫大な財宝が眠っている。貧しい男はそれを知らない。そして財宝のほうは、私はここにある！　とは言わない。

――マイトレーヤ（弥勒）

ブッダは、よく本来の心を水にたとえています。水とは本来、清浄なものです。泥やごみなどは一時的に水を汚染しますが、フィルターにかければ本来のきれいな水になります。水が本来、清浄なものでなければ、いくら濾過《ろか》しても透明で清浄な水にはならないでしょう。

「本来の心」の特質に気づくための第一歩として、ブッダは以下のようなたとえ話を遺しています。古いぼろ家に住む貧乏な男がおりました。その家は壁にも床にも宝石がちりばめられていましたが、男は気がつかないでいたのです。値打ちのあるものだとは知らなかったので、宝石に囲まれていても、ずっと貧乏でした――飢えと渇きに苦しみ、冬は凍え、夏は暑さに参っていました。

ある日、友達が訪ねてきました。

「君はなぜ貧しい暮らしを続けているんだ。こんなに金持ちなのに」

「不思議なことを言うね。なぜそう思う」

「だって、見ろよ。家じゅう宝石だらけじゃないか。エメラルドにダイヤモンド、サファイヤ、ルビー……」

初めは友達の言うことが腑に落ちませんでしたが、そんなものかなとようやく思い始め、しばらくして壁から一つ、小さな宝石をほじくり出し、それを売りに町へ出ました。宝石商に持ち込むと、意外なことにその石には結構な値が付きました。男は宝石を売った金で町に新居を建て、もとの家からあるだけの宝石をすべて持ってきました。新しい服、食べ物であふれた台所、召使いも雇い、大変に裕福な暮らしが始まりました。

ここで問題です。価値のわからないまま宝石に囲まれて暮らしていた男と、自分の持っているものの価値を理解して安楽に暮らす男と、どちらが豊かなのでしょう。

先に出しました金塊の問題に似ていますね。答えは両方です。違いが一つあるとすれば、何年も自分の持っているものを認識していなかった、という点でしょうか。自分が何を持っているのか、それに気づくまでは貧乏や苦しみから逃れられなかったのです。

これは私たちすべてにあてはまります。本性を認識しないかぎり、私たちは苦しみ続けるのです。本性を知れば、私たちは苦しみから解放されます。いったんその本性を知ると、あなたは変わります。人生の質も変わります。あなたが不可能と思っていたようなことが起こり始めるのです。

心、生物学、あるいはその両方

ブッダは、あなたの身体の中に住んでいます。
——サンプタ・タントラ

心がどこにあるのかわからないからといって、心がないことにはなりません。科学者は、今まで心の活動の例をたくさん集めてきましたが、心それ自体の存在を確認できてはいません。また、最も基本的なレベルでの宇宙の性質も定義できていません。しかし私たちは、誰にも心がある、ということは知っていますし、宇宙の存在も否定できません。心も宇宙も、私たちの文化に深く根をおろした概念です。私たちはこの二つの概念に慣れ親しんでおり、両方とも普通の、ありきたりの存在とさえ感じています。

ところが、「本来の心」とか「本来のやすらぎ」という概念には、あまりなじみがないようです。多くの人がそうした概念にはある種の疑念を持っています。しかし科学と同じように、推論と直接の経験という手続きを踏めば、私たちは「本来の心」と、少なくとも近づきにはなることができます。

ブッダは、「本来の心」が実在することを、誰にもわかる兆候によって説明できると考え、次のような簡単な質問を示しました。

「誰もが関心を抱いていることとは何でしょうか」

この質問を講演のときにすると、いろいろな答えが返ってきます。健康に生きること、幸せになること、苦しみから逃れること。ほかにも、平和、進歩、成長、あるいは愛されることなどがありました。他人と調和して生きること、人生の意味を知ることなどもありました。いちばんおもしろかったのは「私！」という答えです。

どの答えも間違っていません。というのは、どの答えも究極の答えを別の角度から見たものだからです。

すべての人間は、人間ばかりでなく動物もまたそうでしょうが、苦しみを避け、幸福に生きたいと願っています。

私たちはそれぞれやり方こそ違え、同じ結果をもとめてあれこれ活動しています。アリでさえ片時もじっとしていません。アリは常に歩きまわり、食べ物を集めたり、巣を広げたりしています。どうしてそんな面倒なことをするのでしょうか。彼らなりに幸福をもとめ、苦痛から逃れるためなのです。

ブッダは、幸福が長く続き、苦しみは避けたいと願うのは、「本来の心」が存在する兆候にほかならないといいます。ほかにもたくさんの兆候がありますが、そのことについて書いていけば、また一冊の本になってしまうでしょう。それならなぜ、ブッダはこのことを、特に重要な兆候と考えたのでしょう。

あらゆる生物において、本性はすでに苦しみから逃れ、あらかじめ完全な幸福を与えられているのです。幸福をもとめたり、不幸を避けようとしたりするのは、形はどうあれ、自分の本質を表現しているのに過ぎないのです。

永遠の幸福へのあこがれは、「本来の心」の小さな、かそけき声であり、私たちが本当に経験できるのは何かを思い出させようとしています。ブッダはそれを、巣を離れた母鳥にたとえています。どんなに美しい所へ飛んでいこうと、そこで目新しい、おもしろいことを見聞きしようと、何かがいつも母鳥を巣に戻らせます。同じように、恋に落ちたり、賞賛を受けたり、すばらしい仕事に恵まれたり、日頃の生活でどれほどよいことがあっても、完全な幸福へのあこがれに私たちは引っ張られるのです。

ある意味では、私たちは本性への「ホームシック」にかかっているのです。

あなたである、ということ

私たちは自分の基本的なありさまを知らなければならない。
——ツォキニ・リンポチェ

ブッダは、単に心をあるがままにしておけば、本性を経験できると説いています。どのようにすればいいのでしょう。王様に命じられて一日で宝物を移動させた将軍の話を思い出してください。仕事を終えた後、彼はすっかりくつろいで満足感に浸っていました。彼の心は完全に休まった状態でした。いろんな思考が湧き上がってきても、それを湧き上がるままに任せておきます。それについて引っ掛かったり、あるいはその思考を追いかけてその中に入り込んだりしません。

肉体労働でも頭脳労働でも、時間のかかる難しい仕事を終えた後、誰しもこれと似たような経験をしたことがあると思います。仕事を終えた後は、心や体は自然に、心地良い疲れの中でやすらぐのです。

そこで、心を休めるという練習をしてみましょう。これは瞑想の練習ではありません。最も昔からある仏教の訓練の一つで、目標を達成しなければならない、特殊な経験をしなければならないと自分を追い込む強迫観念をとり除いてくれるものだと私の父は教えてくれました。このような「非瞑想」（瞑想ではない瞑想）では、私たちは、心に何が起こっても、ただそれを見守るようにします。私たちは、今度は何が起こるか、ということだけに興味を持って心の中を見つめます。どのような結果も期待しません。

もちろん、最初にこれを習ったときは、私もまだどんな目標でも達成しなければいけないと強く思い込むタイプでした。つまり瞑想のために座るたび、何かすばらしいことが起こることを願っていたのです。そこで、ただ心を休めるだけ、ただ見つめるだけ、そして結果については気にしない、ということに慣れるまでは時間がかかりました。

まず、背筋を伸ばして、体はくつろぐようにします。楽な体勢が整ったら、三分ほど心を休めます。時間のかかる難しい仕事を終えた後のように、ただ、心をあるがままに任せるのです。

思考や感情が起こってきます。何か身体に不快なものを感じます。音が聞こえたり、においを感じたりします。あるいは、心はまったく空白のままかも知れません。いずれにしろ気にしないで、心を休めたままにしておきます。

今、あなたは、心の中に何が去来しようとも、それにただ気づいている状態にいます……。

ただ、心を休める……。

ただ、心を休める……。

三分間が過ぎたら、どんなことを経験したか、自問してみます。それについて判断を下したり、あるいは説明しようとしたりしないで、ただ何が起こってどう感じたのかを見てみましょう。少しの間、やすらかな、開かれた気持ちになったかも知れません。結構です。たくさんの思考や感情、感覚を感じたかも知れません。それもまたよしなのです。なぜでしょうか。どちらにしてもあなたは、自分が考えること、感じることに対する「あるがままの気づき」をもち続けたからです。自分自身の心が自然な働きをしていることを、直接見ることができたのです。

一番の秘密をここでお教えします。いつ、どのようなときでも、心の中で何が起こっているのかを見守ることをすれば、それが瞑想なのです。このようにただ心を休めることが、「本来の心」を経験することなのです。

瞑想が、思考や感情、感覚を毎日ふつうに処理する過程と違う点は、心を休めているあいだに生じる「あるがままの気づき」をどのように扱うかにあります。普通、私たちは考えにふけったり、感情や感覚に引っ張られたりしますが、瞑想の場合はただそれら思考や感情、感覚を見守るだけです。

瞑想が実際はとても簡単なものだということがわかるまで、時間がかかりました。瞑想はあまりにも身近なことで、普通にものを感じる、その感じ方に似ているため、めったにそれと認めることができないのです。講演旅行で出会う多くの人と同じように、私も「本来の心」を何か特別のもの、もっと違うもの、もっとよいものと考えていたのです。

ほとんどの人と同じように、自分の経験に何かの判断を持ち込むということを行っていたのです。毎日自分が経験する怒りや不安、恐怖を悪いもの、非生産的なもの、少なくとも「本来のやすらぎ」とは対立するものと考えていたのです。ブッダの、そしてこの非瞑想の実践に特有の教えは、私たちがくつろいで、一歩うしろにさがって心を見つめていれば、すべてのさまざまな思考や感情はただ無限の心の中に去来するだけであって、心は宇宙と同じく、基本的にその中で起こることから何の影響も受けないことが、徐々に理解できるようになる、ということです。

実際、「本来のやすらぎ」を経験することは、水を飲むよりやさしいのです。水を飲むとき、グラスに手を伸ばし、唇にもっていき、水を喉に流し込むようにしますね。「本来のやすらぎ」を経験することは、このようなことよりもやさしいのです。ただ、自分の心を無限に広々とした中に休めておけばいいのです。どのような集中も努力もいりません。

もし心を休めることができなかったら、思考や感情、感覚が起こっては消えていくのを、ただ見守るようにします。そして、「ああ、これが今、心に起こっていることなんだ」と認めるようにします。

あなたが、どこにいて、何をしていようとも、あなたが経験していることは本性の自然な表現である、ということを認めることが大事です。心に起こっていることを止めようとはせずに、ただそれを見つめていると、やがてあなたはとてもゆったりとくつろぎ、心の限りない広がりを感じるようになります。それこそがあなたの本来の心です。あらゆる思考がそこで湧き上がり、流れていく、何ものにも影響されない背景なのです。同時に、あなたの中に新しい神経回路が立ち上がり、次第に強く結合しはじめ、どのような思考の激流が押し寄せても、常に耐えられるようになります。たとえどんなに煩わしい思考であっても、その思考を包み込み、その中に浸み込んでいく「本来のやすらぎ」にあなたが気づくよう促す触媒のような働きをするのです。ちょうど宇宙が、目の前に現れるすべての対象や現象を包み込んでいるように。

さて、このあたりで心についての一般的な話をやめて、その性質に関してもっと詳しくお話ししましょう。なぜ「本来の心」についてもっと知る必要があるのでしょうか。ざっと理解すればそれで十分ではないか、早く実践にとりかかりたい、とおっしゃる方もあるでしょう。

こう考えてください。暗闇の中、自動車を運転するとき、やみくもに進むより地図が頭に入っていたほうが楽ですね。地図がないと迷子になってしまいます。いろんな脇道に入り込んでは、また戻るということを繰り返すでしょう。そこで、次の二つの章では、このような地図や道案内を提供することにします。そうすれば、求めるところへ、素早く行けることになります。

第4章　空《くう》――実在を超えた実在

空とは、そこですべてのことが可能になる基礎のことである。
――第十二代タイ・シトゥ・リンポチェ

心をただ休めるときに経験する広々と開いた感覚を、仏教では「空《くう》」と呼んでいます。これは仏教哲学でもっとも誤解されている概念です。仏教徒ですら理解するのが難しいのですが、一般の読者にはもっと難しいようです。というのも、サンスクリット語やチベット語で書かれた経典を西洋の言葉に訳した初期の翻訳者は、「空」という言葉を「無」、つまり「何もないこと」と解釈したからです。もちろん「空」を「何も存在していない」というふうにとらえるのは間違いです。「無」はブッダが示そうとした真実からかけ離れています。

ブッダが説いたのは、本性がそもそも空だということです。真空のように何もない、ということではありません。チベット語では「空」は、「トンパ・ニ」という二つの単語からなっています。「トンパ」とは空《から》という意味ですが、それは私たちの感覚や思考ではとらえることができない、という意味です。

「考えることができない」とか「名前をつけることができない」といったほうがいいかも知れません。「二」というのは、これ単独では特に意味がありませんが、別の言葉につけると、何でも起こりえる、という「可能性」の意味が加わります。

恐らくここで現代物理学で研究されている原子内部の活動を引き合いに出すといいかも知れません。私の知り合った物理学者の話では、亜原子粒子が引き起こすすべての現象のもとになるのはしばしば「真空状態」と言い表されます。これは亜原子の宇宙における最もエネルギーの低い状態を指します。この真空状態の中で、粒子は出現と消失を繰り返すのです。つまり、空っぽに見えても実際には大変活発な状態であり、すべてを生み出す潜在能力にあふれているのです。

この点で、物理学でいう「真空」とは、「心の空性《くうしょう》」と一脈通じるものがあります。真空が空っぽに見えて、実はあらゆる粒子が生み出されてくる源泉であるように、心もまた本質的には「空」であり、いかなる説明や記述をも超えています。そして、この測りがたい、完全には知ることのできない源泉から、あらゆる思考や感情、感覚が、絶え間なく生み出されてくるのです。

心の本質が「空」であるために、あなたは、潜在的には無限に種類がある思考や感情、感覚を経験できるのです。「空」に対する誤解ですら、「空」から生み出されてくるというわけです。

経験というレベルで「空」を理解する上で、参考になりそうな例をあげましょう。

数年前、ある若い人に「空」の教えを説きました。非常に基本的なことだけ話したのですが、その若い人は、とても喜んだのです。

「格好いいなあ！」

自分の経験からは、「空」とは一度のレッスンでわかるようなものではないので、数日間、今教わったことについて瞑想してみるように言いました。

数日後、彼は恐怖を顔に浮かべ、背を丸めて震えながら、まるで流砂の上を歩くような足取りで、私の部屋に現れたのです。

「リンポチェ、あなたは空《くう》について瞑想するように言われました。昨夜私は、もしすべてが空ならば、このビルも、この床も、この地面もみな空である、と考えつきました。それならどうして私は、床や地面を突き抜けて落っこちないんでしょう」

話し終えるのを待って、私は「誰が落ちるんですか」と聞きました。

しばらく考えて、彼は言いました。

「そうか。もしビルが空であり、人間も空なら、落ちる人間というのもいないわけですね」

やっと落ち着きを取り戻したので、さらに空について瞑想してみるように言いました。ところが、二、三日もたたないうちに、彼はまた怖れに満ちて部屋に現れたのです。

「リンポチェ、ビルも空であり、地面も空であり、私自身も空であると瞑想しました。それについて深く考えたのです。しかし、私自身が空でしかないなら、基本的に私は無です。とすれば、ただ死を待っているような気になったのです。私自身が無と消えてしまうでしょう」

話し終えるのを待って、私は言いました。

「誰が無と消えるのですか？」

　このことが十分に彼の中に染みこむのを待って、私は続けました。

「あなたは空と無を混同しています。最初はほとんどの人が同じ間違いをします。空を思想や概念として理解しようとするのです。私も同じ間違いを犯しました。空を概念としてとらえることはできません。それを把握するには、直接、経験する以外にありません。私の言うことをただ信じなさい、というのではありません。しばらく、このように瞑想してみてください。もし、すべての本質が空であるなら、いったい誰が、また何が消えてしまうのでしょう。いったい誰が生まれ、誰が死ぬのでしょう。こう瞑想してみてください。答えはきっとびっくりするようなものであるはずです」

　ため息をついて、彼は、やってみますといいました。

　数日後、彼は、微笑みながら私の部屋に現れました。

「私は、だんだん空というものを理解できるようになったようです」

「説明してみてください」と私は言いました。

「おっしゃるように瞑想してみました。空とは無ではない、ということがわかりました。無であるためには、その前に何かがあったはずです。空とは、存在することと存在しないことが同時に起こるような、すべての可能性です。もし私たちの本性が空であるなら、誰かが死んだ、誰かが生まれたとは言えないはずです。こうであるという可能性と、こうではないという可能性は、いつも、今、私たちとともにあるからです」

「すばらしい」と私は言いました。

「そこで、今、あなたが言われたことはみんな忘れてください。覚えていようとすると、今、言われたことはみんなただの概念になり、私たちははじめからやり直さなければなりませんから」

二つの実在――絶対的な実在と相対的な実在

相対的な真理の基礎を欠いては、
究極的な真理を教えることはできない。
――ナーガルジュナ（龍樹）

私たちのほとんどは、空を把握するための集中や瞑想に時間がかかります。このことについて説くと、いつも「もしすべての実在の基礎が空であるなら、すべてはどこから現れるのでしょう」という質問を受けます。これはよい質問です。実際、非常に深い質問です。しかし、空と経験との関係は、そんなに単純なものではありません。あるいは逆に、あまりにも単純なので、簡単に見過ごしてしまうのです。空の持つ無限の潜在的な力から、あらゆる現象――思考や感情、感覚から、物質的な対象まで、何でも含める便利な言葉ですが――が現れて動き出し、変化して、最後には消えていくのです。

量子力学――原子や亜原子を扱う現代物理学の一部門――私はこの学問については門外漢なのですが、量子力学的な話をするより、空のこうした側面を説明するのにいちばんわかりやすいのは、ブッダの時代に理解されていたような宇宙《スペース》との類似に立ち返ることでしょう。宇宙は、それ自体は物ではありません。そこに銀河系や恒星、惑星、動物や人間、川や樹木などが現れては移ろう、特性のない無限の背景なのです。宇宙《スペース》がなければ、これらは他と区別された、独立した存在としては現れることができません。居場所もなければ背景もないのです。恒星や惑星が誕生し、移動して、ついには消滅するのも、背景としての宇宙あっての話なのです。私たちが立ったり、座ったり、部屋に出入りすることができるのも、空間《スペース》につつまれているからです。私たちの体も空間《スペース》で満たされています。体の表面のさまざまな空間（開いているところ）から呼吸したり、のみこんだり、話をしたりします。肺の中の空間は呼吸のたびに、広がったり、閉じたりします。

同じような関係は、空と現象に関してもいえます。空がなければ、何も現れません。現象がなければ、その背景にある空も経験できません。

ある意味においては、空と現象との間には何らかの関係がありそうです。ところがそこには重要な違いがあります。空、すなわち無限の可能性は、実在の「絶対的」性質なのです。空から生じるすべてのもの――恒星、銀河、人間、テーブル、ランプ、時計、それに私たちの時間・空間に対する感覚までも――が無限の可能性の「相対的」な表出であり、無限の時間と空間における一時的な出現なのです。

絶対的な実在と相対的な実在の区別について、もう少しお話ししましょう。仏教でも、また現代の科学でも、変化しないもの、時間や環境の変化を受けないもの、さらに小さな部分に分割できないものは、絶対的に実在すると考えられています。この定義を基にして、空、すなわち計り知れない可能性が絶対的な実在だと私は教わりました。すべての現象の背景であり、何かによって作られたものでもなく、因果関係や条件には影響を受けないのです。そして「本来の心」もまた空なのです。完全に開かれており、それと指し示すことのできるいかなる特徴にも限定されないので、私や他の誰かが現象について云々しても、その本性を真に定義づけることなどできないのです。

言い換えれば、絶対的な実在とは、言葉にすることも図像にすることもできないのです。数学的な式で表す、ということもできません。多くの宗教が絶対的なものは言葉では表せないとし、名前や図像は用いないということを教わりました。少なくともこの点では、仏教も同意見です。「絶対」とは、ただ経験する以外にないのです。

同時にまた、私たちは、時間と空間の中でさまざまな現象が現れ、しばらくとどまり、やがて消えていく、という世界に生きていることを否定することもできません。人は生まれては死んでいきます。テーブルは欠け、こわれます。誰かがグラスの水を飲めば、水はもうそこにはありません。仏教では、経験が絶えず変化するこの段階を「相対的な実在」と呼んでいます。相対的とは、変化もせず定義することもできない、絶対的な実在に対する言葉です。

テーブルや水や思考というものは、見たり、飲んだり、考えたりして経験できます。それを否定することはばかげています。しかし、そうしたものが、もともと他のものと完全に独立して、切り離されて存在している、とも言えません。それらは外的なさまざまな条件や因果関係によって、変化を受けるからです。

以上は上手な、わかりやすい説明に見えますが、実感として腑に落ちません。ブッダは、弟子から「相対的な実在と絶対的な実在の関係をもっと説明してください」と言われると、よく夢にたとえました。私たちの日常は、夢を見ているようなものなのです。夢の中の例として、そのころの現実に即した牛や穀物、藁葺き屋根や泥の壁などをとりあげました。

こうした例が二十一世紀の人にうまく伝わるかどうか疑問です。たとえば自動車がとても好きな人に対して、もしも誰かが夢の中でその人に素敵な自動車をただであげたら、とてもうれしいでしょう。「夢の自動車」を喜んで乗り回し、人に見せびらかしたりもするでしょう。

ところが、別の自動車と衝突してしまったらどうでしょう。前面はめちゃくちゃに壊れ、あなたは片足を骨折します。夢の中では、幸福から絶望へと、気分はいとも簡単に変わってしまいます。自動車はだめになり、「夢の保険」も利かない、足はひどく痛みます。夢の中で思わず泣いてしまって、目が覚めると涙で枕が濡れていた、ということもあるかも知れません。

ここで質問です。難しくはありませんよ。

夢の中の自動車は実在しますか。

答えはもちろん、いいえです。どんな技術者も工場も、そんなものは作れません。現実の自動車のようにさまざまな部品から組み立てられたわけではありませんし、分子や原子から成り立ってもいません。それでも夢の中では、実際の自動車と同じようにそれを経験します。さらに、夢の中ではあなたが関わるものすべてが実在するように思えますし、あなたもまたその経験にすぐれて現実的な思考と感情をもって反応します。ところが、夢の中の経験がどれほど実在であるかのように思えても、それが本質的に存在するとは言えませんよね。目が覚めれば、夢はそこで終わり、あなたが夢の中で知覚したものはすべて「空」、すなわち何でも起こりうる無限の可能性の中へ霧散してしまいます。

同じようにブッダは、どんな形の経験も、空という無限の可能性から現れる、と教えています。「般若心経」では、このように言われます。

色とは、空である。
空とは、色である。
色とは、空にほかならず。
空とは、色にほかならない。

現代では、このように言ってもいいのです。

夢の中の車は、本質的に実在しない車である。
本質的に実在しない車は、夢の中の車である。
夢の中の車は、本質的に実在しない車にほかならず。

本質的に実在しない車は、夢の中の車にほかならない。

もちろん目覚めているときの経験と、夢の中の経験とは論理的に比べることができません。結局、夢から覚めてしまえば、実際には足を折ったり自動車が衝突したりはしていないのです。ところが実生活において事故に遭えば、あなたは病院に担ぎ込まれたり、自動車が壊れたことで多額の損失を蒙ったりします。

けれどもあなたの経験の土台は、夢の中でも、また目が覚めているときでも変わりません。思考や感情、感覚の方が、条件によって変化するのです。このことを知っておくと、目が覚めているときにどんな経験をしても、その経験があなたに及ぼす力は失われていきます。思考や感情、感覚というのは、ただそれだけの現象にすぎないのです。夢の中と同じように、目が覚めているときでもすぐに消えていくのです。

すべてあなたが経験することは、刻々と移り変わる条件によって変化していきます。たった一つの条件が変化しても、あなたの経験の形は変化します。夢を見る人がいなければ、夢は生まれません。夢を見る人の心がなければ、夢もないのです。すべての条件や状況が重なり合って、夢を生んでいるのです。

「空」の練習

心は、本質的には空なるものである。空なるものではあるが、すべてはそこから常に生起し続けている。
——ギャルワン・カルマパ三世

「空」を頭で理解するのと、直接経験するのとは別のことです。そこで、別の練習をしてみましょう。前の章で行ったのとは少し違います。今度は、自分の思考や感情、感覚をよく見つめ、それらが空から生まれ、空の中に消えていくのを見ます。思考も感情も何も浮かんでこなかったら、できるだけすばやく、次から次へと思考を浮かべてみます。この練習の目的は、思考や感情、感覚など、できるだけたくさんの形の経験を観察する、ということです。もし観察できなかったら、それらはあなたの注意をすり抜けているのです。どんな思考や感情、感覚も見失うことのないようにしてください。

まず背筋を伸ばして座ります。くつろいだ姿勢で、普通に呼吸します。姿勢が決まったら、思考や感情、感覚をはっきりと見ることを始めます。何も浮かんでこなかったら、心の中でおしゃべりを始めてみてください。音やにおい、圧迫感、痛みなど、知覚するどんなこともよく観察します。「これは良い考えだ」「なんて悪いことを考えているんだ」「この練習は退屈だな」などというのも思考ですから、それらをよく観察します。痒みのような単純な事象も観察の対象となります。少なくとも一分間は続けてみてください。

では、始めてみましょう。

心の動きを見ましょう。

心の動きを見ましょう。

心の動きを見ましょう。

では、やめてください。

この練習のポイントは、無限の「空」の中から、大海にたゆたう波のように思考や感覚が湧き起こり、しばらくの間とどまっては消えていく、そのさまを見守ることにあります。思考や感情が起こるのを止めようとしてはいけません。また追いかけてもいけません。もし、思考や感情を追いかけると、それが逆にあなたを型にはめてしまって、今という時間の中で、自由に、自発的に対応する力を失ってしまうでしょう。一方、もしあなたが思考の流れを止めようとすると、あなたの心はとても窮屈な、狭いものになってしまうでしょう。

これは非常に大事な点ですが、多くの人は瞑想を、思考や感情の自然な流れを止めようとすることだ、と誤解しているのです。確かに、ほんの少しの間、そうした流れを止めることはできますし、また心のやすらぎを感じることもできるでしょうが、それは死んだやすらぎです。まったく何の思考も感情もない状態というのは、分別や明晰さを失った状態なのです。

心をただあるがままにしておくと、やがて心は落ち着いてきます。あなたの中に広々とした空間が開け、どんなこともありのままにはっきりと受け取る力が増してきます。自分の思考や感情を起こるがままに見つめていると、それらがみな相対的な現象に過ぎないことがわかってきます。ほかの経験との関係の上に成り立っているのです。ちょうど「背が低い」ということが、「背が高い」ということとの関係の上に成り立っているように、「楽しい」という思考も、「つまらない」という思考との関係の上に成り立っています。その人それ自身だけを見れば、背が低いのでも、背が高いのでもありません。同じように、思考や感情が肯定的であるか否定的であるかは、ほかの思考との比較の上に成り立ちます。こうした比較がなければ、どんな思考や感情、感覚もただそれだけのことです。本質とか特質といったものを持たず、比較を通してしか定義づけられないのです。

経験の物理学

物理的な対象というものは、空間に存在しているのではなく、空間的に延長されているものである。このように見ると、「空っぽな空間」という概念は意味を失う。

——アルバート・アインシュタイン

多くの科学者たちと話していて驚いたのは、空と現象の関係における仏教の考え方と量子力学との共通性です。使われる言葉は違いますが、私たちが同じことを話していることはわかります。つまり、現象とは、ほとんど無数の事象によって条件づけられ、また因果関係を結んで、一瞬一瞬に現れるということです。

まず、古典物理学の法則を理解することが大事です。これが量子力学の基礎になっているからです。古典物理学は、十七世紀の偉大な物理学者アイザック・ニュートンと、彼に続く物理学者たちの洞察の上に築かれた、自然界のはたらきについての一連の理論を記述するための一般的な用語です。古典物理学では、宇宙は巨大な機械とみなされました。この「機械モデル」においては、宇宙のあらゆる粒子の位置と「速力」、つまり運動の速度と方向を知り、一定時間内にかかる力の大きさを知れば、未来の宇宙のあらゆる粒子の位置と速力を知ることができます。同じように、今の宇宙から過去の宇宙の姿を完全に知ることができます。宇宙の歴史は、個々の粒子の歴史から成る巨大な織物で、絶対的な、理解可能な因果律にしたがっているとみなされます。

古典物理学の法則や理論は、恒星や惑星、あるいは地上の物体どうしの相互作用のように、巨視的な現象の観察を基にしています。ところが十九世紀から二十世紀にかけての科学技術の発達によって、物理学者たちはますます微小な現象の振る舞いを観察し、実験――これによって量子力学(現代物理学の基本的枠組)の基礎が形成されたのですが――その実験を通して、非常に微細な尺度の物質的現象は、古典物理学で示されたような整然とした、予測可能な法則には従わないことがわかってきました。

こうした実験や観察の結果が示す不思議なことの一つが、「物質」はそれまで信じられていたような堅固なものではない、ということです。亜原子レベルになると、「物質」は物というよりはむしろエネルギーの「波」のような振る舞いをすることがわかってきたのです。この「粒子＝波」は、位置や速力を同時に決めることができません。粒子の位置と速力によって宇宙の状態を記述できるとする古典物理学の考え方は崩れてしまいました。

量子力学が、古典物理学から次第に発展してきたように、ブッダの経験に対する見方も、それを聞いた人の理解力にしたがって、次第に発展していきました。こうした教えは三つに分かれており、「ダルマの輪の三回転」(三法輪)と呼ばれています。サンスクリット語の「ダルマ」とは、「真理」、「法」、あるいは単純に「ありのまま」(如《にょ》)を意味します。ブッダは、最初の教えを、ワーラーナシー(ベナレス)市近郊の「鹿野苑《ろくやおん》」で説いたのです。この最初の教えは、観察することのできる経験に基づいた相対的な実在について説かれたものです。この最初の「法輪」の転回、つまり真理の教えは、「四つの真実」（四諦《したい》）あるいは「ありのままについての四つの洞察」と呼ばれています。この「四つの洞察」は、まとめれば以下のようになります。

一．人生は苦しみである。（苦諦《くたい》）
二．苦しみには原因がある。（集諦《じったい》）
三．苦しみの原因は取り除くことができる。（滅諦《めったい》）
四．苦しみの原因を取り除く、簡単な方法がある。（道諦《どうたい》）

第二回と第三回の教えによって、ブッダは絶対的な実在の特質を説きはじめます。第二回の教えは、北東インドのビハール州にある「霊鷲山《りょうじゅせん》」で説かれ、「空」「親愛の情」「慈悲」「菩提心」（悟った心）に焦点が当てられました。第三回の教えは、「仏性」について、インドのさまざまな場所で説かれたのです。

これら三回の説法では、本性、宇宙、そして心が経験を知覚する方法について、非常にあざやかに説かれています。しかし三回の説法は、初期の弟子たちの考え方の違いをはっきりさせることにつながりました。ブッダの死後、弟子たちはブッダの言葉の解釈に関して一致しないこともありました。三回の教えを全部は聞かなかった者もいたからです。こうした不一致というのは、ブッダ自身が「自分の教えは頭で把握するだけでは不十分で、直接経験することでのみ理解できる」と言った以上、ある意味では自然なことでした。

最初の教えだけを学んだ人々は、二つの派をつくりました。ヴァイバーシュカ派（説一切有部派）とサウトラーンティカ派（経量部派）です。これらの派によれば、無限に小さい粒子——チベット語で「ドゥル・トレン」もしくは「ドゥル・トレン・チャ・メー」と言い、それぞれ「最小の粒子」、「分割不能の粒子」といった意味です——が、それ以上小さな部分に分解できないために絶対的な実在と考えられました。この最小の粒子が、現象というものを形作るレンガのようになるのです。最小の粒子は消失するということがなく、ただその姿を変えるだけです。たとえば木の最小の粒子は、燃えてしまえば煙や火に姿を変えるということです。これは現代物理学でいうエネルギー保存の法則に似ています。エネルギーは、作り出されることも消滅することもなく、ただ形を変えるだけです。ガソリンの化学的エネルギーは、自動車を動かす力学的エネルギーに変換されます。

こうしたことが、なぜ、幸福を得ることにつながるのでしょうか。もう少しお聞きいただければ、その関係がはっきりしてくると思います。

ブッダの後年の教えが明らかにしたのは、アインシュタインが有名な$E=mc^2$という公式で証明したように、粒子とは一塊のエネルギーであり、一時的な現象でもあるから、絶対的な実在とすることはできない、ということなのです。

たとえば、水は冷却すると氷になり、熱すると蒸気になります。水は酸素原子と水素原子に分解できますが、原子もまたさらに小さな亜原子粒子に分解できます。

ヴァイバーシュカ、およびサウトラーンティカ両派の考え方と、古典物理学との間には面白い共通性があります。古典物理学によれば――考え方を理解しやすくするために、かなり簡略化して説明しますが――物質を構成する基本的要素は、天体や人間の身体といったかなりの大きさを有するものと同様、位置とか速力とか、正確に測量可能な属性に基づいて説明することができ、重力や電気のような特定の力にみごとに調和したかたちで動く、ということです。大きなスケールの現象、たとえば天体の運行などについては、この古典的な解釈は今なお有効なようです。

しかし十九世紀末から、物質的現象を微小なものまで観察できる技術が発達した結果、二十世紀初頭に英国の物理学者J・J・トムソンが、原子は最小の単位ではなく、さらに小さな粒子から成り立っていることを実験で確認しました。粒子のなかでも有名なのが電荷をもった電子です。高校で物理や化学を学んだ人なら誰でも知っているように、物理学者のエドワード・ラザフォードが、トムソンの実験を基礎にして、太陽系のミニチュアのような原子の模型を作ったのです。これは原子核のまわりを電子が惑星のように回っているモデルです。

この太陽系モデルの問題は、原子が熱せられると特定のエネルギーを持った光を発するということを、うまく説明できないことです。このエネルギーの波長を原子の種類に応じて配列したものがスペクトルと呼ばれています。一九一四年に、ニールス・ボーアは、原子の中の電子を波とすれば、原子のエネルギーのスペクトルをうまく説明できることを発見しました。これは量子力学初期の偉大な発見で、多くの科学者がこの目新しい理論に取り組むようになったのです。

そのころ、アルバート・アインシュタインは、光とは波ではなく、粒子であることを示しました。その粒子を彼は「光子」と名づけたのです。光子は金属板に当たると電子の活動を活発にさせます。こうして電気が生まれるのです。このアインシュタインの発見によって、多くの科学者は、すべてのエネルギーが粒子の振る舞いから説明できるかも知れないとして研究を続けました――これはヴァイバーシュカ派の考え方と共通点があります。

現在もなお、原子よりも小さな粒子の世界の研究は続いています。それらは、あるときには粒子のように、あるときは波のように振る舞います。したがって、こうした微粒子に関しては、それがどのような振る舞いを見せるか、まだはっきりとは言えません。レーザー、トランジスタ、スーパーマーケットのレジのスキャナ、それにコンピューターのチップなど、その応用面では目覚ましいものがありますが、宇宙に関する量子力学的な説明は、数式による抽象的なものです。数学は私たちの日常的な経験の根底にひそむ実在を感じとるための一種の象徴言語――詩のようなもの――であるということは覚えておくとよいでしょう。

蓋然性のもたらす自由

何事が起きてこようとも、常に新しい意識で気づけば十分なのである。

――ギャルワン・カルマパ九世

自己や物質的現象を含め、経験というものが「絶対的実在」というレベルで本質的に存在すると思い込むことで苦しみが生じるのだと、ブッダは初期の教えで示しました。後になって、聴衆が洗練されてくると、ブッダは空や仏性について、もっと直接的に説きはじめたのです。ちょうど古典物理学が、十九世紀末の科学者によって洗練されていったのと同じです。

亜原子の世界では、実験条件によって、粒子は「物」のようにも波のようにも振る舞います。このような二元性が、量子力学という新しい科学を生み出したのです。

このような振る舞いを最初に発見した科学者は、やや落ち着かない気持ちになったと思います。あなたの親友が、あるときにはとても親切にしてくれるのに、三十分後にはあなたをまったく無視するようなものです。

一方、このことは非常に心躍る経験だったでしょう。まったく新しい世界が開けたのですから。ちょうど、私たちが初めて自分の心を調べるときのようです。見るべきものがたくさんあり、学ぶべきこともたくさんあります。

二十世紀初頭の物理学者たちは、非常に勤勉にこの粒子の「波のような」振る舞いを説明しようとしました。原子内部の電子は波のような性質を持つというニールス・ボーアの発見を土台にして、科学者たちは亜原子の世界を新しく描き出すまでになりました。つまり、極めて詳細な数学的観点に立つと、私たちの知る宇宙においては、すべての粒子は波で、なおかつすべての波が粒子であると見なされる、そういう世界なのです。言い換えれば、物質的宇宙を形成する粒子は、見方によって「物」に見えたり、時空を超えた「出来事」に見えたりするということです。

では、物理学と幸福になることとの間にどんな関係があるのでしょう。私たちは、自分自身が確かな、他とははっきりと区別された個人であり、目標と人格を持って生きていると思いがちです。しかし、現代科学の発見を真摯に見つめると、こうした私たち自身の姿の説明は不十分であることがわかります。

ブッダの教えは、大きく二つに分けられます。一つは智慧に関する教え、すなわち理論。もう一つは瞑想についての教え、すなわち実践です。ブッダは、この二つを鳥の両翼にたとえています。智慧の翼が必要なのは、少なくとも私たちが何を目指しているか知る必要があるからです。そうでないと、必要のない練習をしてしまいます。私たちは、もともと生まれながら、幸福になる力を持っています。こうした力を知るためには、ちょうどジムでウエイトトレーニングをするように、ある程度の練習が必要なのです。

現代科学、特に量子力学と神経科学は、主観的な分析によって実在の本質に到達しようとする仏教徒の洞察的な方法よりも、二十一世紀の人々に受け入れやすい形で、智慧に接近する方法を提供しています。

科学的な分析や調査は、仏教徒の修行の効果を証明するだけでなく、因果関係の連鎖によって起こっては消えていく一時的な現象に対する仏教の理解をも深めます。しかし私たちは、もう少し科学の領域を調べ、さらにいくつかの驚くような類似を発見したいと思います。

第5章　知覚の相対性

大地の原初の純粋性は、言葉や概念、公式化などを完全に超越しているものである。
――ジャムグン・コントゥル

「無限の可能性」として「空」を定義することが、この非常に込み入った用語を説明する際の基礎となります。さらに、「無限の可能性」から生じるのが何であれ――思考、言葉、惑星、テーブル、いろいろありますが――それは「物」としてそれ自体で存在するのではなく、無数の因果関係から生じたのだという含みもあります。このあたりの精妙な意味合いを西欧の初期の紹介者たちはとらえそこなったようです。無数の因果関係のうち、いずれか一つでもほかと入れ替わったり、取り除かれたりすれば、また違った現象が起こります。ブッダが二度目に教えを説いたときに示した法則と同じように、量子力学の世界でも、事象が一つながりの鎖となって単一の結果へと導かれるのではなく、すべての事象はたまたま起こったに過ぎないという蓋然性の観点から「経験」をとらえる傾向があります。この考え方は、「絶対的な実在」においては理論的に何でも起こりうるとする仏教の理解と、奇妙ではありますが一脈通じるところがあるようです。

相互依存（縁起）

条件に依拠するものは何であれ空であるといえる。
——古い経典より

ここに二脚の椅子があるとします。一方は脚が四本とも丈夫で、もう片方は脚が壊れています。丈夫な方には心地よく座ることができます。壊れた方に座るとひっくり返ってしまうでしょう。表面的には両方とも「椅子」といえますが、座るという経験においては明らかな違いが認められます。これはそれぞれの背後に横たわる条件が同一ではないからです。

このように互いに異なる条件が同居するさまを、仏教では「相互依存」（縁起）と呼びます。この相互依存の法則が常に働いているのを、私たちは身のまわりに見ることができます。たとえば植物の種は、それ自身の内部に、成長するという潜在能力を秘めています。しかしその潜在能力——つまり、成長して木になったりつる草になったりすること——は、特定の条件下でないと実現されません。種はまかれねばなりませんし、水や太陽の光も必要です。こうした条件が満たされたとしても、種の種類によってどう成長するかが変わってきます。リンゴの種からはオレンジは生《な》りませんし、逆もまた然りです。一粒の種の中にも相互依存の法則が適用されるのです。

同じように、日常生活において私たちが行うさまざまな選択も相対的な影響力を持っています。選択とはつまり、「相対的実在」の領域内で、必然的に何らかの結果を生じさせることになる原因や条件を設定する行為だからです。相対的選択という考え方は、池に投げ込まれた小石にたとえられます。小石は池のどこに落ちても、落ちたところの表面に、同心円状に波紋をいくつも生み出します。波紋が起こることを回避することはできません。もっとも、小石が池を飛び越して、向こうの家の窓ガラスを割るなどということもあり得ますが、この場合は、また違う原因と結果の組み合わせが生じたと考えるべきでしょう。

それと同じで、「何だか調子が悪い」「自分は太っている」「昨日、とんでもない失敗を犯した」などと考えるのは、先行する原因や条件に依拠しているのです。前の夜よく眠れなかったせいかも知れませんし、あるいは、誰かに悪口を言われたせいかも知れません。おなかがすいて、必要な機能を維持するためのビタミンやミネラルを体が欲しているとも考えられます。水分が不足しただけでも、疲労や頭痛、集中力の欠如をもたらします。自分が誰であるかという絶対的な実在をまったく変えることなく、さまざまなことがらが相対的な経験を決定するのです。

ウィスコンシン大学の研究室で検査を受けることになったとき、私は科学者たちに多くの質問をしました。それは知覚に関するもので、仏教には独自の理論がありますが、私は現代西欧科学の見解に興味があったのです。厳密に神経科学的な意味では、知覚には三つの要素が必要なことを私は学びました。第一に刺激です。目に見える形、におい、味、触れたり触れられたりすることなどです。次に感覚器官。そして三つめは、感覚器官が受け取った信号を組み直して意味のあるものにする脳内の神経回路です。

たとえばバナナを見たとします。まず視神経が、両端に茶色の斑点のある、黄色い曲がった長いものという刺激を受け、その刺激によって、ニューロンが脳の中心にある視床に信号を発射します。この視床というのは、昔の映画に出てきた中央制御盤のようなもので、さまざまな感覚信号を脳のどの部分へ送るのかを決定するのです。

視覚信号は、視床で選別されると辺縁系に送られます。そこは快と不快の感覚、感情的な反応などを処理する場所です。この時点で私たちの脳は、刺激に対して即時の判断を行います。この両端に茶色の斑点のある、黄色い曲がった長いものは、私たちにとって良いものなのか、悪いものなのか、そのどちらでもないのか。このような反応を私たちはよく「直感」などと呼んでいます。もちろん「辺縁系におけるニューロンの刺激」などという呼び方よりずっと簡単です。

辺縁系で処理される情報は、同時に新皮質にも送られます。そこでは、私たちが毎日を暮らしていくのに必要な型を認識したり、概念の処理などが行われます。新皮質はその型を評価し、視神経を刺激した物体が、実際バナナであるという結論を下すのです。仮に、新皮質がバナナという概念や型をまだ持っていないと、脳は味やその他、過去のさまざまな情報を持ち出して、バナナとして見ている物体に正確に対処できるような結論を引き出そうとします。

今、説明したのは、知覚の大まかな過程ですが、このような過程を考えてみても、日常的な対象が、幸福や不幸の原因になりえることがわかります。対象がバナナであるという結論に達したときには、もはや私たちは実際のバナナを見ているのではなく、新皮質の中に構成された像を見ているのです。この像は、さまざまな要素、たとえば環境、期待、以前の経験、それに私たちの神経細胞の回路の構造などによって条件づけられているのです。脳それ自体もまた、感覚が処理される過程やそれに関係するすべての要因がさまざまに影響しあうという意味では相互依存的です。新皮質は最終的には特定の型を提供します。その型によって、私たちは知覚された対象を認識し、名前をつけ、その振る舞い方を予測したり、ルールを作ったりします。したがって、非常に深い意味で、新皮質は私たちのために世界を形作っているのです。言い換えれば、私たちはバナナの絶対的な実在を見ているわけではなく、むしろ相対的な姿、心的に構成された像を見ているのです。

この点を説明するため、一九八七年に行われた第一回の「心と生命研究所」会議で、リヴィングストン博士はある簡単な実験の報告をしました。実験では参加者にTという字を見せました。これは縦棒と横棒が同じ長さのものです。どちらの部分が、ほかの部分よりも長いですか、という質問に対して、参加者はその背景によって異なった答えをしました。オランダのように平野の多いところで育った人は、水平の部分が長いように見える傾向があり、山の多い地域で育った人は、垂直の部分が長いと感じるようです。両方とも同じ長さです、と答えた人は比較的少数でした。

厳密に生物学的に言えば、脳は知覚の形成と条件づけに関して、能動的に参加していると言えます。科学者は、身体という制限を超えた対象の「実在する世界」を否定してはいませんが、感覚的経験が非常に直接的なものであっても、その経験の過程は見かけよりもはるかに繊細で複雑なものだということに関して意見が一致しています。生物学者のフランシスコ・バレーラが会議で発言したように、「脳は知覚を通じて世界を形成しているよう」なのです。

知覚の処理において脳は、私たちの通常の心の状態に関して、決定的に重要な役割を果たしています。長い間の条件づけによって形成された知覚を徐々に変化させることを目指す心の訓練を行おうとするものにとっては、脳のこうした役割を知ることで新しい可能性が開かれます。訓練を通じて脳は新しい神経回路を形成することができます。それによって、すでに条件づけられている知覚を変容させるばかりでなく、不安や無力感、苦悩などの通常の心の状態を超えて、より永続的なやすらぎや幸福を経験する可能性を開くのです。

このことは、すでに人生とはこういうものと決めつけている人にとってはよい知らせです。あなたの経験、つまり思考や感情、感覚は、見かけほど固定したものでも、変えられないものでもありません。あなたの知覚は、事物の「本性」の、非常に大まかな近似値に過ぎません。実際、あなたが今その中にいる宇宙と、あなたの心の中の宇宙とは、統合された一つの全体なのです。神経科学者や物理学者、心理学者たちが私に説明してくれたように、客観的、合理的な方法や言語によって実在を説明しようとする野心的な努力を続けているうち、科学は私たちに「存在」が不可思議でありかつ尊いものだとする感覚を取り戻させ始めたのです。

主体と客体——神経科学的な見方

二元論的な思考は、心の活力である。
——ジャムグン・コントゥル

物理学と生物学の知識によって、私たちは、空という絶対的な実在と、日常の経験という相対的な実在について、より深い問いに取り組むことができます。たとえば、もし私たちが感知するものが対象の像だけであり、しかも物理学者の言うように、対象それ自体が動き回る粒子の群れであるとすると、なぜ私たちは目の前にあるテーブルのようなものを固体として「経験」するのでしょうか。テーブルの上に置いたグラスの水を見たり、感じたりすることができるのはなぜでしょう。水を飲むと、たしかに水は実在すると感じるのはなぜでしょう。水を飲まないと私たちは渇きを感じます。それはなぜでしょうか。

チベット語に「ジンパ」（執着）という言葉があります。ジンパとは、対象が本質的に実在するものと思い込む心の傾向です。仏教は、人生を「生存のため」という恐怖を基にした見方で経験するのではなく、むしろ不思議な、驚きに満ちた出来事の連続あるいはお祭りの行列として見る、という見方を教えます。この違いは、次のような簡単な例で示すことができます。数珠を持った手を下向きにしたとします。この例では、数珠は、人々が所有したいと思っているものを表します。素敵な車、きれいな着物、おいしい食事、快適な家などです。数珠を握り締めると、数珠の一部は手からはみ出してしまうでしょう。全部を握り締めることはできません。しかし手を開いて上に休ませるように乗せれば、数珠は全部手の上にあります。

もう一つ例を挙げると、今、机を見ているとします。普通、私たちは机を一つの対象として見ています。しかし実際には、机には脚がついており、後ろ側があり、前側があります。机がこのような部分から構成されていると考えると、机が一つの対象であるとは考えにくくなります。

神経科学者たちは、「指揮者のいない」脳を研究するうち、生物の脳はしだいに特定の型を認識し、それに反応するように進化してきたということを発見しました。脳を構成している何十億もの神経細胞のうちには、形をさぐることに特化した細胞、色彩、におい、音、動きなどをさぐることに特化した細胞があります。同時に、脳は神経科学の用語で「網羅的《グローバル》」な、つまりそこに何か型のような関係を認識する機能を与えられています。

たとえば、Eメールでよく使われる顔文字の例で考えてみましょう。この顔文字 :-) は容易に二つの目 : と鼻 - と口) で笑顔と認識されます。しかし、この三つの部分を)-: と並べ換えると、まったく何の型も認識せずに単なる曲線と直線と点がでたらめに並んでいると解釈します。

神経科学者は、このような型を認識するメカニズムがほとんど同時に働いて形や色などを認識する「神経同期」を起こしていると解釈しています。「神経同期」とは、脳に遍在するニューロンがそれぞれ自発的かつ瞬時に交信し合う過程をいいます。たとえば :-) という形がこの配列で正しく感知されると、ニューロンがそれぞれ自発的に信号を送るのですが、その際、特別な型として認識したことを正確に伝える送り方をします。

これはジンパがなぜ起こるのか、生物学的に極めて見事な説明です。私はジンパという機能は生存に必要なために進化してきたのだと思います。自分の生存にとって、害があるのかそうでないのかを簡単に識別できるのは、とても便利な機能です。後ほど説明しますが、臨床的な研究によって、瞑想の訓練が「神経同期」のメカニズムを推進し、自分の心と、自分の心が感知した対象ないし経験は、実は同一であって別のものではないことを意識的に認識できるようになる、ということが示されています。言い換えれば、瞑想を長期にわたって続けるうち、主体と客体という無理のある区別が解消します。その結果、自分の経験の質を決定する自由、何が実在で何が見かけだけなのかを決定する自由が得られるのです。

主体と客体の区別が解消する、といっても知覚がぼやけてしまうということではありません。主体と客体という言葉を通じての経験は知覚しますが、同時に両者の区別は単なる概念に過ぎないことを認識します。言い換えれば、知覚の対象と、それを知覚している心との間には、何ら違いはないのです。同一なのだということがわかるのです。

意識のこの転換を頭で把握することは難しいでしょう。ここでは夢との比較がその理解の助けとなります。夢の中で、「ああ、これは夢だ」とわかると、何が起ころうと、それは自分の心の中で起きているということもわかります。夢ですから、そこに問題も苦悩も限界もありません。夢が続いていても、あなたはすでに夢のシナリオが提供するさまざまな苦痛や不快からは解放されているでしょう。心はいろんなことを作り出すものだなあ、と感心するだけです。

　これと同じで、目が覚めている状態で主体と客体の区別を超越することは、あなたが何を経験しても、それは心が経験しているのであって、経験と心は切り離せないと認識することなのです。目が覚めている状態での生活は毎日続きますが、その生活を経験したり知覚したりすること自体、何かに限定されたものから驚異と喜びにあふれたものへと変わるはずです。

不確定性の贈り物

心がそれを指すものを何も持たないとき、それをマハームドラーと呼ぶ。

――ティローパ

　机を見るという例に戻ると、机のようなありふれたものも、常に変化にさらされていることがわかります。昨日と今日では、同じ机でも違うかもしれません。物理学者の目で見れば、机を構成している木、塗料、釘などは分子で構成され、分子は原子で、原子は非常な速さで亜原子の世界を動き回っている粒子で構成されています。

　粒子のレベルで、物理学者は非常におもしろい問題に出会っています。亜原子の空間で、粒子の位置を正確に計測しようとすると、粒子の速力を特定することができず、速力を特定すると、位置を正確に知ることはできない、ということです。粒子の位置と速力を同時に正確に知ることができないという問題は、物理学者のハイゼンベルクの名をとって、「ハイゼンベルクの不確定性原理」といわれています。ハイゼンベルクは量子力学の基礎をつくり上げた人です。

物理学者が説明してくれたところでは、問題は、原子より小さな粒子の位置を見るためには光をあてなければならないのですが、それが粒子にエネルギーを与えてしまい、速力を変えてしまうということなのです。一方、粒子の速力を知るためには、それが動いている最中に光の振動数を変えることによって計測します。したがって、科学者は計測方法を変えることで、粒子の速力か位置のどちらかの情報を得ます。非常に簡単に言ってしまえば、実験の結果は実験の方法によって変わる、ということです。何を知りたいのか、それによって実験の方法が変わり、実験の方法が変わると結果も変わってくるということです。これは、私たちの考えること、感じること、知覚することは、それをもたらす私たちの心の習慣によって変化する、ということと非常に似ています。

現代科学が示しているのは、物質的な現象に対する私たちの理解や知識は、その問いの仕方、それを調べる方法によって、ある程度限定されているということです。それと同時に、亜原子の空間のどこに粒子が現れるのか、正確に予測することができないという事実は、私たちが経験自体の性質を見極める上で、ある種の自由が与えられていることを表してもいます。

文脈《コンテキスト》——認知の視点から

私たちの人生は、私たちの心で形作られる。
——ダンマパダ（法句経）

仏教の修行は、習慣的な思い込みを次第に取り除くと同時に、いろいろな問いかけをして、物の見方を転換するという実験を行ってみることをすすめています。このような視点の転換は、見かけほど難しいものではありません。ネパールで私が指導した弟子は認知心理学の分野の研究者でした。彼は、視点を転換するという機能は、人間の心のもっとも基本的な働きの一つであると教えてくれました。認知心理学の用語で言えば、私たちが受け取る情報の意味は、それを受け取る文脈《コンテキスト》に依拠しているということです。文脈が異なれば意味が異なってくるということは、実在を観察する方法によって結果が左右されるという量子力学と驚くほどよく似ています。

たとえば次のような文字列を見てください。

ミンゲールリンポチェ

これはいろいろに解釈が可能です。ただの線と間隙を並べたもの、文字の一群の、誰かの名前、知っている人の名前、知らない人の名前、などいろいろな意味が考えられます。

おもしろいのは、どの解釈もそれだけが正しい解釈とはいえないことです。それはさまざまな意味が、主として経験に基づいた文脈に依拠しているからです。

たまたま私のことを個人的に知っている人はこの文字列を「ミンゲール・リンポチェ」と解釈し、「ああ、赤い僧衣を着た背の低いチベット人で、メガネをかけており、テーブルは絶対的には存在しないなどと言っている人だ」と思い浮かべるかも知れません。

私のことを全く知らないで、新聞や雑誌でチベット仏教の師僧についての記事を読んだだけの人にとっては、記事に書かれた一介の僧の名前にすぎません。カタカナになじみがなければ、何かの文字列だとはわかるかも知れませんがその意味はわかりませんし、人の名前か地名かの見当もつきません。カタカナが全くわからなければ、単なる直線や曲線の集まりです。

認知心理学の教えるところは、これと同じように、日常の事物をよく見ていくと、その絶対的な実在を特定することは非常に難しい、ということです。つまり、今まで事物を見てきた自分の文脈によって、事物に対してこれは永続するとか存在しているとかいう属性を付与してきたのです。あなたや周りの世界を異なった視点から見れば、あなたの世界を見る知覚もまた変化します。

もちろん物質的世界に対する自分自身の知覚や思い込みを転換するには、努力だけではなく、時間もかかります。そこで、この障害を一挙に克服して「空」の持つ自由を経験するためには、時間というもの自体を、新しい視点から見るということが必要になってきます。

時間の専制

過去は把握できない。未来も把握できない。現在も把握できない。
——古い経典より

時間という視点から自分の経験を見てみると、テーブルも、グラスの水も、みな時間の中に存在しているように見えます。ただし、それは相対的な視点です。ほとんどの人は時間というものを過去、現在、未来という言葉によって考えます。「さっきの会議は退屈だった」（過去）。「この会議、退屈だなあ」（現在）。「退屈な会議に出席しなければならないんだ」（未来）。

過去のことを話しているときは、実際にはすでに起きた経験を思い出しているわけです。あなたはもうその会議には出席していません。過去というのは、燃えてしまった木のようなもので、灰になってしまえば、もうその木はありません。それは記憶であり、心の中を通り過ぎる思考です。言い換えれば、過去というのは、観念に過ぎないのです。

同じように未来という場合、それはまだ起こっていないという時間の側面を指しています。それもまた観念です。まだ生まれていない子供を今そこにいるものとして話すことはできません。

実際に経験するのはいつでしょう。

それは、「今」です。

「今」をどう定義したらよいのでしょう。一時間は六十分に、六十分は分や秒単位に分割できますが、どのように分割しても、あなたが「今」と言った瞬間、その「今」はもう過ぎ去っています。それはもう「今」ではありません。「そのとき」なのです。

ブッダは、このような普通の人間の時間に対する認識の限界をよく知っていました。ある説法でブッダは、一時間とか一日とかいう一定の時間の分割や持続というものは、相対的な意味があるものの、絶対的な視点からは、一瞬と永遠との間には何の違いもない、と説きました。永遠の中に一瞬はあり、一瞬の中に永遠はあります。一瞬が永くなったものが永遠であり、永遠の短くなったものが一瞬ではない、というのです。

次のような物話にそれは描かれています。偉大な師のもとを若者がたずねて、教えを請いました。師は「よろしい、だが、まあ、その前にお茶を飲みなさい、そのあと、教えを授けよう」と言いました。つがれたお茶を若者が飲もうとすると、お茶はたちまち山に囲まれた湖に変じました。湖のほとりに若者がたたずんでいると、少女が現れて桶に水を汲もうとします。若者は一目ぼれしてしまい、少女のほうも、ほとりにたたずんでいる若者に恋しました。少女は若者を家に連れて行き、両親に引き合わせました。やがて両親も若者を気に入り、二人が結婚することを許しました。

三年後、二人の間には男の子が生まれました。数年たって、今度は女の子が生まれました。子供たちは健やかに育ちましたが、十四歳になった時、男の子は病気になりました。薬石効なく、一年もしないうちに男の子は亡くなりました。

それからまもなく、娘が森に薪を集めに行ったとき、突然トラに襲われて、これも亡くなりました。

悲しみに耐え切れず、母親は湖に身を投げてしまいました。祖父母は娘と孫を失った悲しみのあまり何も喉を通らず、やがて餓死しました。こうして一家全員を失った若者は、死んだほうがましだと考えて、自分も身を投げようと湖のほとりにやってきました。

身を投げようとした瞬間、若者は師の前にいて、ちょうどお茶を飲もうとしていることに気がつきました。ほとんど一生分の時間を過ごしたのに、実際はお茶はまだ温かかったのです。

師はうなずいて言いました。

「おわかりであろう。すべての現象は心から生まれる。心は空である。心を離れて存在する現象はない。しかしそうした現象が無である、ということでもない。これが教えじゃよ」

仏教の視点から見れば、空間や空間の中を移動している対象の本質と同じく、時間の本質もまた「空」なのです。時間や空間はいくら分割していっても終わりがありません。この時間の本質を瞑想してみてください。できるだけ短い時間というものを想うのです。時間をこのように調べていくと、それ以上、名前のつけようのないような地点に到達します。そこから言葉や観念、概念を超えた領域に入っていくのです。

観念や概念を超えた領域というのは、心が何か卵の殻のように空っぽになってしまったり、石ころのようにつまらないものになってしまう、ということではありません。実際にはその逆で、心は非常に広く、開いたものになっていきます。主体も客体も知覚することはできますが、もっと幻影に近いもの、つまり、実体のあるものではなく、一種の概念的なものとして知覚するのです。

現代の科学の理論や発見に、時間と空間についての仏教の見解に近いものがあるのかどうか、多くの科学者に聞いてみました。いちばん近いと思われたのは、量子論の考え方です。「時間と空間はどのようなものから成り立っているのか」、「時間と空間は、絶対的に存在しているのか、それともさらに基本的なものから生じたのか」、「時間と空間とを非常に短い尺度で見るとどうなるのか」、「もっとも短い時間の単位というのはあるのか」、といった基本的な問いを考察する研究分野です。

物理学のどの分野においても、時間と空間は、どこも一様で、無限なものと考えられてきました。そうした静的な背景の中、対象が動き、事象が起こるのだと。しかし、いったん時間と空間それ自体を調べはじめると、どうもそのようではなさそうなのです。

人間の知覚では、固体は非常にはっきりとした輪郭を持っています。目の前の四本の脚を持った板は明らかにテーブルに見えます。

しかし、顕微鏡を持ち出して見ると、その倍率を上げれば上げるほど、輪郭はぼやけてきます。さらに倍率を上げていけば、やがて量子力学の領域に入り、そこでは粒子があらゆる方向に飛びまわり、とてつもない速さで現れたり消えたりしています。

やがて空間と時間それ自体がぼやけてきます。空間はそれ自体、曲がったりもつれたりしていて、やはり考えられないほどの速さで現れたり消えたりします。これは非常に小さな尺度で起こります。原子を太陽系くらいの大きさと考えた場合のような、小さな尺度です。このような状態は、物理学者たちによって「時空の泡」と呼ばれています。離れて見ると滑らかに見える髭剃りクリームが、近くで見ると小さな泡の集まりであることと似ています。

この状態を説明するには、沸騰する湯にたとえればもう少しわかりやすいかも知れません。水が湯となり蒸発するのはほんの一瞬です。ここでは時間も空間もその意味を失うでしょう。物質、エネルギー、運動、あるいはそれらの間の関係が時間への言及なしには成り立たなくなるので、物理学はお手上げなのです。後に何が残るのか、物理学者には説明できません。これは文字通りあらゆる可能性をはらむ、時間と空間を超えた状態といえます。

仏教徒の視点からは、量子力学による実在の説明は、多くの人にまだ見ぬ自由を提供しているように思われます。最初は奇妙でちょっと怖ろしく思えるかも知れません。西欧人は特に自由というものをなるたけ尊重しますが、事物を観察するという行為が結果に対してでたらめな、予測しがたい形で影響を与えるという考え方に対しては、ちょっと荷が重過ぎると感じるようです。それよりは被害者の役割を演じ、何か起こった場合、その経験は外部の力、外部の人のせいにしたほうがいいと考えるかもしれません。しかし現代科学の発見を真剣に考慮に入れると、私たちは、一瞬一瞬の経験の質というものに責任を持たなければならないようです。

それは、今までは考えられなかったような可能性の扉を開くものですが、一方、慣れ親しんだ被害者の役割を放棄してしまうのは、なかなか難しいようです。しかし、私たちは、自分の経験に対する責任を受け入れると、人生は一種の遊技場のようになり、たくさんの学習や創造の機会があることがわかります。自分たちの個人的な限界や傷つきやすさといったものは次第に消えて、それらに代わって開放感や可能性が現れてきます。私たちは、自分たちの周りをまったく新しい光に照らしてみることができるようになります。自分自身の安全や幸福にとらわれているのではなく、「本性」の持っている無限の可能性に対して初めて目を開き始めるのです。「本性」というものは、「あれか、これか」という恣意的な区別に制約されたものではありません。ある能力は持っているけれども、別の能力は持っていない、というようなものでもありません。そのために、私たちはどのような状況に出合っても対処できるのです。

無常ということ

永続するものは何もない……。
――パトゥル・リンポチェ

ほとんどの人は、その人が住む社会によって、常に変化する心や物質的現象の流れに対して概念というラベルを貼るように条件づけられています。たとえばテーブルをよくよく観察しても、私たちはそれにテーブルというラベルを本能的に貼ってしまいます。テーブルを構成している各部分は「テーブル」そのものではありません。私たちは、ただ急速に現れては消えていく現象に対して、それが「テーブル」という実体のあるものという幻想を生み出すようなラベルを貼っているだけなのです。

私たちが「私は」とか「私に」とか言う場合、それは私たちのよく慣れ親しんだ「自分」というもの感覚、よく言われる「エゴ」を確認できるような意識の流れを指しています。私たちは、自分は時間の経過とともに変化しない単一の実体であるかのように感じます。十代のころ、学校に行っていた「私」と、その後さらに成長し、家から出て仕事を持った「私」、そして今、ここにいる「私」とは、まったく同じものであると考えています。

鏡を見れば、「私」は、時間を経て変わってきたことがわかります。しわが増えています。昔はかけていなかったメガネをかけています。髪の色が違います――あるいは、髪は一本もないかも知れません。分子レベルで言えば、身体の細胞は常に変化しています。古い細胞は死に、新しい細胞が生まれます。私たちもまたテーブルと同じように、いろんな部分から構成されています。その中のどの部分が、本当の「私」でしょうか。手や足も、さらに体のほかの部分も、分子レベルになると、「私」の境界はもはや特定できなくなるでしょう。

たとえば「私の手は私そのものではないが、私の手だ」などといいます。しかし手は五本の指、甲、手のひらなどで構成されています。さらに爪、皮膚、骨などに分解することもできるでしょう。これらの部品のどれをとって「手」と特定することができるでしょうか。この調子で原子の、さらに亜原子のレベルまで進んでいっても、いつまでたっても「私」を特定することなどできないのです。

空間、時間、「私」というものを分析していくと、私たちは、どこかでそれ以上、分析や分解ができない地点に到達します。どのように分析していっても、ある種の壁に突き当たります。この地点で私たちは、いわば絶対なるものをどこかに探すということをあきらめます。それは実在の本質である

「空」、つまり無限でかつ確定できない本質を獲得するチャンスなのです。

この特定の「私」という感覚を生み出すために必要な、非常に多様な要因に集中するにつれ、だんだん緊張が解けてきます。私たちは、思考や感情、感覚を遮断したり制御しようとする願望を喜んで手放すようになります。そして、苦しみや罪の意識なしに、さまざまな経験を宇宙の無限の可能性の現れとして吸収することができるようになります。そうすると、私たちは子供のように無垢な視点を持つことができます。私たちの心は、花のように、他者に向かって開いていきます。私たちは、非常によい聞き手となり、自分の周りのことすべてに十分に「気づく」ようになります。私たちを悩ませたり、混乱させたりするような経験にも、落ち着いて、自然な対応ができるようになるでしょう。やがて、非常にわずかな変化ではありますが、私たちの心が自由で明晰で、愛情深いものになっていることに「気づき」ます。それは想像をはるかに超えたものです。

しかし、そうした可能性の見方を学ぶには忍耐が必要です。

実際、かなりの忍耐が必要なのです。

第6章 「明晰」の贈り物

すべての現象は心の現れである。
――ギャルワン・カルマパ三世

「空」を空間に比較するのは、心の無限の性質を理解するための方法の一つですが、それだけでは十分ではありません。少なくとも、私たちの知る限りでは空間は意識を持っていないからです。一方、仏教の視点から見ると、「空」と「気づき」とは切り離せません。水と湿り気、火と熱さを分けようとしてもできないのと同じです。あなたの本性は、無限の可能性を持っているだけでなく、常に「気がついている」という性質を持っています。

この自発的な「気づき」を仏教では「明晰」(無分別智)、あるいは「心の光明」とも呼びます。それは「空」から絶えず生み出されてくる思考、感情、感覚など、無限にある対象を認識し、区別する力です。「明晰」は、私たちが意識していないときも働いています。たとえば、「何か食べなきゃ」などと突然思いつくことがありますね。こうした心の「明晰」な光なしには、私たちは考えることも感じることも、またものを知覚することもできません。私たちの身体や、宇宙や、その中で現れるすべてのことを認識できないのです。

自然な「気づき」

現象と心は、火と熱のような関係を持っている。
――オルギェンパ

私の師は、「心の光明」を、ろうそくの炎のように自らを照らすものとして説明しました。それは灯りの源泉であるとともに、灯りそのものなのです。「明晰」は、最初から私たちに備わっているものです。たとえば、それは重量挙げをして筋肉を鍛えるように身に付けねばならないものではありません。あなたはただ、「気づいている」ことに気がつけばよいのです。しかし問題は、この「明晰」、つまり自然に気づいているという意識は、あまりにもあたりまえのことなので、それをそれとして認識することが難しいのです。鏡を使わずにまつげを見るようなものです。

では、どのようにすれば、それに気がつくことができるのでしょう。

ブッダは瞑想がよいといいます。しかし必ずしも、その瞑想は、ほとんどの人が考えているようなものではありません。

ここで説明する瞑想もまた、一種の「非瞑想」（瞑想ではない瞑想）です。ここでは、何かに集中するとか、あるいは何かを思い浮かべる、視覚化する、ということは必要ありません。これは何も付加しない瞑想なのです。添加物がないという意味で、「オーガニック瞑想」という弟子たちもいます。

まず、ゆっくりと背筋を伸ばして座ります。いつも通りに呼吸をします。すると、心はやがて落ち着いていきます。私の師はネパールの小さな部屋で次のように私たちを指導しました。

「このようにして心が落ち着いたならば、心を通り過ぎるすべての思考、すべての感情、感覚などに気がつくようにします。そして、自分に問いかけます。いったい、こうして通り過ぎる思考と心の間には違いがあるだろうか。思考する者と思考とはどこが違うのかと。この問いを持ちながら、さらに起こってくる思考を三分間ほど見つめなさい。そして止めるのです」

さて私たち弟子は、もじもじしながら、ある者は緊張しながら、自分の思考と思考する自分の間にどのような違いがあるのかを、自分に問いかけたのです。

子供のころ、自分より先輩の弟子たちは、みんな私より瞑想が上手だと考えていました。しかし自分自身が劣っている、というような思考が心の中を流れていくのを見つめていたとき、おもしろいことが起こったのです。ほかの人たちより自分が劣っているという思考は、単に一つの思考に過ぎず、何ら固定された実在ではないということです。そうした思考を生み出している心の動きなのです。むろん、ほんの少しの間、気がついただけで、すぐにまたほかの弟子たちと自分を比べていました。しかし、この短い間に得た「明断」は、非常に深いものがありました。

後に父親が説明してくれたように、この修行のポイントは、思考する心と、心の中で起きてくる思考との間には、何の違いもないことを認識することです。思考や感情、感覚などは、発生し、しばらくの間とどまり、やがて消えていきます。それはすべて等しく「空」の表現なのです。「空」とは、すべてがそこで起こりうる、境界のない可能性です。心が「物」ではなく「出来事」だとすれば、思考も、感情も、感覚も、みな同じように出来事です。コインの裏表のように不可分である心と思考を経験し、その中でやすらぐうち、「気づき」の状態の限りない拡張という「明晰」の真の意味がわかってきます。

多くの人が、瞑想とは何か特別な意識の状態を達成することだと考えているようです。非常に高いレベルの意識を得たいとか、虹のイメージ、浄土のイメージなどを見たいとか、暗闇の中でも光るようになりたいとか。

これらはみなやり過ぎです。インドのデリーの空港で、ある紳士が私に仏教の僧侶の方ですか、とたずねました。瞑想はどのように行っていますか、うまくいっていますか、とたずねるので、大丈夫ですよ、と答えました。

「難しくないのですか?」

「いいえ、特に」

紳士は首を振ってため息をつきました。

「私には瞑想はとても難しい。十五分もすると、もうめまいがしてきます。もっと続けようとすると、今度は吐き気がしてくるのです」

私は、この男性が緊張し過ぎているように思えたので、もう少しリラックスして瞑想したら、とすすめました。男性は首を振って「いや、リラックスしようとすると、ますますめまいがしてくるのです」というのです。

私は、ためしに目の前で瞑想してみてくださいといいました。男性は、たちまち足や腕や胸をものすごく強ばらせて座り、目を剝《む》いて、すごいしかめっ面になってしまいました。身体があまりにも緊張しているので、今にも震えが始まりそうでした。見ているこちらのほうがめまいがしそうでした。

「わかりました。やめてください」と言い、「今度は私が瞑想をするので、同じように見ていてください」と言いました。いつもやっている通りに背筋をまっすぐにして座り、体の力を抜いて腿の上にそっと手を載せ、特に何かを見るということなく、前方に視線を向けます。そしてあるがままに今に集中しつつ、心を休めました。男性は私の頭から足へと視線を移し、足から頭へ、また頭から足へと、しげしげと見つめています。私はその様子をじっと見ていました。私は瞑想を終え、これが私の瞑想ですと伝えました。

しばらくして男性は「わかったようです」と言いました。

飛行機に乗るときに座席が離れていたので別れましたが、降りるときにまたやってきて「教えられたようにやってみましたけれど、一度もめまいがおきませんでした。ありがとうございました」と言いました。

確かにうんとがんばると、何らかの鮮明な経験を得ることは可能です。しかし大まかに言って、よくあるタイプの瞑想の経験は、いくつかのグループに分けることができます。

一つは、心に押し寄せる思考や感情、感覚にすべて気づこうとすると、非常に消耗します。その結果、心は疲れ、鈍くなってしまいます。二つ目は、思考や感情、感覚を観察しようとすると、今度は落ちつかなくなります。三番目は、心が空白になってしまうことです。思考や感情、感覚を観察しようとしても、それらはすばやく消え去って「気づき」をすり抜けていきます。このような場合、あなたは、自分の瞑想は想像していたものとは違っている、失敗したなどと考えます。

瞑想の実践の骨法は、実は瞑想に関するあらゆる期待を手放してしまうことにあります。「本来の心」の持つあらゆる特質――やすらぎ、開放感、くつろぎ、明晰さなど――は、あるがままの心に存在するのです。何か特別なことをする必要はありません。自分の「気づき」を変化させることはないのです。心を観察するときには、ただすでにある特質を認識すればよいのです。

暗闇を照らす光

部屋の中を明るいところと暗いところに分けることはできない。互いに近すぎる。

――トゥルク・ウルギェン・リンポチェ

心の「明晰」さを味わうには、段階的な過程を経ることになります。「空」に対する「気づき」を育むのと同じです。最初に要点をおさえ、徐々にそれに親しんでいきます。そして、認識した状態で修行を続けます。このようなゆっくりした過程を、ある経典は牛の尿《ゆばり》にたとえています。これは実にわかりやすい説明で、瞑想が何か非常に難しいものであるという考えを捨て去ることができます。しかし、牛が小便するところを見たことがない人にはこのたとえはわかりにくいと思います。どういう風かといえば、牛の小便は、ゆっくりした流れのようで、最初はたくさん、徐々に少なくなるというものではありません。実際、牛は放尿しながらしばらく歩き回るのです。出し終えた後は、ほっとした様子を見せます。

「空」と同じように、「明晰」の本質もまた定義できるものではありません。つまり、一種の概念として心のポケットに放り込み、「さあ、わかった。次はなんだろう」というようなものではありません。「明晰」はその純粋な形において、経験するべきものです。それを経験すると、「次は何だろう」ということにはなりません。

そもそも定義できないもの、説明を超えたものを説明しようとするときの困難を思えば、ブッダの苦労も察せられます。弟子たちは、今の私たちと同じように、心に整理できるような明快な定義を求めています。何か知的なもので、それを知っておくと、ほかの人たちよりも頭がよく、また感受性も豊かだと考えることができるのです。

この弊を避けるために、ブッダはいろいろな比喩や物語を用いて教えを説きました。ブッダは、毎日の経験から「明晰」が理解できるように、「空」を夢にたとえました。

今、目を閉じて、夢のない眠りに落ちています。心には何も浮かんでいません。しかし、この暗闇の中から、形や経験が浮かんできます。親しい人、知らない人に出会います。知っているところ、知らないところに出かけます。夢の中の経験は、毎日の経験の反映のようでもあり、まったく何の関係もないようにも見えます。夢の中ではすべてが可能です。このような夢の中で人々を現したり、また消し去ったりする光、それが心の純粋な「明晰性」の一面なのです。

夢の中の光と真の「明晰」の違いは、夢の中では、私たちは自分と他人、場所や出来事などの区別をします。私たちが「明晰」そのものを認識するときは、そのような区別はなくなります。「本来の心」は分割不能なのです。私が「明晰」をここで経験し、あなたがそこで経験する、というようなものではありません。「明晰」は「空」と同じで限界がなく、ここから始まってここで終わるというようなものではありません。心を調べれば調べるほど、いったいどこで自分の心が終わって、どこから他人の心が始まるのか、はっきりと区分することが難しくなります。

こうなってくると、自己と他者の間の区別という感覚が薄らぎ、他者と、そして自分をとりまく世界と同一化する感覚が、もっとおだやかに、流れるようなものになってきます。世界はそんなに怖ろしい場所ではなくなり、敵は敵ではなく、私たちと同じように幸せを求めて最良の道を探っている、ということもわかります。こうして誰もが智慧と洞察の力を持っていることがわかると、お互いの表面的な違いを乗り越えて、新しい解決を見出すことができるでしょう。

見かけと幻影

意味のあるものを意味のあるものとみなし、
意味のないものを意味のないものとみなすことで、
人は真の理解を得ることができる。
——ダンマパダ（法句経）

心というのは、手品師のようなところがあります。実際にはそこにないものを見せるのです。私たちは、心が生み出す幻影に惑わされます。そして、もっともっとおもしろい幻影を見たいと自分の心を駆り立てます。この一連のドラマには、中毒性があります。ある弟子はそれを「アドレナリンの昂揚」とか「ハイになる」と表現しました。自分自身や自分の抱えている問題を実際よりも大きく見せるのです。たとえそうした状態を生み出す状況が怖ろしいものであったとしてもです。

手品師が帽子の中からウサギを取り出すと、みんな拍手します。同じように、ホラー映画を見たり、サスペンス小説を読んだり、ややこしい人間関係に巻き込まれたり、上司や同僚ともめたりします。恐らく私たちの脳の最古層である「爬虫類脳」に関係すると思われますが、おかしなことに、こうした経験のもたらす緊張を、私たちは楽しんでいるところがあります。自分対相手という感覚を強めることで、私たちは自分の「独自性」を確認します。独自性といっても、実際には前の章で説明しましたように単なる見かけに過ぎず、何ら本質的な「実在」性を持ってはいないのです。

私の知っている認知心理学者は、人間の心を映写機にたとえました。映写機が映像をスクリーンに投影するように、心は感覚的な現象を認知というスクリーンに投影します。これが、私たちが外界と呼ぶ一種の「文脈」です。一方、心は思考や感情、感覚を、私たちの内面の世界、つまり「私」というまた別のスクリーン、あるいは「文脈」に投影します。

これは、仏教でいう「絶対的な実在」と「相対的な実在」という視点に近いものです。「絶対的な実在」とは、「空」です。この「空」という条件下において、知覚されるものは常に無限で、しかも移ろいやすい可能な経験の流れとして直観的に認識されるのです。知覚されるものが移ろいやすく、状況によって絶えず変化することがわかると、そんなに重いものではなくなってきますし、「自己」と「他者」という二元論的な構造が、もっとやわらかなものになるのです。「相対的な実在」とは、自分の知覚したものは何でもそれ自体が独立した実在であるとする誤った観念から生じた経験の総体をいいます。

世界が自分の外側にあり、私はこちら側にいると考える習慣は、放棄することが非常に難しいものです。それは自分が大事にしている幻影をすべて手放すことになります。そして、あなたが投影するもの、「他者」であると思っているものはみな、実際はあなた自身の心の自発的な表出なのだと認識することでもあります。実在についての観念を捨てて、実在の流れをありのままに経験するのです。自分が知覚したものを、完全に切り離す必要はありません。洞窟や山の中に隠棲しなくてもよろしい。自分の知覚したものを楽しむことはできます。ちょうど、夢の中の幻影を楽しむのと同じです。実にさまざまな経験が、あなたの前を通り過ぎていくのに驚かれることでしょう。

見かけと幻影の区別を認識することで、私たちは、自分の知覚したものが正しいものか、何かの思い込みによるのか、自分で判断するようになります。私は、自分の心の「空性」と「明晰性」を認識したとき、生きることが想像もつかないほど豊かになり、また鮮明なものになりました。物事がどうあるべきか、という思い込みを捨てれば、私たちは自分の経験に対して自由になり、最も適切な対応ができるようになるのです。

「明晰」と「空」の結合

私たちの本性は、無尽蔵という性質を持っている。
――マイトレーヤ（弥勒）

ブッダは理解の程度に応じて、人々が心の力を認識できるよう、八万四千通りの方法を教えたと言われています。私はそのすべてを学んだわけではありませんので、その数が正しいかどうかわかりません。しかしブッダの教えの本質は、一点に要約されます。「心はすべての経験の源泉なので、心の方向を変えることによって、経験の質を変えることができる」という点です。あなたが自分の心を変えると、すべての経験の性質も変わります。黄色いメガネをかけると何もかも黄色に、緑色のメガネなら緑色に見えるでしょう。

「明晰性」というのは、心の創造的な側面と理解することもできます。あなたが知覚するすべては、あなたの「気づき」の力によって知覚しているのです。心の創造的な能力には、限界がありません。この創造的な側面は、「空」と「明晰」の結びつきの自然な帰結なのです。チベットではこれを「マガクパ」と呼んでいます。「無碍《むげ》」という意味です。ときに「力」とか「能力」と訳されることもありますが、同じことです。どのようなこともすべて経験できる心の自由を表します。

自分の心の真の力を知ると、今度は自分の経験を制御できるようになります。苦痛、さびしさ、恐怖、不安など、苦しみの形はさまざまですが、これらも以前ほどにはあなたの人生の妨げにはなりません。かつて障碍のように見えていた経験は、心が融通無碍であることをさらに深く知るためのよい機会となってきます。

どんな人も、人生を通じて苦と快楽を経験します。こうした経験は、ほとんどが身体的なものです。マッサージを受けるとか、おいしいものを食べるとか、温かい風呂に入るというのは、快い、身体的な経験です。やけどをする、注射をされる、エアコンのない車の中で渋滞に巻き込まれる、といった経験は不快なものです。しかし、これらの経験が快であるか不快であるかは、身体的な経験それ自体というよりも、むしろその受け取り方、それをどう見るかによっているのです。

暑いのが大嫌いな人がいます。暑い日に外に出るのは我慢できません、と言います。ほんの少し汗をかくと、ものすごく気分が悪い、と言います。しかし、こうした人も、医者から、毎日十分ぐらいサウナに入ると健康にいいですよ、と言われると我慢して入り、「うわあ、汗をかくと気持ちがいいなあ」などと言います。今まで我慢できなかったことが我慢できるようになるのです。これは汗をかくことに対する受け取り方を変化させたためです。暑さとか汗というのは単なる現象であり、どのような意味をつけることもできます。

心理学者はこのような変化を「認知の再構築」と呼んでいます。経験に対して「意図」と「注意」をもって臨むと、経験の意味が、苦痛に満ちた我慢のできないものから、我慢のできる、または快いものに変わっていきます。時間の経過とともに、認知の再構築によって、脳は新しい神経回路を、特に辺縁系に作り出していきます。そこでは、ほとんどの快・不快の感覚が処理されています。

私たちの知覚が、過去の経験と現在における期待によって条件づけられているとすると、何に、どのように焦点を当てるかということが重要になってきます。また何かを真実と信じると、ますますそれが真実と思えるような経験をします。自分を弱い人間、おろかな人間、あるいは無能な人間と思うと、実際、友人やら家族やらがなんと言おうと、自分が弱く思えるような経験、おろかと思える経験、無能と思える経験をするようになるのです。

自分の経験が自分の思い込みの投影であると気がつくと、何が起こるのでしょうか。今まで怖れていた周りの人や場面などに対して、もはや怖れが消えはじめると何が起こるのでしょう。一面から見れば、何も起こりません。別の面から見ると、すべてが起こるのです。

第7章　慈悲――親愛の適者生存

自分の幻影にとらわれて苦しんでいる一切衆生に対して、
大いなる慈悲は自然とあふれ出る。

――カル・リンポチェ

　鍵のかかった窓だけがある小さな部屋で一生を過ごしていると想像してみてください。窓は汚れていて、ほとんど光を通しません。世界は暗くものさびしい場所で、何か変な形をした生き物が部屋の外を通るたび、気味の悪い影がガラスを通して見えます。ところがある日、水で少しだけ窓を拭いてみます。すると光が差し込んできて、部屋が少し明るくなります。もっともっと窓を拭いてみます。すると世界は思ったほど暗くものさびしい場所ではなく、そう思えたのは窓のせいだったことがわかるでしょう。

　そして、透き通った窓を通して外を見ると、今まで気味の悪い影だと思っていたのは、あなたと同じ人間だったことがわかるでしょう。あなたの心の中で新しい感情が芽生え、外へ出てそうした人たちと話してみたいと感じるでしょう。

あなた自身は変わっていません。世界も、光も、人々も、いつもそこにあるのです。ただ自分の視界が妨げられていたために、見ることができなかったのです。視界が開けるということは、どんなに大きな変化をもたらすことでしょう。

これを仏教では、「慈悲の夜明け」といいます。他者もまた自分と同じであり、彼らの経験を理解できると気づく、その力の始まりなのです。それはあなたがはじめから持っていたものでした。

慈悲の生物学

大いなる慈悲を抱いているものは、ブッダの教えをすべて得ている。

——古い経典より

ブッダの理解した慈悲とは、この言葉の普通の意味とはやや違います。仏教徒にとって慈悲とは、他人をかわいそうに思うということだけではありません。チベット語の「ニン・ジェイ」というのは、心を直接拡大することを意味します。これに最も近い言葉は「愛」でしょうが、相手からどのような報酬も期待せず、また執着もしない「愛」のことです。慈悲とは、チベット仏教の言葉では、一切衆生と結びつくという自発的な感情です。あなたが感じることは私も感じる、私が感じることはあなたも感じる、そこには何の違いもないのです。

生物学的には、私たち人間は、自分の生存が脅かされるのを避け、幸福が拡大する機会をつかむ、というようにプログラムされているようです。歴史をひもとくと、弱者の血で書かれた暴力の物語が続いているかのようです。

しかし暴力や残酷さへと向かわせるのと同じ生物学的なプログラムは、一方では攻撃性を抑止したり、他人への奉仕のために自分自身の生存の欲求をも乗り越える感情を、私たちに提供しているようなのです。ハーバード大学のジェローム・ケイガン教授は、二〇〇三年の「心と生命研究所」協議会で講演を行いましたが、このとき教授は、私たちの生存への欲求は、攻撃性へと向かう傾向だけではなく、親切心、慈悲、愛、気遣いなどの生物学的な傾向を持っており、それは攻撃性よりも強い、と述べました。この講演には感銘を受けたものです。

第二次世界大戦のとき、ナチスの迫害を逃れようとするユダヤ人を、かなりの数の人が命がけで助けた逸話があります。また現在でも戦争や飢餓、専制に苦しんでいる人々を助けるため、自分自身の個人的な幸福を顧みない人々がいます。私の西洋人の弟子は多くが子供を持つ親であり、多くの時間とエネルギーを注ぎこんで、子供たちに習い事をさせたり、教育費を貯金したりしています。

こうした犠牲は、個人のレベルでは、怖れや欲望を乗り越えようとする生物学的な要因が働いていることを示しています。人間が社会や文明を作り上げることができたということ自体、貧しい人々、弱い人々、無防備な人々を守る必要性を少なくとも認めていたことになり、このことがケイガン教授の「倫理的な感覚は人間という種の生物学的な特徴である」という結論を裏付けています。

ケイガン教授の結論は、仏教の教えの本質とほとんど完全に一致します。物事を明確に見れば見るほど、私たちの心は他者に向かって開かれていきます。他者が苦痛や不幸を経験しているのは、自らの本性を知らないからだ、と私たちが認識するとき、自分が経験しはじめたのと同じ「やすらぎ」と「明晰」とを、その人たちにも知ってもらいたいという深い願いに駆られるのです。

同意しない、という同意

辛い種は、辛い果実を生む。甘い種は、甘い果実を生む。
——古い経典より

人々の間の争いは、たいていお互いの動機を誤解することに発します。自分の言動には、理由があります。慈悲に導かれるようになると、ほかの人々との争いの理由は消えていきます。問題が起これば、私たちは深呼吸して、心を開いて耳を傾けます。そうすると、葛藤に対してより上手に対処できます。波を鎮めるようなものです。最終的には敗者も勝者もないということ、誰もが満足できる解決が必ずあるということが、わかってきます。

インドに住むチベット人の友人の隣家に、すごく性格の悪い犬を飼っている人がいました。インドでは他の国々と違って前庭を囲む塀がとても高く、門の代わりにドアがついています。友人が外へ出ようとするたび、その犬は、隣家のドアを噛み破らんばかりにして、ものすごい勢いで、ほえたり、うなったり、毛を逆立てたりします。やがて友人の庭に入ってきて、ほえまくる騒ぎになりました。

そこで、友人はドアを少し開けて石をはさんでおき、犬がドアを押し開けたら石が落ちるようにしました。石に当たった犬はこりごりして、もうしないだろうと考えたのです。

さて、次の日、待ち構えていたのに、犬は現れませんでした。やがて友人は、毎日のお祈りを始めました。いくら待っても犬は現れないのですが、やがて祈りは「四つの願い」（四弘誓願《しぐせいがん》）のところまできました。

すべての生き物が幸せで、また幸せを生み出すように。

すべての生き物が苦痛と、その原因から逃れられますように。

このとき友人は、隣の犬もまた「生き物」であることを思い出し、また自分がわなを仕掛けたことも思い出しました。わなのせいで犬は苦痛を得るでしょうし、その原因を作っているのは自分です。もし、このお祈りを唱えれば、自分は嘘をついてしまうことになる。お祈りをするのをやめようとしましたが、毎日の修行になっているのでやめる気になれません。

友人は、犬に対して慈悲の気持ちを持とうとしましたが、「いや、やっぱり、あの犬は悪い犬だ。あんなに脅かされたんだから」。

そこで友人は、お祈りをやや変えることにしました。

いくらかの生き物だけが幸せで、また幸せを生み出すように。

いくらかの生き物だけが苦痛と、その原因から逃れられますように。

これに満足して、友人はお祈りを済ませ、お昼を食べ、犬のことはすっかり忘れて散歩に出かけました。夕方になって、あわてて帰ってドアを開けようとしたとたんに、自分が仕掛けておいた石が、自分の頭にふってきたのでした。

こういうのを「突然の気づき」（頓悟《とんご》）というのでしょう。

友人はこのことで、大事なことに気づきました。「いくらかの生き物だけ」と言ったとき、友人は自分をも排除してしまったのでした。自分の慈悲に欠けるところがあることを悟った友人は、やり方を変えることにしました。

次の日、彼はパンのかけらを持って出かけ、犬が吠えかかってきたとたんに、そのパンを投げてやりました。ほえていた犬は、すぐそのパンに飛びつきました。こうして何日か続き、やがて犬は、彼の友達になりました。こうして友人は、犬のすぐ横でお祈りをすることもできるようになりました。

人間、動物、昆虫などすべての生き物（一切衆生）が私たちと同じであり、やすらぎを願い、苦しみから逃れたいと願っているのだ、と認めたとき、私たちは、誰かほかの人が自分の考えとは違う行動をしたときに、「ああ、この人たちもまた幸せになりたい、苦しみから逃れたいと思って、こう行動しているのだ。私をやっつけようとしてそうしているのではなく、ただ、そう行動する必要があると思って、そうしているのだ」と理解することができます。

慈悲とは心に自発的に備わった智慧です。それは常に私たちとともにあります。それが自然に湧き起こるとき、私たちは、自分がいかに強く、いかに安全な状態にあるかがわかるのです。

第8章　なぜ私たちは不幸なのか

一切衆生は、自分のためにならないように行動する傾向がある。
――ジャムグン・コントゥル

ここ十年ほど、二十か国以上をまわって教えを説いてきました。その間、講話の後などで、いろいろな不思議なこと、すばらしいことを見たり聞いたりしてきましたが、もっとも驚いたのは、物質的に非常に豊かな環境に住んでいる人たちの間に広まっている苦しみの深さです。インドやネパールでも人々の苦しみを見てきましたが、その表出の仕方は違っていても、苦しみの強さははっきりと感じられました。

最初にそれを感じたのは、次のようなときでした。パリやニューヨークのような都市を訪ねると、よく招待者が、エッフェル塔やエンパイア・ステイト・ビルのような高層建築に案内してくれました。展望台に行くと警備員が巡回しています。鉄条網が張ってあります。案内してくれた人によると、飛び降りを防ぐためだそうです。このようなすばらしい建築を作り出す力のある社会が、その建築を自殺の手段に使われないようにするため、鉄条網を張らねばならないという現実は、とても悲しいことでした。

すばらしい建築に、こうした「安全のための対策」がなぜ必要なのか、次第に納得できるものになってきました。物質的に豊かな社会に住んでいる人々の目の中に、しばしば絶望感や不満が見えます。講話の後に受ける質問は、もっと強くなったり良くなったりするにはどうしたらいいのかとか、どのように自己嫌悪を乗り越えればいいのか、というものばかりでした。

科学技術が進歩し、物質的に豊かな社会に住んでいる人も、それほど進歩した社会に住んでいない人たちと同じように、苦痛、孤独、絶望などを感じています。次第に私にわかってきたのは、こうした社会では、外面的な、物質的な進歩が内面的な知識を追い越してしまい、人々は自分たちの感情的な葛藤に向き合う方法を何ら知らないということです。あまりにも豊かな物質社会では、気を逸らすものがありすぎて、内面の生活と結びつく機会を奪っているのです。

新しいレストランに行ったり、新しい友人や恋人を見つけたり、違う仕事を見つけることで、一種の興奮を覚え、その興奮を必死になって求めている人の数はとても多いのです。しばらくの間は目新しさが刺激になりますが、やがてはそうした興奮も失せてしまい、あたりまえのことになってしまいます。最初に得た幸福感が消えてしまうのです。

そこで、また新しいこと、たとえば休暇をとって旅行に行こうと思います。しばらくの間は楽しい。海もきれいです。ジェットスキーとか新しいことに挑戦する気になります。しかし、やがて退屈になってきます。海にも飽きてきます。こうして、また新しいところへ行ってみたい、とつぶやくのです。心は自分勝手なマントラ（真言）を作り出します。「今度はタヒチに行きたい。タヒチ、タヒチ……」。

新しいことを試すという解決法にひそむ問題は、それが「新しい」、つまり一時的であるというところにあります。すぐに古くなるのです。すべての現象は、さまざまな原因、さまざまな条件の結果です。それゆえ、ある程度の変化は避けられません。幸福の原因となっているものが変化すると、人々はそれを外部の条件（ほかの人、場所、天気、その他）のせいにするか、自分のせい（もっと別のところに行くべきだった）にします。こうしたことは、自分自身に対する信頼や、あるいは幸福をもたらすはずだと自分を信じさせたものへの信頼を失ったことを示すもので、いくら非難したところで幸福からはますます遠ざかります。

もっとやっかいなことには、人々が幸福ということについて明確な考えを持たないため、みな、あれほどやっきになって打ち消そうとしていた不幸を増大させてしまうということです。したがって、ここでは幸福ということ、不幸ということ、そしてその根底となる原因について、もう少し詳しく見てみましょう。

感情的な身体

感情に中心はない。ちょうど、テニスの試合に中心がないように。
——リチャード・デイヴィッドソン

私たちの身体は、感情を生み出すという点では、ほとんどの人が認識しているよりも、大きな役割を果たしています。その過程は、まず知覚から始まります。感覚器から脳へ情報が伝達されると、脳には対象の概念的な像が作り出されます。私たちは、いったん対象が知覚され、認識されると、感情的な反応が起こり、次にその感情的な反応が身体的な反応を生み出すのだと、私たちは思い込んでいます。

実際は、その逆なのです。脳の視床が、新皮質など分析にかかわる領野に情報を送ると同時に、小脳扁桃にも「警戒信号」を送ります。これは辺縁系にある、胡桃《くるみ》のような形をした神経細胞の塊ですが、この小脳扁桃が、前にもお話ししたように、特に恐怖や怒りのような感情的な反応をつかさどっています。視床と小脳扁桃は互いに近くにあるので、視床からの警戒信号は、新皮質に伝わるよりも早く小脳扁桃に伝わります。信号を受け取ると、小脳扁桃は、心臓や肺、腕や胸、足などの主要な筋肉、そしてアドレナリンなどのホルモンを活発にする器官に対し身体反応の起動を要請します。したがって、脳の分析をする部門は、身体的な反応が起きた後に、身体的な反応を感情的な反応として解釈するのです。何か怖ろしいものを見て恐怖を感じ、それから駆け出すのではありません。何か怖ろしいものを見ると、心臓がどきどきし、アドレナリンが体中に充満して駆け出した後で、そうした身体的な反応が「恐怖」だと解釈するのです。千分の一秒後に脳の全体が信号に追いついたとき、自分の反応が適切であったかどうか判断し、その状況にあった行動に自分を調節しなおすのです。

最近になって、このようなことが科学的な実験で確認されるようになったのです。たとえば恐怖、嫌悪、怒りなどの感情は、右前頭葉のニューロンが活性化するという形で現れます。喜び、愛、慈悲、自信などの場合は、左前頭葉が活性化するようです。

場合によっては、自分の反応を評価するという能力が抑制され、私たちは何も考えずに状況に反応します。このような場合の小脳扁桃の反応は非常に強力なので、新皮質など高次の回路をショートさせてしまいます。このような「緊急対応」メカニズムは、生存のため非常に重要です。しかし、こうした小脳扁桃の神経細胞の型は、非常に簡単に、あまり危険でない場合でも起動してしまいます。このような場合、私たちの「今」起きている出来事に対する知覚をゆがめてしまうことがあるのです。

状態と性向

すべては、状況による。
――パトゥル・リンポチェ

科学の視点からすれば、感情は、短期的な出来事と長く続く状態に分けて考えられます。短期的な感情とは、大工仕事をしていて、かなづちで指をたたいてしまったときに起こすかんしゃくとか、誰かにほめてもらったときに膨れ上がる自尊心などです。このような短期的なことがらを、科学用語では「状態」と呼んでいます。

子供に対して抱く愛情とか、過去に起こったことに対して抱く遺恨とか、さまざまな状況や時を超えて持続する感情は「性向」とか「気質」と呼ばれ、ほとんどの人は、こうした性向をその人の性格を表しているものと見ています。いつも微笑んでいて、活力にあふれ、ほかの人にほがらかに声をかける人は「陽気」な人です。一方、いつもしかめっ面をして机にしがみつき、小さなことに腹を立てる人は「余裕のない」人です。

状態と性向の違いは、別に科学の学位を持たなくても、誰にでも明らかです。かなづちで指をたたいてかんしゃくを起こしても、その後ずっとかなづちを怖れるということはありません。性向はもっと見えにくいものですが、何度も繰り返して現れるので、周りの人には次第に明らかになっていきます。

感情の「状態」とは、神経細胞の「うわさ話」の比較的急激な噴出をいいます。対するに、「性向」は、いったん成り立った関係性に神経細胞が同調すること、とでもいいましょうか。このように、長く続く神経細胞のつながりの原因はさまざまです。遺伝的なもの、心的外傷などによる場合もありますが、長い間の同じような経験の繰り返しによる場合もあります。たとえば幼少期、青年期の学習などです。

感情の性向は、その原因が何であれ、毎日の経験に反応するそのやり方を条件づける効果を持ちます。怖がったり憂鬱になりがちな人は、新しい状況に対しておびえた感じを常に抱くでしょうし、自信を持っている人は、新しい状況にも安心感を持ちながら対処できるでしょう。

条件づけの要因

苦しみというのは、牛がひく車のように、否定的な思考に続いてやってくる。

——ダンマパダ（法句経）

生物学と神経科学は、快感や不快感を抱いているとき、脳に何が起こっているのかを教えてくれます。仏教では、こうした経験の本質をもっとはっきり私たちがわかるようにするとともに、こうした思考や感情、感覚などを変化させ、細胞のレベルから、私たちがもっとやすらかで愛に満ちた人間になれる道を提供しています。

ブッダの説いた主観的な方法でも、現代科学の客観的な方法でも、どちらで観察しても、いわゆる心とは常に変化する二つの基本的なことがらの衝突として現れるようです。二つのことがらとはすなわち、「あるがままの認識」（起こっていることに対する単純な気づき）と、「条件づけの諸要因」（感知したものを表すだけでなく、それに対する反応も決定する過程）です。言い換えれば、すべての心の活動は、あるがままに知覚することと、長期にわたって神経細胞どうしが結び合うことという二つの活動が一緒になることで発展するのです。

私の師サリジェイ・リンポチェが何度も繰り返し強調したのは、もし幸福になりたいのであれば、強迫観念や性向に根ざした反応を生み出す「条件づけの要因」を認識し、それをうまく扱うことだ、という教えでした。師の教えを要約しますと、物事をあるがままに、思い込みなしに見る私たちの目を曇らせる限り、どのような要因も強迫観念的なものと理解すべきだ、ということです。たとえば誰かが私たちに向かって何かわめいているとします。「この人は大声でしかじかのことを言っている」というあるがままの認識と、「こいつはいやなやつだ」という感情的な反応とを私たちはふつう分けないで、「こいつ、私に怒鳴っていて、いやなやつだ」という具合に、二つを結びつけてしまいます。

しかし、状況から一歩身を引いて客観的に見れば、その人が怒鳴っているのは、私たちにはまったく関係のないことかも知れません。昨日、よく眠れなかったのかも知れませんし、家族が病気なのかも知れません。クビになる寸前なのかも知れません。いずれにしろ、条件づけの影響は非常に強いので、私たちは状況からなかなか一歩身を引くことができません。また私たちの理解力には限界があるので、非常に小さな部分を見て全体と間違えてしまうのです。

法廷でアメリカ人のよく言う「真実のすべてを述べ、真実以外の何ものをも述べない」という宣誓をここに適用すれば、「真実のすべて」とは、人は誰もみな幸福を願っている、ということでしょう。ところが悲しいことに、ほとんどの人は、実際にはその幸福そのものを妨害するような方法で幸福を望んでいます。もし、あらゆる状況で「真実のすべて」を見ていくようにすれば、私たちの反応は慈悲以外にはあり得ません。

心の苦しみ（煩悩）

誰によって、また、どのようにして地獄の武器は作り出されたのだろうか。
——シャンティデーヴァ（寂天）

条件づけの要因は、仏教ではしばしば、「心の苦しみ」（煩悩）、または単に「毒」と呼ばれています。仏教の心理学は、さまざまな条件づけの要因を挙げていますが、主要な苦しみの原因が三つあるということでは共通しています。それらが物事をありのままに見る力を阻害しているのです。この三つとは、無知（癡《ち》）、執着（貪《とん》）、そして嫌悪（瞋《じん》）です。

無知（癡《ち》）

「無知」とは、無限の潜在能力や「明晰」といった心の力を認識することができないことを言います。色眼鏡で世界を見てしまうようなものです。最も基本的なレベルにおいて、無知は開かれた「気づき」の経験を歪曲し、元から存在する範疇として「自己」と「他者」を区別する二元論へと誘います。「無知」とは、したがって二つの問題を持っています。自分を単一の、独立した存在としての「自己」

に固定してしまうような神経細胞の習慣を作ってしまうと、「自己」でないものはすべて「他者」となります。バナナだろうと他人だろうと、あるいはこの「自己」が考えていること、感じていることもすべて「他者」です。私たちが経験するすべてのことは、ある意味で「見知らぬもの」に思えてきます。「自己」と「他者」を区別することに慣れるに従い、私たちの知覚は二元論に縛られて、「自己」とその他の世界、つまり「外側」との間に概念的な境界線をひいてしまいます。外側の世界はあまりに広大に見えますので、いきおい自分は卑小な、限界のある、傷つきやすい存在に思えて仕方ありません。そして他の人々や物質的対象などに幸福や不幸の源泉を求めるようになります。幸福になるためには、そのために必要なものを誰か別の人よりも自分が先に獲得せねばならず、こうして人生は闘争と化してしまいます。

こうした闘争のことを、サンスクリット語で「サンサーラ」（輪廻《りんね》）といい、これは文字通り車輪とか円という意味です。特に、この言葉は不幸の円環を表しており、それは同じ経験を追って、毎日違う結果をもとめつつ、円をえがくように回ってしまうことです。自分の尻尾を追いかける犬を見れば「サンサーラ」の本質がわかります。犬が尻尾を追いかけるのを見るのはおもしろくても、自分の心となると話は別です。

「サンサーラ」の反対語は、「ニルヴァーナ」（涅槃《ねはん》）です。この言葉は「空」と同じくらいよく誤解されています。サンスクリット語のもとの意味は、「消える」「吹き消す」という意味です（ろうそくの火を吹き消す、という感じです）。「ニルヴァーナ」は、しばしば至福または完全な幸福の状態を指すと解釈されています。「エゴ」や「自己」という観念が完全に消えることで到達する状態です。この解釈は、ある程度まで正しいのですが、私たちのほとんどが生身の人間として、道徳的、倫理的、法的、さらに物理的な隔てのある、「相対的な実在」の社会に暮らしていることは視野に入っていません。

相対的な区別を無視してこの世界で生きていこうとするのは、ばかげたことですし難しいことでもあります。要点は何でしょう。「ニルヴァーナ」という言葉のさらに正確な意味は、快不快は別にして、すべての経験は「気づき」であるという広い視野をとり入れることです。ほとんどの人は、幸福の「高音部」だけを経験したがります。しかし私の弟子が最近指摘したように、ベートーヴェンの音楽から「低音部」を抜いてしまったら、それは聴くに堪えないものになってしまうでしょう。

「サンサーラ」と「ニルヴァーナ」は、どちらも物の見方と考えればわかりやすいでしょう。「サンサーラ」は、経験を苦痛に満ちた、あるいは不快なものとして定義づけ、決定することに基礎をおいた考え方です。「ニルヴァーナ」は、心の客観的な状態、つまり、思い込みなしに経験を受け入れることを表します。そうすることで、自分だけでなく一切衆生の生存に直接つながる道を探るために必要な、潜在的な力が、私たちに開かれるのです。

さて、二つ目の苦しみは何でしょうか。

執着（貪《とん》）

「自己」と「他者」の区別というのは、前にも説明しましたように、基本的な生物学上のメカニズムで、私たちそれぞれは他者から区別された独立の存在で、その存在を確保するためには一定のことをしなければならない、というような信号を、脳のほかの神経回路に絶えず送られる神経細胞の「うわさ話」の確立された一形式です。肉体をもって生きている以上、水、酸素、食べ物などは生存のために欠かせません。また赤ん坊のときは、話しかけられたり、抱っこされたり、そうした身体的な養育も成長のために必要です。つまり存在が認められる必要があるのです。

問題はしかし、こうした生存とは何の関係もない領域にまで、生物学的に必須だという一般的な認識を持ち込んでしまうことです。仏教では、こうした一般的な認識を「執着」とか「欲」（貪《とん》）と呼んでいます。それは「無知」と同じように、純粋に神経科学的な基礎を持っていると考えられます。

たとえば、チョコレートを食べると、チョコレートと、それを食べたときのおいしいという身体的感覚を結びつける神経回路ができます。チョコレート自体はよいものでも悪いものでもありません。チョコレートに含まれているいろいろな化学物質が身体的な快感を作り出します。こうして、チョコレートに対する神経細胞の執着が問題を生み出すのです。

「執着」はいろいろな点で「依存症」に比較されます。それは何か欠けたものを埋め合わすことができるという幻想を作り出す外的な物質や経験への強迫的な依存です。残念なことに、各種の「依存症」

と同じように、「執着」も時とともに強くなってきます。望んだものが得られたときの満足というのは長続きしません。今日、今月、今年、私たちを幸福にしてくれたものは、必ず変化します。相対的な実在においては、変化だけが常なるものなのです。

ブッダは、「執着」を海の水を飲むことにたとえています。飲めば飲むほど、渇きはひどくなります。同じように、「執着」によって条件づけられた心は、決して満足するという経験は得られません。私たちは、幸福をありのままに経験することと、どのようなものであれ一時的に私たちを幸福にしてくれるものとを区別する力を失ってしまいます。その結果私たちは、そうしたものに依存するばかりか、外的な源泉が自分たちを幸福にするのだ、という神経回路の型を強化してしまうのです。

チョコレートはあらゆるものに置き換えられます。ある種の人にとっては、幸福への鍵は異性との関係であったりします。魅力的に見える人に対して、あらゆる手段で接近しますが、その人との関係ができると、もはや想像したほどの満足は得られません。なぜなのでしょう。実は「執着」の対象は、実際には外にあるものではないのです。それは脳内のニューロンに紡ぎ出された物語に過ぎません。物語は、さまざまな段階において展開されています。望んだものを得たときの満足感や、得られなかった場合の恐怖感など、物語の種は尽きません。

たとえば、もし宝くじに当たったら、非常に幸福だろうと想像します。フィリップ・ブリンクマンの研究によれば、くじに当たった人たちは、くじに当たって突然金持ちになった興奮を味わったことのない人たちよりも特に幸福というわけではなく、最初の興奮が過ぎ去ってからは、かえって友達とおしゃべりしたり、本を読んだりする日常的なことに満足感を得られなくなった、という報告がなされています。

この報告を聞いて思い出した話があります。それほど昔のことではありませんが、ある老人が病院に入院しました。老人は心臓を患っていました。さて、この老人は入院前に宝くじを買っていたのですが、そのくじが大当たりだったのです。老人は入院中で、むろんその事実を知りません。家族はその話をすれば老人が大喜びするだろうと考えて、早速病院に駆けつけましたが、医者は興奮のあまり心臓発作を起こすかも知れないと考え、まず自分が話す、といいました。

「あなたは最近、宝くじを買いましたか」

老人は「入院する前に、確かに買った」と答えました。

「当たったとしたら、どんな気分でしょうね」

老人は、自分はもう歳だし先が長くないので、当たろうが外れようがあまり関心がない、と答えました。

「いや、そんなはずはない。当たったら興奮するんじゃありませんか」

「そんなことはありませんよ。実際に当たったら、半分あなたにあげてもいいですよ」

医者は冗談半分で、「それなら、一筆入れてくれますか」と言いました。

老人は「いいですよ」といって、宝くじに当たったら、半分をその医者に進呈する旨、紙に書きました。

ところが医者は、その紙を見たとたん、興奮のあまり卒倒し、そのまま死んでしまったのです。

老人のほうは、その後退院して幸せに老後を暮らした、という話ですが、老人は金銭に「執着」せず、医者は大金を持てるという考えに「執着」し、興奮したのです。

「嫌悪」（瞋《じん》）

強い「執着」は、それを失ったときどうなるかという恐怖を生み出します。この恐怖は、相対的な実在の持っている性質から必ず起こる変化に対する抵抗です。これを「嫌悪」（瞋《じん》）といいます。

自分というものが独立して存在しており、しかもそれは長く続くものだという考えは、必ず起こる変化に対して、激しく抵抗します。そうして「自分」というものを安全に守ろうとするのです。ある条件を達成すると、自分は完全で、欠けるところがない、と感じます。私たちはそれがそのまま続くことを願うのです。欠けるところのない、完全だ、という感覚を与えてくれるものに対する「執着」が大きいほど、それを失うときの恐怖は増し、また実際失ったときの苦痛は残酷なほど大きくなります。

いろいろな意味で、「嫌悪」というのは必ずそうなるという予言のようなものです。永続するやすらぎや安定、満足は努力次第で手に入る、だから頑張れと、実際には無理なのに私たちにそう信じ込ませるのです。非常に魅力を感じる人の前で、あなたは自分が望むように振る舞えるでしょうか。それとも、口がきけなくなってしまうでしょうか。あまりにもその人に「執着」して、嫌われるのを怖れるあまり必死になってしまいますが、逆にその必死さが、彼なり彼女なりに嫌われてしまうようなことはないでしょうか。あるいは彼や彼女が笑ったりすると、自分のことを笑っているのだという怒りを感じたりはしないでしょうか。

自分は限界がある、弱い、能力がない、という像を植え付ける神経回路を作り出すのは、こうした「嫌悪」です。心的に構成された「自己」の独立性を脅かすと感じるものに対して、無意識的に多大なエネルギーを費やして、それを守ろうとするのです。アドレナリンが出て心臓はどきどきし、筋肉は緊張し、呼吸も激しくなってきます。こうした反応はストレスの現れです。これが非常に多くの問題、うつ、不眠、消化不良、高血圧などの症状を引き起こす原因となります。

感情的なレベルでは、「嫌悪」は怒りや憎悪を引き起こします。自分が感じている不幸な感覚の根底にあるのは、構成された自己の像なのですが、私たちはそうした苦痛を「他者」のせいにするのはあたりまえだと感じます。誰かが、あなたが望むものを獲得するのを邪魔するように見えるとき、あなたは、彼らがいやな人たち、憎むべき人たちだと考え始めます。怒りにとらわれているとき、すべては敵となります。その結果、あなたの内面的な世界も、外面的な世界も、どんどん狭いものになっていきます。自分自身に対する信頼を失うばかりか、恐怖や弱さといった感情を生み出す神経回路ばかりを強化してしまうのです。

苦しみか、よい機会か

人間というまれな存在であることの利点を思いなさい。
——ジャムグン・コントゥル

心の苦しみを、性格の欠点であると考えるのは簡単です。しかし、それは自分自身の評価を貶めることです。快と不快を区別する力は、生存のために非常に重要です。いわゆる「直感」によって、私たちは、非常に微細な周りの変化に気づき、それに対応する行動を起こし適応しようとするのです。このような極めてすぐれた感知能力は、人間に生まれたということがいかに貴重なことなのかを説いたブッダの教えをしっかりと裏付けています。このような生を受けるのは難しいのですが、失うのはやさしいのです。

人として生まれたということは、偶然の結果でしょうか。それとも神の創造でしょうか。どのように考えるのかは、それほど問題ではありません。この地球に生きている多種多様な生物の数を考えてみましょう。そのなかで人間の占める割合はたいへん少ない。また、現代の科学が示した脳の驚くべき複雑さを考えると、私たちが人間に生まれ、そして今感じているような感覚を感じることができるということは、非常に幸運なことなのです。

仏教の視点から見ると、人間の感情の傾向には自律性があるという事実は、格好の課題を提供しています。そうした心理的な癖を見抜くのに、顕微鏡は必要ありません。たとえば恋愛関係を見てみます。今度は違う人と考えつつ、また同じようなタイプの人と恋愛関係になったりします。

あるいは仕事でも、今度は違う仕事だ、だから何時間も仕事しなくてもいいんだ、といいながら、新しい仕事に就くと、ゆっくりする時間もとれない、とこぼしたりします。

違う結果を期待して、同じような型を繰り返すのです。週末を楽しみにしている人は、何度も何度も週末のことを夢見ます。あるいは、大きな仕事を達成して、今度こそ満足するだろうと思うと、たちまち新しいプロジェクトに乗り出したりします。くつろいでいるように見えて、先週のこと、あるいは先月のことを思い出し、今度こそうまくやるにはどうしたらいいかと考えます。

幸いなことに、自分の心を観察すればするほど、いろいろな問題の解決法がはっきり見えてきます。そして経験していることの多く――執着、嫌悪、ストレス、不安、恐怖、願望など――は、自分の心が作り出したものである、ということがわかってきます。

自分の内面的な富に投資をした人は、外面的な条件はどうであれ、ある程度の尊敬や信頼を獲得します。その成功は、その人たちの野心や注目されたいという望みと関係ないのです。大きな家に住んでいたり、重要な仕事についていたりするからではありません。広々とした、くつろいだ幸福感から、まわりの人々や状況がよく見え、また個人的な立場に関係なく幸福感が続くことで、そうした成功が得られたのです。

反面、世間的な成功を達成した人は必ずしも幸福ではありません。ひどい苦しみの中にいる人も多いのです。このような苦しみは、物や環境が永遠の幸福をもたらす、という間違った信念から生じます。

永続するやすらぎや満足を発見したいと望むのであれば、まず自分の心を休めることを学ぶとよいのです。心を休めることによってのみ、その本質が明らかになるのです。にごった水を透明にするには、放っておくのが最も簡単です。それと同じように、心を休めると、「執着」や「嫌悪」、その他の多くの心の苦しみは自然に収まり、その代わりに、慈悲、明晰さ、本性の無限の広がりが立ちあらわれてくるのです。

第2部

道

修行した心は真の喜びを招く。
――ダンマパダ（法句経）

第9章　バランスを見つける

休むことに固執しないで、休みなさい。
――ゴツァンパ

　さて、科学や理論の領域をしばらく離れて、実践に入りましょう。仏教では、これを「道」と呼んでいます。昔、こんな話を聞いたことがあります。若いとき優れた水泳選手だった人が、老齢になって、若いときの水泳と同じように、何かに挑戦をしてみたいと思いました。この人は僧侶になることにしました。海の波を征服できたのなら、心の波も征服できるだろう、と思ったのです。彼は、優れた師を探し、誓いをたて、修行を始めました。よくあるように、瞑想は思ったよりも難しかったため、彼は師に教えを求めたのです。

　師は、座って瞑想するように言いました。どのような修行をしているのか見ようと思ったのです。しばらく弟子の様子を見ていましたが、あまりにがんばりすぎていることがわかり、少し力を抜くように言いました。この簡単なことが、かつての水泳選手にはとても難しいのです。力を抜こうとすると気が散ってしまい、姿勢が崩れてしまいます。集中しようとすると、心も身体も固くなります。とうとう師は、弟子に聞きました。

「泳ぎが上手だそうだね」

「ええ、人には負けません」

「泳ぐとき筋肉はほぐれた状態ですか、それとも緊張していますか」

「その中間です」とかつての水泳チャンピオンは言いました。

「弛緩と緊張のバランスをとるのです」

「よろしい。それでは、泳ぐときに筋肉が緊張しているとき、それはあなたがそうしているのか、他の誰かがそうさせているのかね」

弟子は少し考えてから答えました。

「いいえ、私以外の誰も、そんなことはしていません」

師は、しばらくその答えが弟子の頭に浸み込むのを待って言いました。

「瞑想の間に、あまりにも心が緊張したら、それは自分でそうさせているのです。でも、緊張を全部なくしてしまえば、きっと眠くなるでしょう。水泳のときと同じように、あなたも自分の心の中にバランスをとる必要があります。いったんそのバランスをあなたの本性に見つけたら、人生のどのような場面も、水泳のときと同じように泳ぎ続けることができるのです」

この話が示すように、瞑想に対するいちばんよい道は、結果にあまりとらわれることなく、自分の最善を尽くすということにあるのです。

智慧と方法

心が変えられていないとき、澄みきっている。
水がかきまわされていないとき、透明である。
――ギャルワン・カルマパ九世

水泳選手に与えられた教えは、より広くいえば智慧、つまり哲学的な理解と、方法、つまりその実践のバランスをとることにあるのです。いくら智慧があっても、それを適用する方法がなければ何にもなりません。その方法とは、心を用いて心を知る、ということなのです。これは瞑想の実践的な定義でもあります。瞑想とは、「至福を得る」こと、「とんでしまう」こと、「すっきりさせる」ことのいずれでもありません。こうした言葉は、講演している間によく聞きました。瞑想とは、自分の現在の心の本来の状態にやすらぎ、どのような思考や感情、感覚が起ころうとそれに気づき、そのままにしておくということの練習なのです。

多くの人が瞑想に対して怖気づくのは、背筋をまっすぐに伸ばして足を組み、心をまったく「無」にして何時間も座っている、というようなイメージがあるからです。これらのどれも必要ではありません。

そもそも、とくにテレビやコンピュータの前で背筋をかがめていることが多い現代社会では、背筋をまっすぐに伸ばして足を組む、ということ自体、最初は難しいでしょう。次に、心がひっきりなしに、思考や感情を生み出すことを止めるのは不可能です。思考というのは心の自然なはたらきで、太陽が光や暖かさを、雷雲が電光や雨を生み出すのと変わりがないのです。最初に瞑想を習いはじめたときには、心の自然なはたらきを止めてしまうというのは、せいぜい一時的な解決策でしかないと教わりました。いちばんよくないのは、自分が意図的に心を変えようとして、思考や感情を本質的な実在として定着させようとする傾向を強めてしまうことです。

心は常に活発です。そして思考を生み出します。海がいつも波を生み出しているのと同じです。私たちは、思考を止めることはできません。それは海の波を止めるのと同じことだからです。本来の状態に心を休めるということは、思考を止めてしまうということではありません。心を空白にしてしまうということではありません。思考のない瞑想などはできないのです。もしもできたとしても、それは瞑想ではなく、死人のような状態で漂っているにすぎません。

一方、もし思考や感情、感覚を見つめようとすると、突然、魚が水の中にもぐってしまうように消えてしまうかも知れません。それはそれで構いません。むしろ、すばらしいことです。あるがままの「気づき」の状態を保っていると、思考や感情自体を捕まえることができなくても、あなたは本性である「空」と「明晰」を経験しているのです。もし何も起こらず、思考などがあなたが気づく前に消えてしまっても、そのままただ本来の「明晰」の中でやすらいでいるようにします。

瞑想とは、実に単純なものなのです。

さらに、瞑想中にある思考が起こったとして、それがいい思考か悪い思考かなどと考えるかも知れませんが、実際には、いい思考、悪い思考というのはありません。うわさ話好きの神経細胞のグループがおしゃべりを始め、その信号を私たちは勝手に翻訳して思考だの、感情だのと呼ぶのです。すると、ほかのグループが「それはいい考えだ」とか「私はなんてすごいんだ」とか「そんな恐怖にとらわれるなんて、だめな人だ」とか、いろんなふうにコメントし始めるのです。瞑想とは、実際には良いとも悪いともまったく批判しない意識でいるという過程です。瞑想するときは、自分の主観的な経験を、科学者のように客観的に観察するのです。最初は難しいかも知れません。私たちは、何かがいいと考えれば、その何かはいいことであり、何かが悪いと考えると、その何かは悪いことである、というふうに慣らされています。しかし、もし自分の思考が起こっては消えていくのをただ観察していると、そのようなはっきりした区別はなくなっていきます。一分間という時間の中で起こっては消えていく、あれほど多くの心の出来事がすべて本当であるとは、常識で考えてもおかしいでしょう。

自分の心の活動に気づいている、という状態を続けていると、あれほど堅固で実在しているように見えていた思考や感情、感覚などが、実は透明なもの、陽炎《かげろう》のようなものに見えてきます。鏡の表面に幾重にも積もったほこりを拭き取るようなものです。はっきりとした心の表面を見つめるのに慣れてくると、自分が誰であり、何を考えているのか、そうしたことについての神経細胞のうわさ話を通して、自分の本性の輝くような本質が見えてきます。

姿勢

大いなる智慧は身体に宿る。
――ヘーヴァジュラ・タントラ

ブッダは、身体は心の物質としての支えであると説きました。水とコップのような関係です。コップを傾いたところに置くと、水はこぼれてしまうでしょう。しかし平らなところにまっすぐ置けば、水はまったく動かないでしょう。同じように、心を休めるもっともよい方法は、安定した姿勢をとることです。くつろいで、なおかつ気づいている状態を保つための姿勢を、ブッダは作り上げました。この姿勢はブッダの悟りの姿勢を示したものとして、「毘盧遮那《びるしやな》の七つのポイントの姿勢」と呼ばれています。

最初のポイントは、安定した姿勢づくりです。足を組んで、両方の腿の上に載せます。それができなければ、どちらかの足を腿の上に、どちらかを下においてもよいのです。どちらも難しければ、普通にあぐらを組んで座ってください。いすに座っても構いません。そのときは、両足をバランスよく、床の上に置いてください。姿勢のポイントは、楽であると同時に、安定したものにすることです。もし足が痛くなると、その痛みに気をとられて、なかなか心を休めることができません。したがって、この最初のポイントには、いろいろな選択肢があるのです。

二番目のポイントは、へそのすぐ下あたり、腿の上に両手のひらを上向きに重ねて置きます。手は左右どちらが上でもかまいません。手のひらが熱くなったりしたら、時々変えてもよいのです。

三番目のポイントは、両腕と上半身の間に隙間をつくるということです。これが仏教の経典で有名な「両腕を、鷹のようにする」ということです。

鷹のように翼を広げた格好と誤解されますが、もちろんそうではなく、腕と上半身の間に隙間をつくることで、胸がひろがり、力が抜けて、呼吸が楽になることがポイントです。鷹が翼を休めるときその格好をしているので、そう呼ぶのです。肩のどちらかが落ちないようにして呼吸を楽にすることが、この姿勢のポイントになります。

四番目のポイントは、背筋をまっすぐに伸ばすことです。経典では「矢のように」といいます。ここでも重要なのは、バランスです。あまりがんばり過ぎると、背筋が後ろにのけぞってしまいます。このようなことは、瞑想を指導しているときによく目にします。あまりがんばり過ぎないように。かといって背筋が曲がってしまうと肺を圧迫します。そうすると呼吸が苦しくなり、さまざまな不快感のもとになります。

五番目のポイントは、頭の重さを首に均等にかけることです。気道を圧迫しないように、また、脊髄の頂点にある頸骨を圧迫しないようにするためです。この部位は、神経細胞の信号を身体各部から脳へ中継、伝達する大事な場所です。この姿勢が決まると、あごが少しだけ喉のほうへ引かれているのがわかるでしょう。この姿勢は、特に長時間、コンピュータに向かって頭を少しだけ後ろに傾けて仕事などをした後では、とても気持ちよく感じられます。

六番目のポイントは、口です。力を抜いて、歯と唇を少し離します。舌を歯の後ろ、口蓋に軽くつけますが、無理をする必要はありません。大事なことは、舌をゆったりと自然に休ませることです。

最後のポイントは眼です。ほとんどの人は、瞑想中は眼を閉じたほうが楽にできるようです。そのほうが心が落ち着き、穏和な、やすらいだ気持ちになれるようです。最初は、それで構いません。私が昔習ったのは、眼を閉じたままでいると、いわばかりそめのやすらぎに陥りやすくなるということです。ですから、何日かたったら、瞑想中は眼を開けたままにしましょう。その方が、気づいたままの、明晰な、充実した心でいられます。といっても、まばたきもせずに、ひたすら前を見ろというのではありません。日常生活におけるのと同じように、ふつうに眼を開けていればよいのです。

「七つのポイントの姿勢」はあくまでも手引きです。瞑想は個人的な実践であり、人によって違います。最も重要なのは、緊張と弛緩のバランスを、あなたなりに見つけることです。

また別に、「二つのポイントの姿勢」という簡略な方法もあります。正式な「七つのポイントの姿勢」をとることが難しいときに用います。やり方は簡単で、ただ背筋を伸ばして、体はなるべくゆったりとくつろがせてください。「二つのポイントの姿勢」は日中、たとえば自動車の運転中とか、散歩や買い物に行くとき、夕飯の準備をしているときなど、とりわけ重宝します。この姿勢をとるとほとんど自動的にくつろいだ「気づき」の感覚を作り出せます。しかも他人からは、とても瞑想中には見えない、というのも利点でしょう。

心の姿勢

入り組んだ心がほぐれれば、それはまさに自由になったということだ。
——サラハ

姿勢の中に緊張と弛緩のバランスをさぐることは、心のバランスをとることにも通じます。心が緊張と弛緩の間で自然に落ち着いているとき、その本質が自発的に現れてきます。これは、心を観察しようとして、三日のあいだ小部屋にこもったときに、私が会得したことの一つです。座っているあいだ、私はずっと師の言葉を思い返していました。水は落ち着くにつれ、ごみや泥などが底に沈み、水そのものや、水の中を行き来するものがはっきりと見えてくる。同じように、心がくつろいだ状態を続けるうち、思考や感情、感覚という「心のおり」が自然に消えて、心本来の「明晰」が立ち現れます。

瞑想の姿勢の場合と同じく、心の姿勢もバランスが肝心です。心が頑なだったり集中し過ぎたりすると、自分が「よい」瞑想者かどうかが気になってどうしようもなくなります。逆に、心があまり緩みすぎると、何かに気をとられたり、瞑想が退屈になったりします。「完全主義」と「幻滅」の中間を何とかして見つけることです。理想的な取り組み方として、瞑想の実践法の良し悪しはこの際問わないようにしましょう。最も重要なポイントは、瞑想をしようという意思です。それだけで十分です。

第10章　ただ、くつろぐこと――最初のステップ

何が起きてこようとも、その本質を見るのだ。
――カルマ・チャメイ・リンポチェ

　ブッダは、二人の人がまったく同じであることはない、と認識していました。誰もが能力、性質、気質などの独特の組み合わせをもって生まれてきます。ブッダは、その偉大な洞察力と慈悲によって、あらゆる人々がすべてその本性に直接に到達し、完全に苦しみから解放されるような、非常に多様な方法を開発することができたのです。

　ほとんどのブッダの教えは、たまたまそのときまわりにいた人の必要のために、自発的に説かれたものです。自然に、まさしくその場に対応して、正しい方法で応答する力こそ、悟りを開いた師の印なのです。悟りを開いた師が生きているあいだはよかったのです。しかしブッダが亡くなると、その弟子たちは、もとは臨機応変に生まれた教えを体系化して、後に続く人たちの役に立てたいと考えました。幸いなことに、ブッダの最初の弟子たちは、分類法を作り出すことがうまかったので、ブッダ

の授けたさまざまな瞑想の実践法を、まず二つの範疇に分類しました。分析的な方法と非分析的な方法です。

普通は、非分析的な方法がまず教えられます。それは心を落ち着ける手段を提供するからです。心が落ち着いているときは、さまざまな思考や感情、感覚がわきあがってきても、それらにとらわれずに、単に気がついていることが、ずっと容易にできるからです。分析的な方法では、経験のさなかに心を直接見ることを行います。普通この方法は、心をあるがままに休ませるという修行をすでに行った人に教えられます。また、心を直接見るといろいろな疑問がわいてくるので、分析的な修行は、そうした疑問を理解するだけの経験と見識を持った師の指導のもとで行われることが肝要です。そうした師は、それぞれの弟子の独自の疑問を理解し、それにあった答えを提供することができます。以上の理由から、ここではまず、心を休め、落ち着かせる瞑想を取り上げてみたいと思います。

サンスクリット語では、非分析的な方法は、「サマータ」と呼ばれています。チベット語では「シネー」で、二つの音節から成っています。「シ」とは、「やすらぎ」「静穏」という意味で、「ネー」とは、「とどまる」という意味です。合わせて、「落ち着いて、とどまる」という意味になります。つまり、心をあるがままに休ませることです。これは基本的な実践法で、本性がその姿を現すことができるように、くつろいだ意識の中で心を休ませるのです。

対象のない瞑想

自分自身の心の根源まで行き着いてみよ。
そしてあるがままの気づきの中にとどまるのだ。
——ティローパ

私の父が、心を自然に休めること、あるがままの意識の中にとどまることを教えてくれたときには、何のことかさっぱりわかりませんでした。何も支えがないのに、どうやって心を休ませることができるのでしょうか。

私の父は、幸いなことに世界をまわり、いろいろなところで、人生や、その問題や、成功の事例などを聞くことができました。ここが僧衣をまとっていることの特典なのです。僧衣をまとっていると博識だとか、重要な人物だとみなされ、人は自分のほうからその人生についていろいろ話してくれます。

私の父はホテルの受付の人の話を聞きました。一日八時間フロントに立って、客がチェックインしたり、チェックアウトしたり、部屋について苦情を言ったり、請求書について果てしなく問いただしたりする、そういう一日が終わると本当に気分がよく、自分の家に帰ると、風呂にゆっくりつかって、それからベッドに横になり、ほっとして休むのです。その後の何時間かは彼の時間であり、ホテルの制服を着る必要も、客の苦情を聞く必要も、コンピューターで予約状況を確認して、空き室の有無を見る必要もないのです。

対象のない「シネー」法は、このようにして心を休ませるのです。長い一日の仕事がやっと終わった、という気持ちで、いろいろなことを忘れ去り、リラックスします。いろいろな思考や感情、感覚などがわきあがってくるかも知れませんが、起こってくることを止めようとする必要はありません。また、その思考にしたがっていく必要もありません。ただ開かれた現在の中にとどまり、何が起ころうと、そのままにするのです。思考や感情がわきあがってきたら、ただそれに気づくがままにします。対象のない「シネー」法は、ただ自分の心をあてもなく、幻想や記憶や白昼夢に遊ばせることではありません。そこには、「気づき」の中心ともいえる心が存在しています。心を特に何かに固定しているわけではないのですが、しかし、やはり気づいてはいるわけです。今、ここに起こっていることに対して、やはり心は存在しているのです。

対象のない瞑想を行うとき、私たちは実際には思考や感情の流れに完全に無関心で、本来の「明晰さ」の中に心を休めています。この本来の「明晰さ」というものは、主体と客体という二元論的な把握を超えたものであり、空間が常に私たちのまわりに存在しているのと同じように、常に存在しています。ある意味では、対象のない瞑想というのは、大空を覆う霧や雲を受け入れるようなものです。その間、仮にすっかり雲に覆われても、大空は大空として変わることなく、存在しています。飛行機で飛ぶと、雨雲や霧の上空はいつも広大で、透明な大空が広がっているのが見えます。あまりにも普通の景色です。同じように、仏性も、思考や感情で曇らされていても、常に開かれて透んでいるのです。あまりにも普通のことに見えますが、明晰、慈悲、空といった性質は、すべてその状態の中に含まれているのです。

対象のない「シネー」法は、心を休ませるための最も基本的な実践法です。思考や感情を見守る必要はありません。この方法については、後で説明します。あるいは止めようとする必要もありません。必要なのは、子供のような無邪気さで、自分の心の中に起こっていることに気づく、その「気づき」の中にやすらぐことなのです。「うわあ、こんなにたくさんの考えや気分、感情が通り過ぎていくんだなあ」と。

ある意味では、対象のない「シネー」法は、銀河や恒星や惑星に焦点を当てるのではなく、その背景として広がっている宇宙空間を見つめようとするものです。思考や感情、感覚などは、ちょうど銀河や星が宇宙を通過するように「気づき」の意識の中を通過していきます。空間はそこを通過する対象に応じて形が決まっているものではありません。意識もまた、思考や感情やその他何であれ意識が把握するものによって形作られたり、区切られたりするものではありません。「気づき」の意識とは、ただ「ある」のです。対象をもたない「シネー」法も、ただ単に、この「気づき」の意識のあるがままにやすらぐという修行です。この練習はとても簡単ですが、人によっては難しいと感じるでしょう。多くの場合、それは熟練の程度ではなく、個人の気質の問題です。

やり方は簡単です。もし正式に練習しようとすれば、まずできるだけきちんとした「七つのポイントの姿勢」をとるのがよいのです。運転していたり、散歩していたりするようなときは、背筋をまっすぐに伸ばし、身体のほかの部分はリラックスさせ、バランスがとれるようにします。そして心を、今、ここの、あるがままの「気づき」の中に休めるようにします。

やがて、ありとあらゆる思考や感情、感覚が、心の中を通り過ぎていきます。これは、予期されていることです。というのも、あなたはまだ、心を休ませる訓練をしていないからです。重量挙げのトレーニングをジムで始めるようなものです。最初は、軽いおもりを繰り返し挙げることから始めるでしょう。やがて、最も重いおもりを、もっと多く繰り返して挙げることができるようになるでしょう。

同じように、瞑想を学ぶことも、段階的な過程をとります。最初は、ほんの数秒しずかにしていると、すぐに思考や感情、感覚などが泡のようにわきあがってきます。ここでの基本的な方法は、どのような思考や感情が起こってきても反応せず、ただ、単にそうした思考、感情が意識の中を通り過ぎていくままに放っておくのです。何が心の中を通り過ぎていっても、それに焦点を当てないこと、また、わきあがってくるのを押さえつけようとしないことです。ただ単にそれが起こっては消えるがままにします。

思考を追うと、今、ここで起こっていることとの接触が失われます。そして、さまざまな幻想、判断、記憶、その他のシナリオの中をさまよいはじめます。それらはみな、今、ここの実在とは、何の関係もないことなのです。このような心のさまよいに飲み込まれていけばいくほど、今という時間の広がりから、簡単に遠ざかってしまうのです。

「シネー」法の目的は、ゆっくりと段階的に、この「今」からさまよい出る習慣を断ち切って、「今」

の意識にとどまるということ、「今」という瞬間が持っているすべての可能性に対して開かれるということなのです。思考を追いかけてしまったとしても、自己批判したり、だめだと決めつけたりしてはいけません。過去を思い出したり、未来をあれこれ考えたりすることにとらわれただけであって、今の瞬間に立ち戻り、自分の瞑想への意思を強いものにすることは十分可能です。瞑想の練習をするとき、この瞑想への意図が、決定的に大切な要素となります。

もう一つ大事なことは、急がないことです。父が、私を含めて新しい弟子たちによく言っていたのは、心を休める瞑想は、一日に短い時間の瞑想を何度も繰り返すこと、ということでした。そうでないと、退屈してしまったり、自分の進捗状況に落胆したり、最後にはあきらめてしまったりします。古い経典にあるように、一滴、また一滴、杯を満たしていく、のが大切です。

瞑想を始めるときは、いきなり二十分は座ろうなどという大それた目標は立てないことです。一分とか三十秒ぐらいにします。一日の内、ほんの少し時間を作って、白昼夢にふけるのではなくただ単に自分の心を観察してみようとすればいいのです。一滴ごとに、という調子で練習を続ければ、あなたは疲労や失望、怒り、絶望などの源泉である心や感情の限界から自由になって、あなた自身の中に「明晰」、「智慧」、「勤勉」、「やすらぎ」、「慈悲」などの源泉を見つけることでしょう。

第11章　対象にやすらぐ——次のステップ

特定の対象に一点集中しつつ、心を休めること。
——ギャルワン・カルマパ九世

本格的に瞑想の訓練を始めたときには、対象を持たない瞑想があまりにも簡単なだけに、かえって大変難しいものとなりました。本来の心の本質である単純な「気づき」の意識は、私たちにとってはあまりに近いところにあるために、かえって見えにくいのです。朝起きればもうそこにあり、一日中私たちと一緒にいて、夜眠りにつくときにもそこにあります。それは最も簡潔な意識です。あるがままの意識です。けれども、いつも私たちと一緒にあるために、かえってそれがどんなに大切かわからないのです。自然な状態の心の副産物である思考や感情、感覚などの中に簡単に呑み込まれてしまうのです。

こうした問題は、あなただけではなく誰もが直面します。

父やほかの師たちは、心を直接休める瞑想の問題点について熟知しており、したがってほかの漸進的な技法も弟子たちに教えることができました。なかでも最も簡単なのは、感覚を用いて心を落ち着かせ、リラックスさせる技法です。

知覚の扉

世界とは、すべて心の世界である。心が作り出したものである。
――チューギャム・トルンパ

科学者と同じように、仏教徒も、視覚、聴覚、嗅覚、味覚、触覚の五感を認めています。仏教の言い方では、五つの感覚器は、知覚の扉として知られています。イメージとしては、家の窓や扉のようなものです。私たちの感覚や知覚は、五つの扉の一つ、ないしそれ以上を通して入ってきます。しかし五感は単に感覚にすぎないため、仏教ではそれに心の意識を付け加えます。この第六の感覚は、神秘的なものではありません。また超感覚的な意識でもないし、精霊に語ることのできる声などでもありません。それは単純に、私たちが見たり聞いたりするものを区別し、知る心です。

昔からこの第六の意識は、扉や窓など合計五つの開くところのある家にたとえられます。この家の中にサルを放したとしましょう。サルは心の意識を表します。突然、大きな家の中に放されたので、サルはびっくりして、あっちの窓、こっちの窓と飛び移るでしょう。何か新しいものが見えないか、何かおもしろいものはないかと。この判断力を欠いたサルは、知覚したものを片端から、好ましいものか好ましくないものか、いいものか悪いものか、あるいはただ興味のないものかどうかを決めていくでしょう。この家を通りかかった人には、この家には五匹のサルが放されている、と見えるかも知れません。実際は、落ち着かない、訓練されていないサルが一匹いるだけなのです。ほかのすべての生物と同じように、このサルも、幸福になりたい、苦痛から逃れたいと思っているのです。したがって、このサルにも、感覚という窓の一つか二つだけに集中させて、落ち着かせる訓練を施すことは可能なのです。

対象のある瞑想

常に何かを作り出そうとする私たちの心の傾向に対処するため、ブッダは何かの支えに頼ることを教えています。この支えに慣れることで、私たちの注意力は安定します。

——トゥルク・ウルギェン・リンポチェ

日常の経験では、私たちが五感から受け取る情報は、ほとんど必ず散漫の原因になります。心は感覚の情報を凝視しやすいのです。同時に、感覚が身体の中に組織化されているため、完全に感覚を切り離そうとしたり、遮断しようとしても、無駄なことであるとわかります。最も実践的な方法は、感覚と友達になることです。また感覚器から受け取る情報を、心を落ち着かせるために使うということです。仏教の経典では、このことを「解毒」と呼んでいます。注意が散漫になる原因を使って、散漫から自由になろうというのです。この比喩は、ある物質に働きかけるには同じ物質を使うという、古代からよく知られた方法からとられています。ガラスを切ろうとすれば、ガラスを使います。鉄を切断しようとすれば、鉄を鍛えた刃物を用います。このようにして、感覚の散漫を感覚によって断ち切るのです。

対象のある瞑想では、私たちは感覚を、心を安定させるのに使います。私たちは、形や色において瞑想するときは、視覚を用います。音の瞑想の場合は、聴覚を用います。味覚や触覚も同じです。気を散らせる代わりに、こうした感覚からの情報を、非常に大切なものとして扱うのです。

私の経験では、自分の知覚を落ち着いた、瞑想的な方法に用いることを学ぶと、瞑想の修行は非常にやりやすいものになっていきました。自分が受け取る情報に、感情的に巻き込まれることが少なくなったのです。「この男は私に怒鳴っている」という代わりに、「この男の声は非常に大きい、その口調は鋭い、彼の立てる音は、おそらく侮辱を意図したものだろう」というふうに考えることができるのです。

言い換えれば、自分の注意を、今、受け取っている感覚情報にほんの少し向けることによって、通常、たとえば今のように侮辱されそうなとき、言葉の感情的な内容から注意を切り離すことができます。そして言葉では、自分を傷つけることはできません。また、構えないで聞くことができるので、自分自身の尊厳を損なうことなしに、相手の怒りをやわらげることができるくらい、心を開くことができます。

身体的な感覚に関する瞑想

対象を持つ「シネー」法は、自分自身の注意を単純な身体感覚にそっとおいてみることです。特定の部位に自分の注意を当ててみます。たとえば額などに。まず、背筋を伸ばし、身体をリラックスさせます。もし正式にやろうとするなら、すでに説明した「七つのポイントの姿勢」をとるとよいでしょう。そうした姿勢をとれないようなところにいる場合は、ただ背筋を伸ばし、リラックスします。目は開いていても、閉じていても構いません。

ただ、そのままで、しばらくの間、心を休ませます……。

ゆっくりと、自分の額に注意を向けます……。

何か、ざわざわした感じ、あるいは単に温かさだけを感じるかもしれません。痒み、あるいは、何かの圧力のようなものを感じるかもしれません。何を感じても、そのままにして、一分か二分ぐらい、それにとどまります。

ただ、それに気がついています。

静かに、注意をその感覚においています。

次に注意を向けるのをやめ、心をあるがままに休めます。もし目を閉じていたら、目を開けます。

いかがでしたか。

自分の身体の特定の部位に注意を向けることに慣れたら、今度はその手法を拡張して、身体全体に注意を静かに向けることができます。この技法を「スキャン」法と呼ぶこともあります。体全体をスキャンする機械の下にいるときのことを連想させるからです。正式に行うのであれば、「七つのポイントの姿勢」をとるといいでしょう。そうした姿勢をとれないようなところにいる場合は、ただ背筋を伸ばし、リラックスします。目は開いていても、閉じていても構いません。

自分の心を、対象のない「シネー」法で落ち着かせます。そして、ゆっくりと注意を自分の額の感覚にもっていきます。心は、ただ気がついているだけ。焦点を徐々に顔、首、肩、腕の順に下げていきます。ただ観察します。心が遮断するべきものは何もありません。心と体をリラックスさせ、静かにし、どのような感覚が起こっても、それを見守ります。数分してから、心を休ませます。その後、自分の感覚の観察に戻り、このように観察と、心を休ませることを瞑想の間、交互に行います。

ほとんどの感覚には、「もの」との接触があります。私たちの身体は、何かと接触しています。いす、床、ペン、衣服、動物、人など。このような接触が直接的で、はっきりした感覚を生み出すのです。仏教では、このような直接の接触から生み出される感覚を「大まかな物質的感覚」と呼んでいます。しかし感覚に対してより注意を深めていくと、私たちは、ある種の感覚がかならずしも触知できるものとの接触に限らないことがわかります。このような感覚を「微細な物質的感覚」と呼んでいます。

「シネー」法の修行を始めたとき、私はある特定の感覚を避けようとすると、かえって増幅することに気がつきました。しかし、ただ見つめていれば、どのような不快な感情も我慢できるものに変わっていくのに気がつきました。好奇心の強い子供であった私は、なぜ、そうした心の転換が起こるのかに興味を持ちました。しばらくの間この過程を観察していると、単に起こっている感覚を観察することで、実際、今、ここで起こっていることに参加しているのだということに気がついたのです。心の一部は、苦痛に満ちた感覚に抵抗しています。一方、心の一部はまた、ただ客観的に見なさいと私に告げます。このような矛盾する心を見ると、私は、心が回避と受容という過程に入っていることに気がつきました。この過程に気がつくことは、過程そのものよりも興味深いのです。ただ、ひたすら自分の心を見つめることは、それ自体、非常に興味深いことなのです。思うに、これが「明晰」という言葉の、最も実践的な定義ではないでしょうか。心がさまざまなレベルにおいて自発的に働くさまを見る能力、ともいえます。

苦痛に満ちた感覚に関する瞑想

寒い、暑い、おなかが減っている、身体が重く感じる、めまいがする、頭痛がする、歯が痛い、鼻が詰まる、のどが痛い、腰が痛い。こうした感覚は、まさに直接に、そして必ずしも好ましくもなく意識の中に現れます。苦痛や不快感はこうした直接性を持つために、実際、瞑想の対象として非常に効果的なのです。私たちは、苦痛を身体的な健康への脅威とみなします。一方では、こうした脅威に対して不安を持ち、実際に苦痛そのものを増大させてしまいます。苦痛や不快をただ瞑想の対象にすることによって、私たちは、このような感覚を「明晰」の力を拡大することに使うことができるのです。心がどのような解決策を探っていくのかを見守るのです。

たとえば正式の瞑想を行っているとき、あるいは車や飛行機の中で長時間座っているときなどに、私は足や腰の痛みを感じます。このようなとき、足を伸ばしたり、立ち上がったり、動き回ったりする代わりに、痛みの心の経験を観察することを学びました。結局、痛みのような感覚を認識するのは、心の意識なのです。痛みそのものの特定の部位ではなく、痛みを認識している心に注意を向けると、痛みそのものは、必ずしも消えませんが、避けようという心ではなく、今、ここで私が経験していることの一部に過ぎなくなります。同じ原則は、快適な感覚に関してもあてはまります。快適な感覚を維持しようというのではなく、それらは単に、今、ここでの経験の現れとなります。私の修行の初期は、こうした感覚を使って、心の無限の力を観察し、受け入れていきました。通常は、こうした感覚によって、身体的な限界に拘束されているという感じが強まるものですが、私たちの瞑想の方法は逆なのです。

もちろん、あなたが慢性的な、あるいはひどい痛みを経験している場合、そうした痛みは深刻な病気の兆候なので、病院に行かねばなりません。しかし、何人かの人から聞いたところでは、医師が深刻な病気ではないと診断すると、その場で痛みそのものも薄らいでいったそうです。痛みに対する不安が痛みそのものを増大し、固定してしまうかのようです。恐らく、それは視床から小脳扁桃やその他の脳の部分に対して発せられる「警報」を表しているのかも知れません。瞑想は、痛みやその他深刻な病気による不快な症状に対処する助けにはなりますが、もちろん治療行為そのものの代わりにはなりません。

しかし、たとえ医師に処方された薬を服用している場合でも、痛みを感じるかも知れません。そうしたとき瞑想は、痛みという苦痛を瞑想の支えとして、対処することができます。もし痛みが深刻な病気の症状であるのなら、瞑想に効果を期待しないことです。あなたの隠れた動機が苦痛を除去することにあると、あなたは苦痛に対する不安の神経回路を強化してしまいます。こうした神経回路の型を弱める一番の道は、苦痛を客観的に見る訓練を行い、効果に対する期待は忘れてしまうことです。

こうした修行に関して、父がドイツで手術を受けたときのことを忘れることはできません。切除する部位に麻酔をかけるべきなのに、麻酔医は明らかにほかの事に気をとられ、完全にそのことを忘れていました。外科医がメスを入れたとき、医師はその部位の筋肉がぴくぴく動くのを感じました。麻酔が効いていればそんなことは起きないはずです。外科医は麻酔医に対して激怒しました。しかし私の父は、どうぞ騒がないでくださいと言います。何も痛みを感じないのですから、と言ったのです。敏感な部位を切除されるという感覚を、父は「明晰」や「やすらぎ」の意識を極度に高い意識まで高める機会としたのです。

簡単に言えば、父は修行によって、自動的に始動して痛みの感覚を作り出す神経回路を、痛みを経験している心の客観的な観察に昇華させたのです。医師は、手術を続けるためには麻酔が必要です、と主張しましたが、父の言い分を聞き入れ、麻酔担当の女性の失態の記録を公式なものにすることはやめたのです。

次の日、麻酔医は、父のベッドにやってきて、窮地を救ってくれたことを感謝した後に、お菓子をたくさん持ってきてくれました。父は、とてもおいしかったと言っていました。

身体的な感覚の観察は、それが大まかなものであれ微細なものであれ、非常に簡単な方法なので、たとえば会議の合間とか、待ち合わせの時間とか、少しの時間があればいつでも行うことができます。私は、昼間この修行を行うことが、とても有効だとわかりました。この瞑想は、直ちに軽快で開かれた感覚を作り出します。退屈なプレゼンを何時間も聞いているときなどにも丁度いいと言う人もいます。

形に関する瞑想

視覚を使って心を休ませる瞑想は、「形に関する瞑想」と言います。形に関する瞑想というと難しく聞こえますが、実際はとても簡単なものです。私たちはコンピュータの画面を見つめたり、交通信号を見たりしているときに、無意識的にこの瞑想を行っているのです。この無意識の過程を意識の水準に上げ、意図的に特定の対象に自分の注意をおくようにします。

このことで、心は非常に穏やかになり、広々としてリラックスします。

まず、緊張なしに見ることができるように、自分の近いところにある対象から始めます。床に落ちている布きれの色とか、ろうそくの光、写真、教室にいる自分の前の人の後頭部とかでもいいのです。もっと宗教的な意味のあるものでもかまいません。仏教徒であれば仏像、キリスト教徒であれば十字架や聖者の像でもいいのです。あなたが何か別の宗教を信仰している場合は、あなたにとって特別の意味のあるものを対象にします。修行に次第に慣れてくるうちに、単に想像しただけで、心の中にはっきりとした像を結ぶことができるようになります。

どのような対象を選んでも、どれも色と形という二つの要素があることがわかります。どちらの要素を主にしても構いません。対象それ自体は問題ではないのです。要は、色や形に注意をおき、どうやらその対象が認識できるという程度まで心をもっていきます。対象に注意を向けたとたん、そのことに気づくのです。

細かいところまで識別する必要はありません。そうすると緊張してしまいます。この瞑想の要点は心を休ませることにあるのです。焦点を緩め、辛うじて対象を認識する程度の意識を保ちます。無理にリラックスしようとするのではなく、ただ、何が起ころうと構わない、これは瞑想だ、それを行っているだけだ、と考えるのです。それ以上のことを考える必要はありません。

目を開けて対象を見つめながら、実際には何も見ない、ということがあります。遠くの音に完全に注意を奪われてしまい、何秒か何分か、対象を見ているようで見ていません。こうした心の迷いは、とても気になります。父によれば、それはあたりまえのことで、もし心が対象からさまよいだしたら、ただゆっくりとその対象に心を戻せばよいのです。

この瞑想は、次のようにします。

楽な姿勢をとり、しばらくの間、くつろいで心を休めます。そして対象を選び、自分の視線をとどめます。一所懸命に見つめる必要はありません。まばたきしたくなったら、まばたきします。しばらくの間、対象を見つめ、そして、再び心をくつろげます。また、対象に数分集中し、その後また心を休めます。

視覚的な対象を支えに使う瞑想では、ロンチェンパの言葉が思い出されます。ロンチェンパは十四世紀のもっとも偉大な仏教学者であり、瞑想の達人でした。ある本の中でロンチェンパは対象のある瞑想と、対象のない瞑想を交互に行うことから得られる、大きな効果を指摘しています。

ロンチェンパの説くとおり、何か特定の対象を見るとき、あなたは自分から離れたはっきりとした対象を見ます。しかし、自分の心をあるがままの意識の中に休ませると、自分と対象の区別は消え去ります。対象に集中することと、心をあるがままの意識の中に休ませることを交互に行うと、神経科学が教えてくれる基本的な事実に行き当たります。私たちが知覚しているものは、心が再構成したものです。

しかし、少し先に進み過ぎてしまいました。もう一度、感覚の情報を、心を穏やかでやすらかな状態にする手段へと変容させる方法に戻りましょう。

音に関する瞑想

音に関する瞑想は、形に関する瞑想と非常に似ています。ただ、ここでは聴覚を使っているわけです。まず、しばらくの間、リラックスした状態に心を休めます。それから次第に、自分の耳元近くの音に意識を傾けます。たとえば鼓動や呼吸、あるいは非常に近くで自然に起こっている音などです。自然の音を録音したものや、好みの音楽だとやりやすいという人もいます。こうした音が何かということを特定したり、特定の音に集中したりする必要はありません。聞こえてくるすべての音に気がつくほうがやりやすいのです。要点は、音に対する単純な、あるがままの「気づき」を養うことなのです。

形や色などに関する瞑想と同じように、恐らくまわりの音に耳を傾けていても、数秒もしないうちに心はさまよいはじめるでしょう。それでいいのです。心がさまよいはじめたら、くつろいだ、あるがままの心に戻り、その後、音に耳を傾けることに戻ります。音に意識を向けることと、くつろいだ状態に心を休めることを交互に行うようにしましょう。

音に関する瞑想の偉大な効果は、次第に聞こえてくる音から意味が抜け落ちてくることです。あなたは、どのような音も、その音の内容に対して感情的に反応することなしに聞くことができます。あるがままの「気づき」の意識を音に向けていると、音を単なる音として聞くことに慣れてきます。自分への批判を怒ったり身構えたりせず聞けるようになり、また、賛辞も過剰に慢心することなく聞くことができるようになります。ほかの人の言うことを、感情的な反応に流されず、よりくつろいだ、安定した態度で聞くことができます。

インドの有名なシタール奏者は、自分の奏でる楽器の音を瞑想の支えとしました。シタールは十七本の弦のついた、長い棹を持つ楽器で、すばらしく多様な音を奏でることができます。この奏者は非常に才能にあふれていたので、次々に演奏の依頼があり、そのためにインド中を回っていたのです。

ある長い演奏旅行の後、この奏者が帰宅すると、奥さんが浮気をしていたことがわかりました。この状況に対して、彼は非常に理性ある人間として振る舞いました。いつもすばらしい楽器の演奏をしていたため、彼の心は落ち着き、集中して考えられたのでしょう。いずれにしろ、彼は口論したり殴りかかったりせずに、奥さんとじっくり話をしました。そして奥さんの浮気と、乞われて国中を演奏旅行しているという自尊心、どちらも「執着」（貪）の兆候だとわかったのです。これは私たちを「サンサーラ」（輪廻）の輪に閉じ込める三毒のうちの一つです。奏者の有名であることに対する「執着」と、奥さんのほかの男に対する「執着」との間には、ほとんど違いはありません。この認識は雷のように彼を打ったのです。そして自分自身の「毒」から解放されるためには、有名であることへの「執着」を手放さなければならない、と理解したのです。彼は、瞑想の師を求め、自分の「執着」が、単なる心の習慣の現れであることを学ぼうとしました。

奥さんとの話し合いの末、奏者はどうしても手放すことのできないシタールだけを残して、後はすべて奥さんに与えてしまい、そして瞑想の師を探す旅に出たのです。やがて、彼は古代の墓場を通りました。そこには遺骸が、土葬も火葬もされないでただ放置されていました。そこは怖ろしい場所で、骸骨などが散乱していました。しかし、死と無常への恐怖を克服した偉大な師を見つけるには、こうした場所こそふさわしいでしょう。死と無常への恐怖こそ、ほとんどの人を輪廻の輪に閉じ込めるものなのです。それは、無常を理解しないため、今あるものへ固執してしまうこと、起こるかもしれない変化に対する嫌悪と恐怖です。

この墓場で、シタール奏者はマハーシッダという深い精神的な理解を達成するための、きびしい試練を潜り抜けてきた聖者を見つけました。マハーシッダは、風と雨をしのぐだけの小屋に住んでいました。私たちも時々、人生でとても強い結びつきを感じる人と出会うことがありますが、シタール奏者は、この聖者と強い結びつきを感じ、弟子にしてくれるように頼んだのです。聖者は同意し、シタール奏者は泥の小屋を建てて近くに住んで、基本的な「シネー」法の瞑想を始めました。

瞑想を始めた多くの人と同じく、シタール奏者も最初、師の指示に従うのがとても難しく感じました。数分間が永遠にも感じました。何度瞑想しようと座っても、昔の習慣であるシタールを手に取ってしまうのです。そして瞑想をあきらめ、シタールを弾いてしまうのです。師の指導に従わずシタールを弾いてしまい、非常に後ろめたく感じて、奏者は師のもとをおとずれて、瞑想ができないことを告白しました。

「それは問題ではない。シタールの瞑想をすればよい」と師は答えました。「あるがままの意識でシタールを演奏し、その音に耳を傾けることだ。完璧に演奏しようなどと考えず、ただ音だけに耳を傾けるのだ」

叱られるかとばかり思っていたシタール奏者は、喜んでシタールの瞑想を始めました。そして何年もしないうちに、シタール奏者自身が、マハーシッダとなったのです。

ここでの教訓は、自分自身の経験を瞑想の支えとする、ということです。そして結果を期待しないことです。特に大都会では、ラッシュ時の混雑の音や光景、においなどが、非常に心を騒がせます。このとき、混雑の中を通り抜けるという目標に意識を向けず、ただ混雑をありのままに観察するという瞑想は、非常にいい経験となります。もし、どこかへ行かねばならないという目標から、まわりの感覚情報に注意を移してみると、あなたも混雑に関してはマハーシッダになれるかもしれませんよ。

香りに関する瞑想

どのような感覚も瞑想の対象にできますが、特に香りは瞑想の対象として非常に役に立つのです。正式に瞑想しようとするとき以外でも、いつ、どんなときでも行うことができます。正式な瞑想のときは、たとえば、もし嫌いでなければ、お香に注意を向けます。あるいは、まわりのどのような香りでもいいのです。

香りに関する瞑想が特に実践できるのは、料理とか食事のときです。そのとき、少し時間をとって、食べ物の香りに注意を向けてみます。料理や食事、あるいはただ散歩することのような退屈な日常の習慣を、心を安定させ、強化させる練習に使うことができるようになります。

味覚に関する瞑想

食べたり飲んだりしているとき、自分のしていることにはほとんど気がつきません。いつも会話にとらわれたり、自分の問題を考えたり、あるいは白昼夢にふけっていたりします。その結果、今、自分がしていることに集中できず、今という豊かな瞬間を経験する機会を逃してしまいます。味覚に関する瞑想は非常に実践的で、一日のうち何度でも行うことができます。

最初は、まず心をあるがままに落ち着かせ、その後、自分の味覚に軽く注意を向けていきます。味覚を分析する必要はありません。苦いとか甘いとか、すっぱいと感じたら、そのままにしておきます。ただ、すべての味覚をそっと感じながら、心を自然なままにしておきます。このようにして味覚と、心の自然な落ち着きにやすらぐことを交互に行います。

ほかの有用な支え

いろいろな方法を教えるのは、弟子たちをうまく導くためである。
——楞伽経《りょうがきょう》

感覚の対象を支えとする瞑想に加えて、ブッダは、いつ、どこででもできる瞑想の方法を授けています。その一つに、呼吸を対象とする瞑想があります。

私たちは、生きている限り呼吸をしています。したがって、呼吸に直接注意を向けることは、いつでも可能です。もう一つの支えは、私が子供のとき、一人で瞑想していたときに気が狂いそうになるのを支えてくれた瞑想です。

それは洞窟で瞑想していたときに、偶然見つけたものですが、マントラ（真言）を繰り返し唱える瞑想です。

息を吸い、息を吐く

呼吸を瞑想の対象とする方法には、多くの異なったやり方があります。全部あげていくと退屈してしまうでしょうから、二つほど、最も簡単な方法を説明しましょう。どのようなところにいてもできる瞑想です。息を吸うこと、吐くことに注意を向けるのです。鼻孔を空気が通り過ぎて、肺を満たすのに注意を向けます。

このように呼吸に注意を向けるのは、身体的な感覚に集中する瞑想とほとんど同じです。しかし、焦点を呼吸という単純な経験に当てるのだけが違います。吸う息、吐く息の間に、ほんの短い間隙があるので、吸う、吐く、その間、という三つの部分に分けて観察します。

呼吸に焦点を当てる瞑想が特に役に立つのは、ストレスを感じたり、気が散ったりしているときです。呼吸に注意を向けると、それだけで現在直面している問題から一歩引いて、より落ち着いて客観的に対処できるような意識の状態を作ります。

もしストレスを感じたら、注意を呼吸に向けてみましょう。誰もあなたが瞑想していることに気がつきません。あなたが呼吸しているかどうかにさえ、注意を払っていないのかも知れません。

呼吸に対する正式な瞑想はやや異なります。私が教わったのは、より完全に注意を向けるために呼吸を数えるのです。吸う息、吐く息をセットで一と数えます。このように順に数えて、七でやめます。練習するにつれて、もっと多くの数まで数えることができるようになります。しかし、いつもそうですが、初めは短時間でできる瞑想から始めて、それを何度も繰り返したほうがいいのです。

わが友マントラ（真言）

マントラに関する瞑想は、明晰な「気づき」の意識を養う、非常に強力な瞑想です。何千年もの間、悟りを得た師たちによって唱えられてきた音節の力は、心の闇を追い払い、自分や他者に対する慈悲の力を増大させます。はじめは受け入れがたく、魔術のように聞こえるかも知れません。マントラの音節は単なる音として、何千年にもわたって空間に鳴り響いてきたものだと考えるほうが、受け入れやすいでしょう。

マントラの瞑想においては、注意はマントラに向けられます。マントラには心を落ち着かせ明瞭にするという、直接的な効果があります

ここでは最も基本的なマントラ、「オーム・アー・フン」を用います。「オーム」とは、「経験の明瞭に認識される側面」、「アー」とは、「空《くう》、すなわち本質的に開かれた側面」、「フン」とは、「明瞭なる現象と現象の本来的な空性との結びつき」を表します。

はじめは声を出して唱えます。そして次第に、心の中で唱えるようにしていきます。最初はマントラを三分間唱え、その後、心を休ませます。このようにマントラを唱えることと、心を休ませることを交互に行い、できるだけ長くそれを続けることです。その効果は、すぐにはわからなくても、あな

たは何かを開始させたのです。何かとは、心の自由にほかなりません。

自由は、このようであるべきだ、という形ではめったにやってきません。私たちの多くにとっては、自由は馴染みのあるものではなく、時にははっきりと不快感を伴うこともあります。私たちは、自分を縛る鎖に慣れているのです。それはいらだたしいもの、私たちを傷つけるものではありますが、少なくとも馴染みのあるものなのです。馴染み、というのは、単なる思考ないし感情です。馴染みから自由への転換は困難を伴います。それを助けるため、ブッダは直接、思考や感情に働きかける方法を授けたのです。

第12章　思考や感情に関する瞑想

希求というものに背を向けよ、執着を去れ。

──ジャムグン・コントゥル

昔インドに、終生、主人の牛の面倒を見ていた牧童がいました。

六十歳になったとき、彼は思いました。

「これは退屈な仕事だ。毎日、牛を牧場に連れてきて草を食わせ、それからまた小屋に連れて帰る。ここから何を学ぶことができるのだ」

しばらくそう考えた後、牧童は仕事をやめ、単調な「サンサーラ」（輪廻）の世界から自由になりたくて瞑想を始めました。仕事をやめた後、彼は山へ旅をしました。ある日、洞窟で聖者が瞑想しているのを見ました。聖者を見て、牧童は非常に喜び、瞑想に関する助言を乞いました。師は、思考を支えとする瞑想の基本を教えてくれました。教えを受けた後、牧童は近くの洞窟に行き、自分で修行を始めたのです。

私たちのほとんどと同じく、彼もすぐに問題に突き当たりました。牧童として過ごしてきた長い年月の間、彼は牛がとても好きになっていたのです。そこで聖者に言われたことを実践しようとすると、心に現れてくる思考や像が、昔、世話をしていた牛ばかりになってしまいました。そうした思考を遮断しようとしますが、牛は繰り返し現れます。懸命に遮断しようとすると、余計に現れるのです。

ついに疲れ果てて、牧童は師のところへ行きました。師は、いったい何が問題なのか、と尋ねました。牧童が打ち明けると、師は「それはまったく問題ではない」と言いました。

「ほかの方法を教えよう、それは牛の瞑想というのだ」

牧童は、あまりに意外だったので驚きました。

「いや、わしはふざけているのではない。今度牛が現れたら、そのままにしておくのだ。草を食べているところ、君が小屋に連れて帰るところなどを十分に観察するのだ。牛が現れたら、ただ見るのだ」

そこで牧童は洞窟に帰り、ひたすらこの新しい指示を守って瞑想しました。今度は思考や像を遮断しようとはしなかったので、瞑想は非常にうまくいきました。彼はとてもやすらかな、幸福な気持ちになりました。そして、心は落ち着いて、非常にバランスの取れたものになっていきました。

しばらくして、彼は師を訪ね、この瞑想はとてもうまくいきました、と言って、「今度はどんな瞑想をすべきでしょうか」

師は、次に自分の身体を牛として瞑想するのだ、と言いました。牧童は、自分は牛である、蹄《ひづめ》があり、角がある、モーという声で鳴く、草を食べる、このような瞑想を続けていくと、さらにやすらかに、幸福になっていきました。そして、また師のもとに戻り、三番目の瞑想を教わりました。それは、自分の角を見つめる瞑想です。彼は、角の大きさ、色合い、重さなどを一心に瞑想しました。こうして数か月たったころ、ある朝、洞窟の外に出ようとして、何かが邪魔になっていることに気がつきました。驚いたことに額に長い角が二本生えていて、それが邪魔になって、洞窟から出られなくなったのです。

やっとのことで洞窟から這い出ると、急いで師のもとへ行きました。

「ひどいではありませんか。牛の瞑想を続けていたら、牛になってしまいました」

師は、「それはすばらしい。では今度は、自分は牛ではないし、角が生えてもいないと瞑想せよ」と言いました。弟子がそのように瞑想すると、角はなくなっていました。

「角が生えていると瞑想すると、角が生え、生えていないと瞑想すると、角はなくなりました。いったい、どういうことなのでしょう」

聖者は答えました。

「お前が心を角に向けたので角が現れ、それをやめたので角は消えたのだ。心は非常に強力なものだ。経験を本当のものにも本当でないものにも、見せかけることができる」

聖者は続けて、

「角が現れたり消えたりするのは、お前の心の注意の向け方次第なのだ。すべてがそのようになっているのだ。お前の身体も、ほかの人も、全世界がそうなのだ。その性質は、もともと空《くう》なのだ。心の知覚以外には何も存在していない。これが真の観察力なのだ。まず心を落ち着かせ、そしてものごとをありのまま、はっきりと見つめるのだ。これは牛の瞑想の最後の段階だ。やすらぎと、真の観察力との間につり合いをとることを学ぶのだ」

このようにして弟子は、真の観察力とやすらぎとを瞑想していきました。数年たって、彼もまた聖者になり、輪廻の輪から自由になったのです。

あなたも、この牧童のように瞑想することができます。今は牛があまりいないので、牛ではなく、たとえば自動車のような対象を使っても構いません。もちろん、数年後には、あなたの身体はヘッドライトとかタイヤとかシートベルトとかになってしまい、そして、今度はそれを消すことができるようになるかも知れませんよ。しかし、それは冗談としても、どのように自分の思考を使うかについては、ここではもっとやさしい方法をご紹介しましょう。

思考を対象とした瞑想

思考が現れたらそれを失敗とは見ず、
おのずからその思考が空であることを見抜き、
あるがままにしておきなさい。

――ゴツァンパ

五感を支えとした瞑想によって、そうした感覚と友達になっても、まだ「判断力を欠いたサル」、つまり心の意識には、難しさを感じるでしょう。サルはあっちこっちとび跳ねることを好み、混乱や疑い、不安を生み出します。単純な身体感覚に心を落ち着かせることを学んだ後でも、サルはいろいろな事象を勝手に解釈しては、心の落ち着きや「明晰さ」を乱そうとします。まるで祭壇に座布団を投げつけ、供え物を食べ散らかすようです。確かに、対処するのはとても難しいとはいえ、サルの困った行為は、それ自体悪いことではありません。周到に配備された神経回路が、再び自己主張を始めているのに過ぎないのです。判断力を欠いたサルとは、本質的には人間が生き残るためにプログラムされた神経的な反応です。したがって、それに対して怒る代わりに働きかけてみます。たとえば、私たちが生き残ることを助けている、という意味で、それに対して感謝の気持ちを抱く、というのはどうでしょう。

感覚を対象とする瞑想のあと、サルを対象とした瞑想に取り組むことができます。この場合、思考や感情などを、心を落ち着かせることに用いるのです。一度このような思考や感情を対象とする瞑想を始めると、あなたは生存を基礎にした古代からの型から自由な、まったく新しい次元を発見します。自分が考えていること、感じていることなどが、単なる習慣的な反応なのか、それとも事実なのかを自問することから始めます。

人生で、子供のころに大人から習う教え「道を渡るときは、左右をよく見なさい」というような教えは、とても重要です。もっとも、大人になると忘れてしまいますが。ここでは、私が瞑想の修行の最初に習った教えを繰り返すことをお許しください。それは、こうした教えです。「思考とは、心の自然なはたらきである。瞑想とは、心を止めることではない。瞑想とは、心をその自然な状態の中に休めることである。心の自然な状態は、非常に広々としていて、思考も、感情も、感覚も、あるがままに気づくことができる」。

心とは川のようなものです。川を止めることはできません。心臓を止めること、呼吸を止めることと同じようなものです。何の目的があって、そのようなことをするのでしょうか。

しかし、だからといって、私たちが、心が生み出すものの奴隷になる必要もないのです。思考の性質や、どこから起こってくるのかを知る前には、あなたの思考があなたを使っています。ブッダが心の性質を知ったとき、彼はこの過程を逆転させました。ブッダは、思考に使われる代わりに、思考を使うことを私たちに教えました。

最初、父の指導のもとに瞑想を始めたときには、非常に神経質になっていました。父が私の心から一秒ごとに飛び出してくるおかしな雑念をすっかり見抜いていると感じました。そのため、良い弟子になることができず、どこか別のところへ追いやられるのではないか、とおびえていたのです。ある意味では、私の考えは当たっていました。父は、私の心から、おかしな考えがしょっちゅう飛び出してくることは見抜いていましたが、だからといって良い弟子になれないとは考えていなかったのです。

父は、ほかの弟子に教えるのと同様、私にも、瞑想の間どのくらい雑念が浮かんでこようとも構わない、と教えてくれました。もし一分という時間に、百もの雑念が浮かんできたら、それは百の瞑想の支えを得たことになるのです。

「判断力を欠いたサルが頭の中をとび跳ねていたら、それは、とても幸運なことだ。サルがとび跳ねるのを見守りなさい。サルがとび跳ねるたび、それを見守る。いろんな雑念が浮かんできたら、それを瞑想の対象にする。すると雑念は、そのまま瞑想の支えになるだろう」

ただ、一つ一つの考えには、とらわれないようにします。どのような考えが浮かんできても、それを見つめ、それが消えるがままにします。ちょうど、形、音、香りなどに心を休めることを練習するように。

思考を見守るというのは、バスに乗り遅れないようにすることと似ています。ちょうどバス停留所に着いた瞬間、バスが出てしまいます。そこで、次のバスを待つことになります。同じように、思考と思考の間には間隙があります。一秒の何分の一かも知れませんが、それでも間隙はあります。この間隙は、完全に開かれた「本来の心」を経験することです。思考が一つ浮かんでは消えます。そして間隙が生まれます。また思考が生まれます。また消えます。また間隙が生まれます。

思考を観察する過程はこのようなものです。思考、間隙、思考の繰り返しです。この修行を続けていると、次第にこの間隙が大きくなります。そして、あるがままの心にやすらぐということを、直接経験するようになります。そこには二つの心の状態があります。思考と、思考のない状態です。この両方が瞑想の支えになります。

最初は、思考に対する注意は弱まりがちです。それでもよいのです。もし心がさまよいはじめたら、ただ、さまよっているという状態に気づきます。白昼夢でさえ、瞑想の支えになります。もしその瞑想に、「気づき」の意識を十分に染みわたらせることができれば。

あるいは、突然、「おっと、今、思考を見守っているはずだった。形に気づいているはずだった、音を聞いているはずだった」などと気がつくかも知れません。そのようなときは、ゆっくりと注意を、何であれそのとき向けるはずであったものに戻します。偉大な秘密とは、この「おっと」という瞬間こそ、あなたの根本的な性質の、瞬間的な経験にほかならない、ということです。

「おっと」という経験のたび、それを捕まえられればいいのですが、それはできません。今度は「おっと」が何を意味しているのか、などという概念を作ってしまいます。修行を続ければ続けるほど、「おっと」という瞬間は多くなるでしょう。やがて、こうした「おっと」が続いていき、ある日、「おっと」が心の自然な状態になるでしょう。神経回路のうわさ話から解放されることによって、あなたはどんな思考、どんな感情、どんな状況も、完全に自由に見つめることができるようになるでしょう。

「おっと」というのは、とてもすばらしい瞬間なのです。

そこで、この「おっと」を、瞑想の支えとして「思考」を使うときに、注意を戻す練習としてみましょう。ほかの瞑想と同じように、この瞑想もまず対象を持たない「気づき」の意識に自分の心を休めることから始めます。そして、思考を見守ります。あまり長い間練習しようとしないことです。数分ぐらいから始めましょう。

まず一分間ほど、心を休めます。

そして、二分ぐらい、起こってくる思考に気づくようにします。

そして、また一分ぐらい、心を休めましょう。

瞑想が終わったら、どのような経験をしたか振り返ってみます。たくさん「おっと」と言いましたか。思考がはっきりと見えましたか。それともぼんやりとしていましたか。それとも、はっきりと見ようとした瞬間に消えてしまったでしょうか。

講演会などで、この瞑想を指導したあと、どのような経験でしたかとたずねます。すると、いろいろな答えが返ってきます。ある人は、思考を見ようとすると、思考それ自体が、こそこそとしたものになっていくと言います。思考に気がつくと、それはその場で消えてしまうか、ぼんやりしたものになっていくのです。ある人は、思考は非常にはっきりとしたものになり、言葉として心の中に現れ、そしてそれが起こっては消えていくのを、とくに執着なく見守ることができると言います。

では、ここで秘密を明かしてしまいましょう。秘密などない、という秘密を。思考が消えてしまうという経験と、思考が文章のようにはっきりと見えるという、この両極端の経験の間にすべての経験がありますが、どれもそれは瞑想の経験です。思考を怖れていると、思考があなたに対して力を持ってしまいます。思考があまりにも現実的で、しっかりと形を持ち、真実に見えるからです。そこで、さらに怖れていると、いよいよ力を持つようになります。しかし、思考を観察しようとしていると、その力は消えはじめます。

ときには、すでにお話ししたように、思考を見守っていると、それが急速に現れたり消えたりすることに気がつきます。そして、その間に間隙があることにも気がつきます。一つの思考と次の思考の間は、それほど長いものではありません。最初は、一つの思考と次の思考の間はほんの短いものですが、練習するにしたがって長くなっていきます。そして、対象のない瞑想に、心は穏やかに、広々と落ち着いているようにします。

思考を見守る瞑想は、ときにテレビや映画を見るのと似てきます。テレビや映画の中では、いろんなことが起こります。しかし、あなたは実際に映画の中にいるわけでも、テレビの中にいるわけでもありませんね。あなたとスクリーンの間には空間があるはずです。思考を見守っているときにも、あなたと思考の間に同じような空間があると気づきます。あなたがその空間を作り出しているわけではありません。なぜなら、その空間は、常にそこにあるからです。あなたは、今、常にそこにある空間に気づいているだけです。この空間に気がつくことで、あなたは思考を見守ることが楽しくなってきます。たとえどんなに怖ろしい思考でも、それにまったく呑み込まれず、支配もされないで、見守ることができるようになるでしょう。思考が勝手に展開していくのを、大人が子供の遊ぶのを見守るようにして、見守ります。子供は砂のお城を作ったり、プラスチックの兵隊で戦ったりして遊んでいます。子供は非常に真剣になって遊びますが、大人は愛情をこめて見守りながら、あまりに真剣なので、時に笑ったりしていますね。

瞑想中のどんな経験も、すばらしいのです。その経験はもちろん、いろいろに変わっていくでしょう。時には非常に間近に思考を見守り、思考と思考の間の間隙に気がつくでしょう。時には思考に対して、距離を置いて見守るでしょう。瞑想は、ほとんどの人が考えるより、ずっとやさしいものなのです。どのような経験をしようとも、今、起こっていることに気づいていれば、それが瞑想なのです。

あなたの経験が、瞑想からほかのことへと転換するのは、今、経験していることを変えようとか、制御しようとするときです。むろん、今、自分が経験を制御しようとしている、と気がつけば、それもまた瞑想なのです。

もちろん、中にはどんな思考も見えない人もいます。心が単に空白になってしまうのです。それもまた結構です。今、瞑想しているのはあなたであり、だれもあなたを批判できません。あなたの瞑想の経験には、成績などつけられないのです。瞑想は、非常に独自の、個人的な過程であって、人によって異なるのです。練習を続けるにしたがって、確実に瞑想中の経験が日ごとに、あるいは瞑想の期間にしたがって変化しているのに気がつくでしょう。思考は非常にはっきりとしていて、簡単に見ることができるときもあれば、非常に漠然としていて、とらえがたいものになるときもあります。心がぼんやりとしていて、霧がかかったようになっていることに気がつくでしょう。この鈍い感じは、単に瞑想しようというあなたの意志に対して、神経回路が反応しているのに過ぎません。したがって、この鈍さ、あるいはどんな感情や気分も、単に見守ればいいのです。今、ここで経験していることを、あるがままに気づく、気づきの意識で見守る、これが瞑想なのです。「どうやって瞑想したらいいかわからない」という神経回路のうわさ話の現れも、それを見守る限り、瞑想の支えになるのです。

このような「気づき」の意識を維持する限り、練習中何が起ころうと、その練習は瞑想です。思考を見ることができなくても、瞑想なのです。どのような経験も瞑想の支えです。大事なことは、どのような思考や感情、感覚が起ころうとも、「気づき」の意識を維持することです。何が起ころうとも気づいている、このことが瞑想なのだ、と覚えておくと、瞑想はあなたが思っているよりも、ずっとやさしいものになるはずです。

不愉快な思考という、特別の場合

どのような思考が起ころうとも、止めようとはしないことだ。
――ギャルワン・カルマパ九世

瞑想を始めたばかりのころは、不愉快な経験に関連する思考を見守るのは、とても難しいと感じます。特に、嫉妬、怒り、恐怖、羨望などの強い感情を、あるがままの気づきの意識で見守るのは難しいのです。そうした感情は、非常に頑強なので、簡単にそれにとらわれてしまうのです。この問題を私に話した人は、十人や二十人ではありません。特に、家庭やオフィスでの争い、諍《いさか》いに関連した思考はとても強く、毎日毎日、それを思い出しては、言ったこと、やったこと、言わなかったことなどについて考えます。他者がどんなにひどい人間かということにとらわれ、その場で何と言えばよかったのか、どうやって仕返ししようか、などと考えるのです。

こうした思考に対処するには、まず一歩引いて、自分の心を対象のない気づきの意識の中に休ませてから、注意を直接、その思考やそれに関連することがらに向けてみます。対象のない瞑想に心を休ませるのと、その思考に注意を向けるのを交互に繰り返します。

否定的な思考に対して、このように瞑想していると、二つのことが起こります。まず、心を気づきの意識の中に休ませることで、心は落ち着いてきます。次に、形や、音や、その他の感覚を対象とする瞑想と同じように、特定の思考もまた、ほかの対象と同じように、現れては消えるものであると気づくでしょう。たとえば、ほかの思考が割り込んでくることもあるでしょう。洗濯物を取り込むとか、スーパーで買い物をするとか、ミーティングの準備をするとか、いろいろな考えが浮かんでくるでしょう。こうして、最初の思考はあなたが思っていたよりも、強力なもの、頑強なものには見えなくなっていきます。しつこく鳴っている電話の呼び出し音のようです。確かにうるさいのですが、対処できないほどではありません。

このように不愉快な思考に対処していくと、負担というよりは、心理的な安定という資産になっていきます。ジムで運動するとき、だんだん負荷をかけていくでしょう。それと同じです。こうして、より大きなストレスにも対処できる、心の筋肉が鍛えられていくのです。

感情を対象とする瞑想

感情に振り回されているばかりだと思うには及ばない。
――カル・リンポチェ

感情は鮮明で、しかも持続するため、瞑想の対象としては思考よりも適しているかも知れません。私の父やほかの師たちは、感情を基本的に三つに分けることを教えてくれました。肯定的な感情、否定的な感情、そして中立的な感情です。

肯定的な感情、すなわち愛、慈悲、友情、誠実さなどは、心を強くし、自信をつけ、助けを必要としている人を援助する力を増強するでしょう。経典にあるこうした感情やそれに関連する行動を「徳」といいます。この言葉は、ともすると道徳的な意味を思い出させるようです。しかし実際には、このような感情や行動には、特に道徳的な関連性はありません。友人が教えてくれたところでは、「徳」にあたるチベット語の単語「ゲワ」は、癒しの力に関連しているそうです。

否定的な感情、つまり恐怖、怒り、さびしさ、嫉妬、悲嘆、羨望などは、「不徳」といいますが、チベット語では、「ミ・ゲワ」です。これらは心を弱くし、自信を損なわせ、恐怖を増大させます。

中立的な感情は、基本的には紙とか鉛筆とか、そのようなものに対して持つ感情です。鉛筆に対して肯定的とか否定的とかいうのはおかしいでしょう。

感情を支えとする瞑想は、経験している感情の種類によって異なります。肯定的な感情を感じているとき、すなわち心を強くするような感情を感じているときには、その感情と、感情の対象、両方を瞑想の対象にします。たとえば子供に対して愛情を感じているとき、子供と愛情の両方に注意を向けます。もし、困っている人がいて、その人に慈悲を感じたら、その人と慈悲の両方に注意を向けます。このようにして、感情の対象は感情の支えになり、感情はそうした感情を生み出す対象に集中する支えとなります。

それとは逆に、否定的な感情の対象に注意を向け続けることは、人、状況など、それ自体が否定的なのだという心のイメージを強化します。慈悲、信頼、あるいはどのような肯定的な感情を生み出そうとしても、そうした対象は、それ自体自動的に否定的な感情と関連づけられてしまいます。「ああ、これは良くない感情だ。戦わねばならない。追い払わねばならない」。

しかし、より建設的な方法は、否定的な思考に対するのと同じように、対象ではなく感情そのものに注意を向けるのです。感情を頭で分析しようとはしないことです。ただ見守ること。それにしがみついたり、遮断しようとしないで、ただ見守るのです。このようにしていると、感情は、最初に感じたほど強くもなければ大きくもないことがわかります。

最初の安居《あんご》のとき、まわりの人たちに対して感じた強い不安や恐怖のため、私は自分の部屋に戻り、一人で座っていました。実際に恐怖を見守っていると、それは最初に見たような、とても太刀打ちできない、固い、強い怪物のようなものではなく、意識の中に急速に現れては消える、うつろいやすい、陽炎のようなもの、ということがわかりました。ただ、それがあまりに急速に現れては消えるので、堅固なもののように見えるのです。後に私は、物質を構成する素粒子も、渦巻きのようになっていて、それが堅固な物体に見えるのだということを知りました。自分の恐怖というものをそのように見つめていると、「ああ、これはおもしろい、恐怖というのは、そんなに大きなものでも強いものでもないのだ。実際、何の害もない。移ろいやすい感覚が、ただ現れ、しばらくとどまり、やがて消え去っていくだけなのだ」と見るようになりました。

もちろん、これは一晩でそうなったわけではありません。この過程には、数週間、完全にそれに浸りきりました。まるで、思いつめた科学者が実験に熱中するようなものです。また、それまでの数年間の修行も、私を支えてくれました。

しかし、この過程が終わったときは、ブッダが何世紀も前に授けてくれたさまざまな方法に対して、改めて感謝の気持ちがわきました。困難な感情に対して、とても克服できないと感じる人々を、そうした方法が救ってきたのです。後に脳の構造や機能、現代の物理学で描写された実在を知るにつれて、ブッダが内観によって得た方法と、なぜそうした方法が機能するかについて現代科学の客観的な観察によって得られる説明の間の一致には、改めて驚きました。

否定的な感情に関連する対象は、たとえそれが人であれ状況であれ、あまりにも鮮明に心の中に現れるときがあります。そのようなときは、決して遮断しようとしないことです。ほかの感覚の瞑想で行ったときと同じように、その対象に注意を向け、見守ることです。このようにして、否定的な感情の対象それ自体が、非常に強い瞑想の支えになります。

このような方法は、本書の第1部で紹介したような心の苦しみに対する直接的な働きかけになります。最初に、この心の苦しみ、あるいは心の毒について教えられたとき、私は、「ああ、私は欠点だらけだ。無知だ。執着も怒りも持っている。以後の人生、私は、不幸にはまり込んで生きるのだ」などと思ってしまいました。しかし、そのとき、古いことわざを思い出したのです。「孔雀は毒を食べるが、その毒は美しい羽に変わる」ということわざです。

人生の初期、ほとんど不安や恐怖に押しつぶされそうになって生きてきたので、心の苦しみ（煩悩）がどの程度のものか、わかっていました。十三年間も、私は怖れのために死んでしまうのではないか、時には、こんなに恐怖を感じるのなら死んでしまったほうがいいかも知れない、と思っていたのです。しかし、安居に入り、こうした心の苦しみに真正面から向き合ったときに、私は、無知、執着、怒り、嫌悪などの心の苦しみは、私に与えられた瞑想の材料なのだということ、ちょうど孔雀の羽のように、心の毒は大いなる祝福の種に変わったということなのです。

あらゆる心の苦しみは、実際には智慧の基礎なのです。苦しみにとらわれてしまったり、あるいは抑圧しようとしても、それは結局、より多くの苦しみを生み出すことになります。しかし、その代わり、自分を殺すのではないかと怖れていたものを直接に見つめると、それは今まで望んでもいなかったような瞑想の支えとなるのです。

心の苦しみは、敵ではありません。友達なのです。

このことを受け入れることは、かなり難しいでしょうが、事実なのです。あなたがその苦しみから逃れようとするたびに、孔雀のことを思い出してください。確かに毒は良い味はしません。しかし、それを飲み込めば、美しいものに変わるのです。

さて、この修行の最後に、私たちが最も怖れ、嫌悪する経験に直面したときの瞑想による「解毒剤」をご紹介しましょう。これらの方法を調べていくと、私たちが、怖れ、驚き、嫌悪している経験の力が強ければ強いほど、より自信に満ち、開かれた、私たちの「仏性」の持つ無限の可能性を受け入れることのできる、そのような経験の力もまた強まるのだ、ということがわかります。

第13章　慈悲——心のまん中を開くこと

開いた、愛情のこもったまなざしで、すべての人を見なさい。

——シャンティデーヴァ（寂天）

私たちはひとつの惑星、ひとつの人間社会に暮らしています。ですから協力するということを学ばねばなりません。人と人とが力を合わせる上で、慈悲というものがなければ、どうしても外からの力に頼ることになります。外からの力とは、警察や軍隊、法律や武器などです。皆が互いに親愛の情と慈悲の心を育み合うことを学べば——自らを利することは他人を利することにもなり、逆もまた真である、ということが自発的に理解できれば——法律も軍隊も、警察も銃も爆弾も必要なくなるでしょう。言い換えれば、私たちが自ら用意できる最良の安全は、心を開くことなのです。いっぽう、すべての人が優しく慈悲深ければ、この世はさぞ退屈なものになるだろうと言う人もいます。人間は羊などと同様、無為のままに空しく日を送るに違いないと。ですが、無は真理とはかけ離れています。慈悲の心とは精励する心なのです。この世界には問題の種が尽きません。何千もの子供が毎日のように餓死しています。新聞には出なくとも、紛争地では虐殺が続いています。大気中には有毒なガスがどんどん排出され、私たちの存在を脅かしています。こうした苦難は、遠く離れた土地のみならず、私たちの身の回りでも起こっています。会社の同僚が離婚問題で心を痛める。親戚の誰それが心や体の病気に悩んでいる。友人が職を失う。棄てられて路頭に迷った多くの愛玩動物が殺処分となる、等々。

慈悲の心がいかに有効に働くものか、それを是非ご覧になりたいとおっしゃるのなら、極めて簡単な方法を紹介しましょう。ものの五分とかかりません。ペンと紙を用意して、今抱えていて解決したいと思っている問題を十個、書き出して表にするのです。地球規模の問題であっても家庭内のいざこざでも構いません。解決のことは考えないで下さい。ただ書くだけです。

書くという単純な行為で、あなたの向き合い方がはっきりと変わってきます。本来の心に自然に備わる慈悲が目覚めるのです。

親愛の情と慈悲、その意味

自分が好ましく思っていない人々を数え上げてみよう……
その人々の好ましくない点の多くが自分にも備わっており、
今まで自分では気づかなかっただけだと知ることになろう。

——ペマ・チュドロン

先日、若い人にこう問われました。「親愛の情」や「慈悲」という言葉には血が通っていない。よそよそしく、観念的で、他人に対する心情を頭で理解しようとするもののごとくだ。「どうしてもっと簡単で直接的な、例えば『愛』という言葉を使わないのですか」と。

仏教徒は何ゆえ「愛」ではなく「親愛の情」ないし「慈悲」という言葉を用いるのか、それにはきちんとした理由があります。「愛」という語には、欲望をともなう精神的、感情的、そして肉体的な反応という意味がまとわりついています。それゆえ、心を開くという行為にこの語を用いますと、たとえば「私はあなたを愛する」とか「私は何それを愛する」といった場合のように、自己と他者を分ける二元論が本質的に存在するという錯覚を助長してしまう恐れがあるのです。愛という言葉にはその対象へ寄りかかる感覚がどうしても拭えませんし、愛し愛されることで得られる個人的な恩恵というものに重きを置いているようにも見えます。もちろん、自己の利益より他者の利益を尊重するという例もあります。親の子に対する愛がそうです。恐らくどの親に聞いても、子に対する愛は見返りを求めない、むしろ犠牲に近いものだと答えるはずです。

いっぽう、「親愛の情」や「慈悲」という言葉は、文法の用語で言えば、さしずめ「句読点」といったところでしょう。それに出合うといったん立ちどまり、他者との関係を考えるきっかけとなる、そのような言葉です。仏教の考え方では、親愛の情とは「願望」です。一切衆生は——必ずしも好ましい存在でなくとも——私たちが持ちたいと望んでいるのと同じ種類の喜びや自由を望んでいるのです。また、親愛の情とは、私たちがみな同じ種類の欲求、すなわち苦痛や災厄とは無縁の、つつがない暮らしを送りたいという望みを持っていることを認めることです。アリやゴキブリといえども人間と同じ欲求や恐怖を抱いています。知覚を有するという点で、虫も人間も似たり寄ったり、わたしたちはみな同類なのです。親愛の情という言葉は、こうした親近感ないし仲間意識を自覚し、それを単に机上の空論にとどめることなく、感情面でも物理面においても発展させようという試みを表します。

知覚を有する他者を自分と同じと見る、そうした懐《ふところ》の深さをさらに深めるのが「慈悲」です。「慈悲」は英語で〈compassion〉その原義は「共に感じること」で、あなたの感じることは私も感じている、ということを認めることです。あなたを傷つけるものは私も傷つける、あなたの助けになるものは私の助けにもなる。仏教語としての〈compassion〉すなわち慈悲とは、他者との完全なる合一、いついかなる場合でも他者に手を差し伸べられるという心の準備をいいます。

実際に即して考えましょう。例えば誰かに嘘をついたとします。最も傷つくのは誰か。嘘をついた本人です。自分は嘘をついたという重荷をずっと背負わねばなりませんし、最初の嘘の発覚を怖れて次から次へと嘘の上塗りを重ねることになるでしょう。あるいは、何かものを盗んだとします。会社にあるちょっとしたもの、例えばペン一本だって、盗みは盗みです。自分の犯した盗みという行為を隠すための、大小さまざまの苦労を想像してみて下さい。隠蔽工作にどれだけ労力を注いだとしても、たいていは発覚するものです。証拠を完全に消し去ることなどできません。本来もっと建設的なことに用いられるはずだった時間や労力が、結局は無駄になるのです。

慈悲とはすなわち、あらゆる人、あらゆるものが、己れ以外の人やものの反映に過ぎないということを認めることです。『華厳経』という古い仏典にはこう書かれています。宇宙とは無限の網であり、ヒンドゥー教の神インドラ（帝釈天）の意思によって生じた。この無限の網のすべての結び目に、何面にも分割されて美しく磨き上げられた宝石がぶら下がっている。その一面一面に他の宝石のすべての面が同じように映っている。網も宝石も、宝石の各面も無限なのだから、それらを反映した像もまた無限である。宝石の中のどれかひとつにでも変化が生じると、他の宝石もすべて変化してしまう。

一見すると何の関係もなさそうな出来事の間に不思議なつながりを感じることがしばしばありますが、今申し上げたインドラの網の比喩はそうした関係を詩的に表現したものなのです。最近、若い人たちの話題によく上りますが、現代の科学者はこぞって粒子間の関係性――物理学でいう「絡み合い（エンタングルメント）」――をめぐる問題に長らく取り組んでいます。粒子というものは直感的に把握しにくく、顕微鏡を用いてもなかなか目に見えませんが、いわゆる亜原子粒子についての過去二、三十年の実験結果から、一度結びついたものは永遠にその関係性を保持する、ということがわかってきました。インドラの網にぶら下がる宝石と同じく、微細な粒子のひとつに影響を与えるものは、他の粒子にも影響を与えるのです。時間的、空間的に粒子と粒子がいくら離れていたとしても、この事実は動きません。現代物理学の最新の理論では、宇宙を生成したビッグバンの始まりというその一点において、すべての事象はつながっていると考えられていますが、仮にそうだとすると――まだ証明はされていませんが――宇宙に存在する任意の粒子に影響を与えるものは、他のすべての粒子にも同じ影響を与える、という考え方も理論上は成り立ちます。

インドラの網のたとえで示された奥の深い「相互関連性」は現代の科学理論に通じるものがある、くらいにしか今のところは言えませんが、いずれ科学的事実として証明される日が来ると思われます。そうなると、「慈悲」を育むという考え方そのものが、気の利いた思いつきにとどまらず、人生を左右する一大事と見なされるようになるでしょう。

ゆっくりと始める

経験によって得たものごとに固執せぬように。
——ギャルワン・カルマパ九世

親愛の情や慈悲の習得はゆっくりと行わねばなりません。つい欲張って拙速に陥りやすいものなのです——修行のこの段階に入った時に私も聞かされましたが、次のたとえ話がその辺りの消息をよく伝えています。これはチベットが生んだ最も偉大な聖者の一人ミラレパに関する物語で、彼はもっぱら即興の歌や詩によってその教えを伝えていました。生前ミラレパは旅に出ることが多かったのですが、ある村に立ち寄った時のこと、さっそく腰を下ろして歌い始めました。自分は身の回りのものを捨てて隠者となった、なるべく速やかに悟りを得て、生きている間に多くの人々の力になりたいからだ。ミラレパがこう歌うのを聞いて、その考えにすっかり心酔した一人の村人がおりました。

村人は自分もそうありたい旨をミラレパに伝えました。ミラレパがやさしく答えるのに、まずはしばらく自分の家にとどまって、ゆったりと「慈悲」を学ぶことから始めるのがよかろう。村人は今すぐに、全部捨てたいと言い張り、ミラレパのすすめは聞かず、家に戻るや、手当たり次第に家から何からすべて人に与えてしまいました。一枚の手ぬぐいに少しの必需品を包んで村人は山に行き、洞窟を見つけてそこに腰を下ろすと、さっそく瞑想に入りました。とはいえ、瞑想の経験もなければ、その方法も習ったことがありません。三日も経つと腹が減り、疲れ、凍えてきます。五日めには飢えと苦しみに耐えきれず、つい里心がつきましたが、さすがに恥ずかしくて帰れません。「自分は瞑想に入るのだ、何もいらない、とあれだけ大騒ぎをしたのだから、たった五日で山をおりるわけにはいかないのだ」。

七日が過ぎるのを待たずして、最早これまでと、村人は村に帰りました。おどおどと近所の家をまわり、与えたものを返してもらうよう頭を下げます。近所の者はみな品物を返してくれましたので、村人はひとまず元の鞘に落ち着いてから、あらためてミラレパを訪れ、神妙な面持ちで瞑想の初歩を授けてもらうよう乞いました。じっくりと腰を据えてミラレパに導かれた結果、村人は大いなる智慧と慈悲を備えた瞑想家となって、多くの人に恩恵を与えるまでになったといいます。

目先の結果を期してすぐさま実践に飛びつくという誘惑に負けない。言うまでもなく、この物語の教訓はそこにあります。私たちの内にある「自己」と「他者」の二元論が一朝一夕に形成されたものでない以上、そうした考え方を超越するのにも時間がかかります。もし慈悲の道にただちに就こうとすれば、持ちものをあわてて捨ててしまった先の村人の轍《てつ》を踏むのが関の山です。それどころか、人に与えるという慈善行為を悔やむことで、心に余計なわだかまりを作ってしまうかも知れず、そうなるとこれを除くのに何年もかかったりします。

私は父や多くの師からこの点を何度も念押しされました。ゆっくり進む道を選べば、明日も、来週も、一か月後も、人生に変化はないかも知れません。ですが、一年、二年と経ったあとで来し方を振り返ると、違いがはっきりと感じられるでしょう。きっと愛すべき、頼りになる隣人に囲まれているはずです。もし誰かとの間にいさかいを生じたとしても、相手の言葉や行動は以前ほどには脅威に感じなくなるでしょう。ときに痛みや苦しみに直面しても、それらは他人が感じるよりもっと御しやすい、小さなものだと思えるはずです。

他者に対する慈悲を育む上で、私が習ったゆっくり進む道は三つの「レベル」から成り、それぞれを数か月ずつ――ちょうど数学の基礎を学ぶように――実践することになります。そのあとでより高次の修行に入るのです。「レベル１」では、自分とそのまわりの人間に対して、親切かつ慈悲深い態度をとることを育みます。「レベル２」では、すべての存在に対して限りない親愛の情と慈悲の心を広げます。「レベル３」では「菩提心」を養います。

「菩提心」には実際には二つのタイプ、あるいはレベルがあります。すなわち、「絶対的菩提心」と「相対的菩提心」です。「絶対的菩提心」とは、およそ知覚を有するものはすべて、その行動や見かけがどうであろうと、すでに完全に悟りを得ていると考える、つまり、自然発生論的な認識です。自然に発生するといっても、通常このレベルに達するまでにはかなりの修行を要します。対するに、「相対的菩提心」とは、知覚を有するものすべてが、その本性を自ら知ることによって苦しみから逃れられるようにと願う、その心を養うことであり、またその願いを成就するため行動を起こすことです。

レベル1

死刑を宣告された囚人がいます……それが自分だったら、と想像してみなさい。
——パトゥル・リンポチェ

親愛の情や慈悲について瞑想することは、すでにお話しした「シネー」という実践法に共通する点が多い。大きな違いといえば、注意を向ける対象の選び方、及び注意の向け方にあります。心の本性である慈悲のはたらきを妨げてしまうと、どうしても自分が小さく思えて、少しのことに傷つきやすく、びくびくしてしまう。これは正式な訓練を受け始めた当初、私の教わった最も大事な教訓のうちの一つです。

自分だけが苦しいのだ、他の人は何かの星のめぐり合わせか、痛みに対する免疫のようなものを持っているのだと考えるのは簡単です。こんな風に考えると、自分の抱えている問題が実際よりも大きく見えてしまうのです。

誰もがこういう後ろ向きの考えを持っていますが、かくいう私も例外ではありませんでした。自分は孤立していると思い込み、二元論という考え方にとらわれて、脆弱で臆病な自己を世間一般の人々と対立させてしまう。このとき、世間の人々は自分よりもっと力があり、幸せで、安閑と暮らしているのだと思っているのです。人が自分より優れていると思い込ませる力は、私自身の心のやすらぎをも脅かすほどになりました。自分が達成すべき安心と幸福を台無しにしてやろうと、常に他の誰かがうかがっているのではないかと、戦々兢々の毎日でした。

他の人々と一緒に何年も修行を重ねるうち、こんな風に感じているのは自分だけではないことがわかってきました。私たちの脳は古い層である「爬虫類脳」で相手が敵か味方かを瞬時に判断しているのです。こうした知覚のはたらきはやがて無生物に対しても及ぶこととなり、ついにはあらゆるもの——コンピュータ、飛んだヒューズ、留守番電話の明滅するランプなど——に対して何らかの意味を探ってしまうのです。

ところが、慈悲について瞑想することを学び始めますと、孤独感は徐々に弱まり、反対に力が湧いてくる感覚が育ってきました。かつては問題しか見えなかったところに、解答が見え始めたのです。他人の幸福よりも自分の幸福に重きを置いていたのが、他人の心のやすらぎこそが自分の心のやすらぎの礎《いしずえ》なのだと考えるようになりました。

親愛の情や慈悲の心を育むには、まず自分を評価することを学ぶこと。そこから始めるよう私は教わりました。これは難題です。人間は弱いものだと考える文化の中で育った人にとってはなおさらです。何も西洋に限った話ではありません。自分自身に対する慈悲を育むことは、修行に入って一年目の私には文字通りの救いとなりました。真の自分を受け入れるまで部屋を出てはならず、弱いものだと思い込んでいた自分の心の奥深くを見つめて、そこに本来ある力強さを見極めるのです。

部屋でひとり座っていたときに私の支えとなったのは、サンスクリット語で「人」をあらわす「プルシャ」という言葉に思いを致したことでした。この語は本来「力を持つもの」を意味します。人であることはすなわち力を持つこと、特に自分の欲するところを成し遂げる力を持つことです。自分の欲するところとは、とりもなおさず、安息をもとめ痛みを除こうとする、生物学上の基本的欲求です。

ですから、親愛の情と慈悲を育むには、まずは自分自身を瞑想の対象とせねばなりません。中でも、既に述べた「スキャン」法のような方法がもっとも簡単です。本式には七つのポイントの姿勢をとるのがいいでしょう。でなければ、ただ背筋をぴんと伸ばし、体の他の部分は力を抜いて、そのまま平衡状態を保ちつつ、意識ははっきりさせたまま心をリラックスさせます。

対象を持たない瞑想にしばし心を休ませたあと、簡単な「スキャン」法を行います。ゆっくりと自分の体を観察するのです。身体を「スキャン」しながら、身体を持っていること、そして身体を「スキャン」することのできる心を持っていることの素晴らしさを、しみじみと味わってください。自分の存在に関わるこれらの基本的な事象の素晴らしさ、身体と心という偉大な贈りものを得たことの幸せを、よく認識してください。こうした認識にやすらいだのち、次のようにゆったりと考えてくださ
い。基本的なものがそもそも素晴らしいことを、常に感じられればどれだけよいか。この幸福感と、幸福につながるすべての元を、常に得られれば何と素敵なことだろう、と。

そして心を休め、開いて、リラックスさせます。この実践法は正式な訓練の一環であれば三分以内、

瞑想の講習会などの場ではほんの数秒間にとどめてください。短い時間で実践法を行って、そのあと心を休めることが肝要です。短時間の実践とそれに続く心の休息によって新しい「気づき」が定着するのです。西洋科学の用語で表すとすれば、神経細胞の作った古い「うわさ話」に左右されることなく、脳に新しいパターンを与える、とでも申しましょうか。実践を終えたあとは、肯定的な感覚があふれ出る中、その効果が全身に広がっていくのをただ感じればよいのです。

幸福を求めるという自己の願望にある程度親しんだなら、知覚を有するもの全般――人、動物、あるいは虫――に対する「気づき」へと進むことはずっと簡単になります。他者に対する親愛の情と慈悲のための実践法は、生きとし生けるものすべてが完成、安心、幸福といったことがらを求めているのだという認識を本質的に養います。他者の心の中で起こっていることは、自分の心の中で起こっていることと同じなのだと、ただ肝に銘じておけばよいのです。このことを踏まえてさえおけば、他何ものをも怖れる必要などないことがわかるでしょう。もし怖れを抱いていたとすれば、それは自分が向き合った他者が何ものであれ、ただ幸福を願い苦しみから逃れたいと思っている、自分と同じ生きものなのだという認識を欠いていたからに過ぎません。

仏教の古い経典によりますと、まず母を憶うべき旨が説かれています。自分を胎内に宿し、この世に生を享《う》けさせ、しばしば自己犠牲をも厭わず、一人前になるまでずっと育ててくれる母。もっとも、西洋では多くの人々が両親とのあいだに十分な親子愛を育む機会がない、そういう文化的土壌があることは私も承知しています。この場合、瞑想の対象として父や母を持ち出すことは実際的とは申せません。特別に親しい親族の誰か、先生、親友、あるいはわが子などが対象としてふさわしいでしょう。ペットに注目する人もいます。瞑想の対象が何ものであるかは問題ではありません。大切なのは、優しさ、温かみといった感情を深く抱くことのできる誰か、何かに対して、身構えずに注意を向けることなのです。

親愛の情及び慈悲を正式な訓練の一環として扱うとき、いわゆる「七つのポイントの姿勢」をとるのがよいのですが、それが難しい場合（例えば電車やバスに乗っている間など）は、背筋をぴんと伸ばし、その他の部分は自然体でゆったりすることです。瞑想はすべてそうですが、一旦姿勢を決めたら少しのあいだ心を休ませて、そのあとで何か考えるべき対象に向かいましょう。心にほっと安心のひと息をつかせるのです。

対象のない瞑想にしばし心を休ませたあと、優しさや好意、関心といったものを自分が最も抱きやすい誰かのことを、ふと思い起こしてください。その誰かが、熟考に熟考を重ねれば間違いなく思い当たるべき人物とは違ったとしても、驚くには当たりません。それはよくあることなのです。正式な訓練を始める際、ある若い人は自分の祖母のことを念頭に置きました。子供の頃、大変可愛がってくれたとのことです。ところが実際に浮かんだイメージは子供の頃に飼っていたウサギでした。心に本来備わっている智慧が発露した、その好例と申せましょう。事実この人はウサギにまつわる多くの幸せな記憶を持っていました。そうした記憶に身を任せることで、この人の実践はつつがなく進みました。

心に自然に浮かんだのが、瞑想の対象としてあらかじめ選んだ人物のやや抽象的なイメージではなく、誰か別の人と経験した特に楽しかった記憶の方だということがよくあります。それはそれで構いません。親愛の情と慈悲を育む上で大切なのは、温かみ、優しさ、好感といった純粋な感情に身を委ねることなのです。

しばらくこの方法で実践を続ければ、そのうちもっと深いところへ進めます。今まで同様、まず適切な姿勢をとり、対象のない瞑想にしばし心を休めます。そのあと、親愛の情及び慈悲の対象となるものを心に浮かべます。瞑想の対象が決まりましたら、ここから先の道は二つ。まず一つめは、自分の選んだ対象が大変に悲しい、痛ましい状態にあると想像してください。実際その対象がもうすでに悲痛な状態にあるのなら、そうした境遇に対してただ心を致せばよいのです。いずれにしても、心に浮かべたイメージによって愛や絆といった深い感情、助けたいという切実な欲求が自然に起こってきます。自分が好む人やものが苦しんでいると心が張り裂けるのです。ところが、張り裂けた心はすなわち開いた心です。心が張り裂けることによって、愛や慈悲が迸《ほとばし》るきっかけとなるのです。

いま一つは、自分が選んだ主題に軽く注意を向けつつ、「自分はどのくらい幸せになりたいのか、どれほどの痛みや苦しみを除きたいのだろう」と自問することです。できるだけポイントを絞って考えてみてください。例えば、ものすごく暑い場所に閉じ込められたとしましょう。涼しい、広いところに出たいと思いませんか。体のどこかが痛ければ、その痛みが収まればいいと思いますよね。自分なりの答を考えるうち、注意が徐々に自分の選んだ主題に向いていって、同じ立場にいればその主題、つまり念頭においた人や動物などが、どのように感じるか想像するようになります。この方法に就けば、他の存在に心を開くばかりか、自分が悩まされている苦痛や不快感もいつしか霧散していきます。

自分の知っている、もしくは好んでいるものに対する親愛の情ないし慈悲を養うことはもう難しくありません。なぜなら、その相手が愚かな振る舞いをしたり強情だったりして、いっそ殺してしまいたいと思うことがあったとしても、心の底ではそれらを愛しているからです。同じような心の温かさ、親近感を何か知らないものに向けるのは少し難しい――嫌いなものに対してはさらに難しいでしょう。

少し前にこんな嫁姑の話を聞いたことがあります。四、五十年前の、中国でのことです。新婦は結婚後、新郎の家に入りましたが、ほどなく家事をめぐって姑といさかいが絶えなくなりました。嫁姑の反目は日に日に深刻になり、ついには顔も合わさなくなる始末。嫁は姑のことを鬼婆だと憤り、姑は姑で、嫁は年寄りを大事にしないあばずれだと嘆きました。

関係がこのようにこじれた原因は実はどこにもありません。怒りが高じた挙句、とうとうこの嫁は姑を亡き者にしようと計らうまでになりました。嫁は医者のもとを訪れ、毒を求めました。姑の食事に一服盛ろうというのです。

年若い嫁の愚痴をひと通り聞いたあと、医者は毒を売ってもよいと言いましたが、「ただし、ここで効き目の強い毒をお前さんに出したら、嫁が姑に一服盛ったと誰もが言うだろうし、わしから毒を買ったということもすぐにばれるだろう。それはわしらにとって望むところではない。だから効き目の弱い毒を出す。これだとすぐには死なん」。

そして、この毒を用いるあいだは姑をねんごろに扱うようにと、医者は嫁に言いふくめました。「食事を運ぶとき、笑顔を絶やさんように。さあ召し上がれ、他に食べたいものはございませんか、などと言うのだ。へりくだって、やさしく。そうすれば誰もお前さんを疑わんはずだ」。

嫁は承知して、毒を持ち帰りました。その夕べからさっそく姑の食事に毒を盛り、恭しく膳をしつらえます。二、三日もすると、下にも置かない扱いを受けた姑は、嫁に対する考え方をあらため始めました。「あの娘も満更あばずれじゃなかったねえ。私の思い違いだったかしら」。そして少しずつ、姑は嫁に従うようになり、嫁の作った料理、家事のさばき方に対してお世辞の一つも言う、はては近所のうわさ話を面白おかしく喋るまでになりました。

姑と同様、嫁の方にも態度や振る舞いに変化が見られたのは当然です。嫁も思い始めました。「お義母さん、案外悪い人じゃなかったわ。実は、いい人みたい」。

そうこうするうちひと月ほどが過ぎ、二人はとても仲のよい友達のようになりました。関係もよくなりましたので、ある日を境に嫁は毒を盛るのをやめました。すると今度は心配になってきます。毎日の食事のこと、すでに多量の毒を盛ってしまったのだから、姑は死んでしまうかも知れません。嫁は医者を再び訪れて、「私、間違ってました。義母は実はいい人だったのです。毒など盛らなければよかった。後生ですから、義母に飲ます解毒剤を下さいな」。

医者は嫁の話を聞いたあとも黙って座っていましたが、「すまんが、力にはなれんな。解毒剤などない」。

嫁は気も狂わんばかりに取り乱し、かくなる上は自殺するしかないと、泣いて訴えます。

「どうして自殺などと言い出すのだ」

嫁は答えて、「だって、あんないい人に毒を盛って、そのせいで死んでしまうんですよ。私の犯した怖ろしい罪をつぐなうには、自殺しかありません」。

医者はまたしばらく黙っていましたが、そのうちくすくすと笑い出します。

「どうして笑ったりするんですか」

「それはな、お前さんは何も悩むことはないからだ。解毒剤などないというのは、はなから毒など処方しとらんからだよ。あれは香草で、飲んでも害はない」

私はこの話が好きです。人の経験というものがいかに自然に変化するかを端的に表しているからです。当初、嫁と姑は互いに憎み合っていました。どちらも相手をひたすらひどい人間だと思っていたのです。しかし、相手に対する接し方を変えると、互いに互いを違う観点から見るようになりました。二人とも相手のことを基本的には善人だと考え、次第に親友のようになっていきます。人となりは両方とも実際には変わっておりません。変わったのはものの見方だけなのです。

この手の話のよい点は、初対面の印象は誤っていることがあることを、私たちに否応なく考えさせるところにあります。そうした誤りを犯したとしても、自分を卑下するには及びません。単に知らなかっただけなのです。さいわいなことに、こうした誤りを修正するばかりか、将来そのような誤りを二度と起こさないための瞑想の実践法をブッダは遺しています。この実践法は「自他交換」と呼ばれ、自分の好むところでない誰か、あるいは何かの立場に自分が立つことを意味します。

自他交換の瞑想はいつ、どこでもできますが、やはり正式な実践法にそって行うことで、基本的なことが身につきやすくなります。正式な実践法というのは、携帯電話に充電することとちょっと似ております。充電さえしておけば、いろいろな場所や環境下で長時間使えるようになります。そのうち電池が切れてきますと、また充電します。電話に充電することと、親愛の情や慈悲を育むこととの大きな違いは何かと申しますと、後者の場合、正式な実践法を経ることによって、他者に対する慈悲深い対応が一定の神経回路を生成して、最後には「充電」する必要がなくなる、ということでしょうか。

正式な実践法の最初のステップは、例によって正しい姿勢をとってしばし心を休めるところから始めます。そして、自分の好まない誰か、あるいは何かのことを心に浮かべます。自分の感情を評価してはいけません。ただ感じるにまかせるのです。評価とか正当化ということを脇に置けば、心はかなりの程度開かれ、「明晰さ」が得られます。

次のステップは、自分が感じていること――怒りや嫉妬、欲望など――が何であれ、その感情自体が今経験しつつある心の痛みや苦しみの源泉なのだと認めることです。感情の対象、つまり心に浮かべた人やものではなく、それらに対して自分の心に起きている反応こそが、痛みの元なのです。

例をあげましょう。自分に対して冷淡な、批判がましい、あるいは見下したことを誰かが言ったとして、その誰かのことに注意を向けるとします。自分に対してひどい嘘をついたような人でも構いません。次に、実際に起こったことというのは、誰かが音声を発し、それを自分が聞いた、というに過ぎないことを認めます。音に対してじっと耳を傾ける瞑想の経験をお持ちであれば、「自他交換」のこうした局面にも違和感はないと思われます。

さて、ここから先は三つの道があります。まず一つ、これがもっともありそうなことですが、怒りや罪の意識に身も焦がさんばかりになる。

二つめ（こういうことはあまりなさそうですが）、「音に対する瞑想をもっと行っておけばよかった」と後悔する。

そして三つめは、自分が苦痛に感じることを言ったり行ったりする人間を、自分自身と置き換えて想像する。その人物の言動は、本当に他人を傷つけようとしてなされたものか、あるいは自分自身の痛みや怖れを軽くしようとしたのか、自問してみてください。

ご明察の通り、たいていの場合、答えは明らかですね。人が他人の健康状態や家族関係、あるいは仕事上の悩みなどについて、うわさ話をしているのを小耳にはさんだ経験が誰にもあろうかと存じます。その他人の立場が具体的にどういうものかを知らずとも、自分自身に対する慈悲を育み、それを他者にまで広げる実践をなされば、うわさ話の主の行動にひそむ動機はただ一つ、つまり安心感、幸福感を得たいという点に尽きるということがおわかりになるでしょう。他人を傷つける言動をあえてする人々は、自分自身、安心感、幸福感を得ていないのです。言い換えれば、そのような人々は怖れているのです。

怖るべきものとは何か、もうご存じですね。

他人に関してこのような認識を持つことが、「自他交換」の本質なのです。「自他交換」のもうひとつの方法として、「中立的な」対象を選ぶということがあります。直接よくは知らない人やもので、その苦しみについては何となく想像できる、そういう対象です。飢えや渇きで死に瀕している外国の子供。鉄製のワナに脚をはさまれてもがいている動物。これら「中立的な」人や動物は、自分の力ではどうすることもできない絶望的な苦しみを経験しているわけです。その痛みやそこから逃れたいという願望は容易に理解できるでしょう。基本的な欲求はあなたにも共通のものだからです。ですから、もしそれらの人や動物を直接は知らなくとも、その心の状態、痛みや恐怖といったことは認識できるわけです。慈悲をこのようなかたちで――好きでないものや知らないものに対して――広げることで、怠惰な羊に堕さずに済むと、私は大いに請け合います。

レベル2

すべての生き物が幸せで、また幸せを生み出すように。

――四弘誓願《しぐせいがん》

計り知れない親愛の情と慈悲を生み出すための特別な瞑想法があります。チベット語で「トンレン」。この語は「送り出すことと取り込むこと」という意味を持っています。

トンレンは極めて簡単な実践法で、想像力と呼吸をただ同調させればよいのです。最初のステップとして、幸福を得たい、苦しみを避けたいと自分が望んでいるのと同じく、他者もそう望んでいるのだということを認識します。特定の人やものの姿を目に浮かべる必要はありませんが、その方がやりやすいならそれでも構いません。この「取り込みと送り出し」を実践するうちに、自分で想像しうるものからすべての知覚あるもの――動物や昆虫、あるいは目に見えない未知の世界に住むものどもにいたるまで、その対象はいつしか広がっていきます。

私が教わった要点は、宇宙は無数の「存在」で満ち満ちているということを忘れない、ということで、それにはただ次のように考えればよいのです。「私が幸福を望んでいるように、生きとし生けるものすべてが幸福を望んでいるのだ。苦難を避けようと望むのも同じ。私は一人に過ぎないが、他の生きものは数え切れない。数え切れない無数の幸福は、たった一人のそれよりも、さらに重要なのだ」。こうした考えを心にめぐらせるうちに、いつしか他者が苦難から逃れられるよう望んでいる自分に気がつくでしょう。

正しい姿勢をとり、心をしばし休めることから始めてください。そして、一切の衆生に、自分の持つすべての幸福を送り出すよう息を吐き、相手の苦しみを取り込むように息を吸うのです。息を吐くときには、自分がこれまでに得たすべての幸福、恩恵を思い浮かべ、息があたかもまばゆい光のように万物に行きわたって染みとおり、それらのすべての欲求を満たしつつ苦痛を取り除く、そんなさまを想像してください。息を吐き出し始めるとただちに光が万物に触れ、吐き出し終えたら光がそれらの中に染み込んでいくところを思いえがくのです。息を吸うときには、一切衆生の痛みや苦しみが幽かな、くすんだ光となって、鼻の孔から吸い込んだその光が自分の心に溶け込む、そういう風に想像してください。

この実践法を続けるあいだは、すべてのものが苦しみから逃れ、法悦と幸福に満たされると想像するのです。これをしばらく続けたあと、心を休めてください。そのあとまた実践に戻ります。トンレンと休息を交互に繰り返すのです。

心に映像を思いえがく一助となるのなら、背筋をぴんと伸ばして腰掛け、両拳を軽く握って太腿の上にそっと載せるのもよいでしょう。息を吐くとき、すべてのものに光があまねく差すさまを想像しながら、握った拳を開いて太腿からひざへとすべらせます。吸うときには、開いた手を戻しながら軽く拳を作って、苦痛を表すくすんだ光をわが身に引き寄せ、自分の中に取り込むことを思いえがくのです。

宇宙は多種多様な存在で満たされており、その一々を想像することさえ難しいのですから、それらに直接手を差しのべることなど到底できません。ところがトンレンの実践により、無数の生きものに対して心を開いて、それらの幸福を願うことができるのです。その結果、心はより清澄に、穏やかに、より集中し覚醒した状態になって、直接間接を問わず、他者を助ける力がさまざまなかたちで育まれることになります。

チベットの古い民話に、すべてを包括するこの種の慈悲を育むことの功徳を説いたものがあります。一人の旅人がおりました。来る日も来る日も山を越えて歩き、荒れてごつごつとした道のせいで絶えず足が痛い。靴をはいていなかったのです。この男はやがて死んだ動物の皮を集め出し、それらで山道の岩やいばらを覆いました。しかし、大変な骨折りにもかかわらず、覆うことができたのはせいぜい何百平方メートルかに過ぎません。ようやく頭に浮かんだのは、皮はほんの少しでいいから、それで靴を作れば、足を痛めることなくいくらでも歩ける、ということでした。足を皮で覆いさえすれば、地球全体を覆ったのと同じことになるのです。

争い、感情的な態度、悲観的な考え方など、それらが発生するたびいちいち対処しようとする態度は、この民話の旅人が皮で世界を覆ってしまおうとするのに似ています。そうではなくて、愛情のこもったやすらかな心を育むという方法をとれば、人生におけるあらゆる問題に対して、民話が示したのと同じ解決をみることになるでしょう。

レベル3

本物の慈悲の力に気づいた人は、他者の幸福のために体を動かし、声に出し、心に思う、そのような働きが十分できるようになるだろう。

——ジャムグン・コントゥル

菩提心——悟りを得た心——の実践というのは、ともすると魔法のように見えるかも知れません。

すでに完全に悟ったものとして他者を扱うと決めたとたん、まだ悟ってないものとして扱う場合と比べて、ずっと前向きで確信に満ちた、平穏なかたちの反応が返ってくるのです。実際には、魔法めいたことなど何もありません。それぞれの潜在能力を十分に認めた上で人々を見、接すればよいのです。そうすれば彼らもまた自分にできる限りの対応をしてくれます。

前にも申しましたが、菩提心には二つの相、すなわち「絶対的菩提心」と「相対的菩提心」があります。「絶対的菩提心」とは、本性をじかに洞察することです。「絶対的菩提心」、すなわち完全に悟った心には、主体と客体、自己と他者、といった区別は存在せず、一切衆生は仏性の完全なるあらわれであると自然に認識されます。もっとも、「絶対的菩提心」をただちに感得できる人はごくわずかです。実際、私もすぐにはできなかった口です。ほとんどの人と同じように、「相対的菩提心」という、もっとゆっくりと進むべき道に従って修行を積まねばなりませんでした。

この道が「相対的」と形容される理由はいくつかあります。まず第一に、「絶対的菩提心」との「相関」性があげられます。両者には「仏性」、つまり悟りを開いた心をじかに感得するという共通の目的があります。ものにたとえるとすれば、「絶対的菩提心」はビルの最上階、「相対的菩提心」はその他の下の階、といったところでしょうか。どの階も同じ一つのビルの一部分ですが、下の階はどの階も最上階とは相関的な関係を持っています。最上階に上り詰めるには、下の階をすべて通過せねばなりません。第二に、「絶対的菩提心」を達成した暁には、一切衆生のあいだに区別がなくなります。どの生き物も仏性の完全な現れと理解されるからです。いっぽう、「相対的菩提心」を実践する途上においては、私たちは依然として主体と客体、自己と他者という関係性の枠組の中で活動しています。そして最後に、多くの偉大な師、例えばジャムグン・コントゥルがその著作で表しているように、「絶対的菩提心」を育むには「相対的菩提心」をいかに育むかにかかっている、ということです。

「相対的菩提心」を育むにあたっては常に二つの相がついてまわります。「希望的菩提心」と「実践的菩提心」とでも申しましょう。「希望的菩提心」には、一切衆生を各々の仏性を認識できる境地にまで引き上げてやりたいと切に願う、その気持ちを育むことが含まれます。まずこう考えることから始めましょう。「私は完全な悟りを得たい。生きとし生けるものが、その同じ境地に達するのを助けるために」と。「希望的菩提心」は、修行の成果、結果に注目するものです。その意味で、これはすべてのものをどこかの目的地――例えばロンドン、パリ、ワシントンDC、といった場所に連れて行く、そのようなことを眼目としています。もちろん、「希望的菩提心」でいう「目的地」とは心の完全な悟り、すなわち「絶対的菩提心」であるのは言うまでもありません。いっぽう、「実践的菩提心」ですが、これは経典では目的地に到達するための実際の手段にしばしばたとえられ、「希望的菩提心」の目的地、つまり、自らの仏性を認識することによって、知覚を有するものすべてが苦しみから解放される、その境地までの道程に注目します。

すでに申しましたように、「相対的菩提心」を実践する途上では、私たちは他の生きものを二元論的に見る見方に依然としてとらわれる傾きがあります。しかし、自分だけでなく、一切衆生を仏性を完全に認識しうるレベルにまで引き上げたいと発心すると、奇妙なことが起こります。「自己」と「他者」という二元論的な見方は徐々に消え、自分と他者の両方を助けるための智慧と力が湧いてくるのです。

生活面においては、「相対的菩提心」を育てると、日常、他者を扱うそのやり方に確かな進歩が見られますが、そのためには多少の努力が必要です。自分の意見に従わない人を非難したりしませんか。ほとんどの人は蚊やゴキブリ、ハエなどを何の気なしに叩き潰しますね。「相対的菩提心」を育むことの本質は、虫を叩き潰すことと、意見の合わない人を非難することとが、基本的に同じだと認識するところにあります。戦うべきか逃げるべきか、という問答は私たちの爬虫類脳、あるいはもっとぶしつけに申し上げれば、私たちのワニ並みの性質に深く埋め込まれているのです。

そこで「相対的菩提心」を育むための第一歩として、「自分はワニか人間か、どちらなのか」をまず決めましょう。

ワニを選べば、確かに有利な点がいくつかあります。敵を威嚇することにすぐれ、生き残り術にも長けています。ところが、愛したり、愛されたりという経験に乏しい。友達もいません。子を育てるという喜びも知りません。絵や音楽を楽しむこともないでしょう。ワニは笑うことができません。その成れの果ては、多くは革靴です。

この本をお読みになって思索を深めたあなたは、滅多なことでワニをお選びにはならない。といっても、きっとワニのごとくに振る舞う人間と直面した経験が、少しはおありでしょう。「相対的菩提心」を育む第一歩は、「ワニ」人間に対する嫌悪を捨てて、彼らに対して慈悲の心を向けることです。

彼らは人生の豊かさ、美しさをどれだけ逸しているか、自分ではわかっていません。いったんそう決めてしまえば、「相対的菩提心」を生きとし生けるもの――本物のワニはもとより、あなたを悩ませ、脅し、嫌悪感を催させる生きもの全般――に広げることはもっと簡単になります。一瞬立ちどまって、これらの生きものがいかに多くを失っているかを考えてみれば、あなたの心はほとんど自動的に彼らに向けて開かれるはずです。

実際には、「希望的菩提心」と「実践的菩提心」は硬貨の裏表のようなものです。いずれの一方も他方を欠いては存在し得ません。「希望的菩提心」とは、生きとし生けるものが、痛みや苦しみから完全に脱却した幸福な状態を得る、そのことをどこまでも応援する心構えを育成することです。実際に彼らを自由にしてあげられるかどうかは問題ではありません。重要なのはあなたの意思なのです。対するに、「実践的菩提心」には、あなたのその意思を実行に移すのに要する諸活動が含まれます。いずれか一方の相に傾注するだけでも、他方を促進する力は強まります。

「実践的菩提心」を行うのには、多くの方法があります。例えば、盗みをしたり嘘をついたり、陰口をたたいたり、故意に人を苦しめようと行動したり、そのようなことどもをなるべく遠ざけること。他者に対して寛容であること。争いを仲裁すること。短気を起こさず、静かに優しく話すこと。他者に幸あれば、それを妬むことなく、ともに喜ぶこと。このように振る舞ってこそ、瞑想の経験が日常生活のさまざまな場面に広がるのです。

すべてのものを、完全な自由と、本性を認識する幸福へといざなうこと。これにまさる偉大な考えや勇気など存在しません。ただし、このような意思が達成されるか否かは、さほど重要ではありません。意思はそれ自体大きな力を持っていますので、それに従って行動すれば心もさらに強くなります。苦悩は消え、他を助ける手法にもいっそう磨きがかかります。そうこうするうち、自分自身の幸福のための土台と環境が整ってくるのです。

第14章　いつ、どこで、どのように実践するか

純粋かつ力強い自信……これは時間をかけて築くべきものだ。
――第十二代タイ・シトゥ・リンポチェ

次のようなことをよく訊かれます。

「どうしてこんなに多くのやり方があるのですか。私に合うのはどれですか」

ざっと見回して、その気質と能力においてまったく同じ人間など、この世に二人と存在しないことは認めざるを得ないでしょう。言語に秀でた人がいます。口で説明されればすぐに呑み込みますし、物事を言葉で伝えることも好きです。「視覚的」な力に優れた人もいます。図や絵で説明されるのが一番わかりやすいといいます。聴覚のすぐれた人、味覚に長じた人。分析力に長けた人は、複雑な数式を簡単に解いてみせます。「詩心」のある人は、隠喩、類推を駆使して世界を言い表すことに精通しています。

自分に合った手法を選ぶ

「心の充実」に気をつけつつ、休みなさい。
――ギャルワ・ヤン・ギョンパ

異なった環境には異なった尺度を以って臨まねばなりませんので、できるだけ多様な準備をしておくに越したことはありません。この法則は人生のほぼ全局面において当てはまります。例えば仕事上の人間関係。時間をかけて構築したり、がらりと変えてみたり、連絡方法ひとつとっても、メールや電話、あるいはむしろ対面が効果的なことだってあるでしょう。

瞑想も同じで、最適の方法というのは、個人の気質や能力にもよりますが、その時その時の状況にも大きく左右されます。悲しみ、怒り、怖れといった感情を扱う場合、例えばですが、「トンレン」という実践法が最適の手がかりとなるかも知れません。あるいは感情そのものを瞑想の対象として、最も基本的な「シネー」法を行う方がよいこともあるでしょう。自分に最適の方法を見出すには、試行錯誤を繰り返すしかないのです。

要は自分にとって最も魅力的に見え、長続きしそうな方法を選ぶことです。「視覚」の人なら、心を鎮める実践の手始めとして「形に関する瞑想」をお試しください。身体感覚に敏感な人は、「スキャン」法を試したり、呼吸を整えることに集中するのがよいかも知れません。「言語」タイプの人は「マントラ」を唱えましょう。手法それ自体は問題ではありません。肝心なのは、いかに心を休めるかを知ること――手法に踊らされるのではなく、それを使いこなすことなのです。

心のはたらきは活発ですので、ただ一つの手法に頼るとすぐに飽きるかも知れません。数日、数週間、あるいは数か月と、ある特定の実践法を続ければ、「ああ、もう瞑想はいいや」などと考えるようになります。例えば「形に関する瞑想」から始めたとしましょう。とても素晴らしい、心が鎮まる、などと初めは思えます。ところが、ある日突然、何の理由もなしに飽きてしまう。「形に関する瞑想」という考え方そのものに嫌気がさすのです。それはそれで構いません。「形に関する瞑想」は捨てて、今度は別の、例えば「音に関する瞑想」を試しましょう。

しばらくは新しい手法が新鮮で面白く感じます。「ああ、こんなにすっきりするのは初めてだ」などと思えるでしょう。ところがまた少し経つと徐々に飽きてきます。それでもいいのです。音に関する瞑想に飽きたら、におい、自分の思考、呼吸法などを対象に、また別の瞑想法に就けばよろしい。

ブッダがなぜこのように数多くの瞑想法を教授したか、もうおわかりですね。テレビ、インターネット、ラジオ、MP3、電話など、これらが発明されるずっと前に、人間の心がいかに落ち着きのないものか――愉しみを追い求めてやまないものかを、ブッダはご存じでした。心のこうした落ち着きのない本質を見越して、多くの方法を用意してくださったのです。

どの方法に就いても構いませんが、実践に際しては、対象へ集中することと、対象のない瞑想で心を休めることを交互に繰り返すことがもっとも大切です。何かを補助として瞑想を行う場合、心の平静の度合いを高めていくことが肝要です。そうすれば「物事を知覚するのと同じような、自分自身の心に対する気づき」が得られます。対象のない瞑想と対象をもとにした瞑想のあいだに心を休めると、それまでどのような手法を経験してきたとしても、その経験が自分のものになってきます。これら二つの状態を繰り返すことで、どのような手法に就いていても――自分の思考や感情を扱っていても、一見「場違い」と思われる人や状況を対象としても――起こることはすべて自分自身の「気づき」と密接に関係している、ということがだんだんとわかってきます。

短い時間で、回数を多く

すべての競争から自由であれ。
――ティローパ

正式な修行を確立することとは、長年にわたって形成された神経細胞による「うわさ話」を素通りするもっとも効果的な方法の一つです。「自己」という独立した固有の存在と「他者」という同じく独立した固有の存在を私たちに意識させるのは、神経細胞の「うわさ話」に他なりません。もし正式な修行のために時間を確保できれば、建設的な習慣を育むことになります。建設的とは、古い神経回路の結びつきを弱体化するだけでなく、自分自身の心眼を以って物事を認識するという新しい形式も確立される、という意味です。

さて、修行は一日のうちどの時間に行ってもよろしいのですが、私が教わったのは、やはり朝一番が最適だということでした。ひと晩ぐっすりと眠ったあと、心がもっとも爽快かつリラックスしたこの時間帯は、まだ毎日の仕事に煩わされることもありません。出勤などで家を出る前に修行の時間を設ければ、これから始まる一日の色合いを決定することにもなりますし、一日を通して修行に身が入りやすくなります。

とはいえ、正式な瞑想を一日の初めに行うには、都合がどうしてもつかないという方もおられますし、またそれを無理にスケジュールに押し込もうとすると、せっかくの修行も日々の雑用のように疎ましく感じられるかも知れません。そのような場合、それぞれが都合のよい時間を選ぶべきです――例えば昼休み、夕食後、就寝前など、いつでも構いません。

正式な修行を縛る「ルール」などはありませんが、実際的なガイドラインをひとつ示しましょうか。これは私の父が弟子全員に何度も言い聞かせておりましたが、覚えやすいように次のような標語で示してくれました。「短い時間で、回数を多く」。

私が人に教え始めた頃のことですが、瞑想の修行に入りたての弟子の多くは、とかく非現実的な目標を立てる傾きがあることに気がつきました。瞑想のためには人間としての限界ぎりぎりまで長時間、非の打ちどころのない姿勢で座っていなければならない、などと考えていたようです。弟子たちは瞑想のために閉じこもり、安らかな境地に埋没しようと試みました。ほんのしばらくはこうしたやり方も効果があるように見えました。たしかにある程度の平穏は感得できました。しかし心は常に揺れ動き、常に新しい思考、新しい感情、新しい感覚を求めてやみません。そこが問題です。瞑想とは、あるがままの心とともに行うことを学ぶ作業であり、ある種の仏教の戒律に押し込めようとする行為ではないのです。

何時間もぶっ通しに座り続けて瞑想を行うのが勤勉だと私たちは思いがちです。ところが真の勤勉とは、限界を超えてまで何かを強いることではありません。ただ最善を尽くす。達成を目指して取り組んだ仕事の成果だけを問題としない。勤勉とはそういうことです。極端なリラックスと極端な緊張のあいだの、心地よい中道を見出すことが真の勤勉です。

経典をひもときますと、ブッダの直弟子だったシタール奏者の話が見えます。教えを授けるにあたって、ブッダもこの男には手を焼いておりました。男の心が、あるときは集中し過ぎ、あるときは怠惰に過ぎるからです。例えば、集中するあまり瞑想はおろか、ブッダから授かった簡単な祈りの言葉を唱えることさえ忘れてしまいます。ところが、いったん心を緩めると、修行は完全にやめてしまって昼寝と相成ります。

ブッダはとうとう男に尋ねました。「家にいるときはどうしているのだ。楽器をひくのか」。

「はい、ひきます」と、男。

「うまくひけるか」。ブッダが訊きますと、

「はい。何せ私は、国で一番ですから」

「では、どのように奏でるのだ。音楽を演奏するとき、楽器の調律はどうしておる。弦を思い切り張るのか、あるいは随分ゆるめるのか」

「いやいや」。弟子は答えて、「弦は張り過ぎるとキンキン鳴りますし、緩いとボンボン鳴ります。調律が合うのはバランスがとれたときです。きつくても緩くてもいけません」。

ブッダは微笑んでシタール奏者と長いあいだ視線を交わしたあと、「瞑想に必要なのは、まさにその按配だ」と告げました。瞑想の実践に入ったら、まず不要な緊張を解くことが肝心だ、というのがこの物語の眼目です。現代人は毎日予定がぎっしり入ってますから、一日の初めに正式な修行のために確保できるのはせいぜい十五分くらいでしょう。五分を三回、あるいは三分を五回でも構いません。

初心の頃は特にそうですが、どのような時間に行おうと、修行のあいだは不必要な緊張を避けることが絶対に大切です。瞑想を行うに際しては、ちょうどジムに通うような感覚で臨んでみてはいかがでしょう。十五分ジムで運動するのと何もしないのとでは大違いです。たった十五分でも瞑想する方がしないよりずっとよろしい。五キロのバーベルしか挙げられない人もいますし、二十五キロ挙げられる人もいます。五キロの人は二十五キロを挙げようとしてはいけません。そんなことをすると自分に負担を強いることになり、結局はジム通いをやめてしまうでしょう。ジムで運動するのと同じように、瞑想においてもただ最善を尽くせばよいのです。限界を超えて背伸びしてはいけません。瞑想は競争ではありません。気軽に十五分間の瞑想を行う人は、頑張りすぎて何時間も費やした人よりも、結局は得るものが大きいのです。事実、自分ができると思うよりも短い時間で行うことが、瞑想におけるもっとも重要なルールです。四分できると思う人は三分で止めてください。五分の人は四分。こういう風に行いますと、次にまたやりたいと思うはずです。ここまでやったぞ、などとは思わずに、もっとやりたいな、あたりで止めておくのです。

短時間で行う正式な修行をさらに進めるには、菩提心を発することに少し時間を割くことです。他者の利益が実現するように願うのです。特に強く願う必要はありません。そうした動機を持つだけで十分です。しばしそのことに傾注しますと、そうした願いが真の重要性を帯び、個人的に深い意味を持っていることがわかってくるはずです。

心を開いた状態でしばらく過ごしたあと、またしばらくは対象のない瞑想に心を休めてください。どの実践法に就いたとしても、これは重要です。

心を休めてから菩提心を起こすまで、少なくとも一分は待ってください。そのあと、いずれの実践法にしても、一分半はたっぷり瞑想してください。対象は目に見えるもの、におい、音、それに思考や感情などいろいろ。慈悲に関する瞑想もありますね。そしてまた対象のない「シネー」法で心を三十秒ほど休ませます。

一回の修行の終わりに三十秒ほど、欧米では多く「成果の献呈」（回向《えこう》）と訳されていることを行います。公開授業でも個人レッスンでも、「なぜ最後にわざわざ成果の献呈などということをするのですか」という質問が数多く寄せられます。

修行の終わりに成果を献呈するというのは、つまり修行で得た心理学的、情緒的な力を他者にも分け与えたいという願望のあらわれであり、短時間で行える慈悲の実践法であるとともに、「自己」と「他者」の区別をなくすためのごくささやかな手法でもあります。これには三十秒ほどかかりますが、チベット語でも、何語で唱えても構いません。文句の意味はざっと次のようなものです。

この力によって、すべての存在が、
活力と智慧をたくわえて、
その活力と智慧から湧き起こる
二つのすずしい体を得られますように。

いくつかの宗派では——正直なところ、科学的な根拠は示せませんが——チベット語で誦《ず》される祈りの言葉は、実際にその音が何世紀にもわたって響きわたってきたのだから、すべからくこの言語で朗誦して太古の響きと共鳴させるべきだ、と考えています。ですから参考までに、大体の原音を紹介しておきます。

ゲワ・ディ・イー・チェ・ウォ・クン
シューナム・イェ・シェイ・ツォク・ヅォク・ネ
シューナム・イェ・シェイ・レイ・ユン・ワ
タンパ・ク・ニー・トプ・パル・ショク。

正式なチベット語でも他の言語を用いるにしても、修行の締めくくりに「シューナム」――チベット語で「精神力」や「精神力を養う能力」――を捧げることには、きわめて実際的な理由があります。私たちは何かよいことをしたとき、自然にこう考えます。私は何とよい人間だろう。瞑想もした。すべての生きものが本当の幸せを得て、苦しみから逃れられるようにと願いもした。これで私は何がもらえるだろう。私の人生はこれからよくなるだろうか。私はどうなるのか。

あなたの心にこれと同じ文句が浮かぶとは限りませんが、おそらくこれに近いでしょう。

そして、よいことを行ったのは確かです。

唯一の問題は、このように自分を称えると、自己と他者の相違という感覚を強めてしまうということです。「私はよいことをした」「私は何とよい人間か」「私の人生は変わる」などという考えは、自分は他者とは切り離された存在だとする思想をわずかながら助長します――そしてその思想が今度は、修行によって生み出された感覚、例えば慈悲、自信、安心感などの底にも流れることになるのです。

修行の成果を献呈することによって――いいかえれば、意識的か否かにかかわらず、皆が平和と充足への願望を分かち合うべきだという考えを述べることによって――自己と他者をめぐるあらゆる形式の区別を知覚する神経細胞の癖を、ごくわずかでも薄めることになるのです。

略式の修行

修行中に、心の本質を認めることを忘れないように。
——トゥルク・ウルギェン・リンポチェ

ときに、正式の修行の時間を毎日はとれないことがあります。重要な仕事上の打ち合わせの準備に何時間もかかる。重要な集まり、例えば結婚式とか誕生会などに出席する。子供や友人、配偶者などと大事な約束があるかも知れません。一週間の仕事に疲れ、週末はテレビを見たり、終日ベッドで過ごしたりしたいと思うこともあるでしょう。

正式の修行を一日か二日怠けるのは悪いことでしょうか。いいえ。修行によって得た変化はまた元に戻ってしまいますか。いいえ。一日か二日（あるいは三日）怠ければ、修行を始める前の心からまたやり直しということになりますか。これも答えはいいえです。

正式の修行というのは大したもので、一日にたった五分や十分、十五分の瞑想でものの見方が変わってきます。ブッダの初期の弟子のほとんどは農夫であり、牧童であり、放浪の民でした。作物や家畜の世話をしたり、家族を養ったりする合間に、それほど時間がとれるわけではありません。足を組み、腕を伸ばし、目は一点を見つめつつ、優雅に座って正式の修行をするなど、ほんの五分でも難しかったでしょう。羊が鳴けば、赤ん坊も泣く、テントや小屋に駆け込んできて、急な雨で作物があぶないと知らせる人がある。

こうした問題はブッダも理解しておりました。その出生と成長をめぐる伝説によれば、ブッダは裕福な王を父として、豪壮な宮殿で育ったことになっておりますが、実際はもっと貧しい家に生まれたようです。父親は十六の小国のうちの一族長に過ぎず、強大な王国に抵抗して戦いました。母は産褥で亡くなりました。父は跡継ぎの確保のため息子をまだ十代で結婚させました。ブッダは家を出て父の跡は継がず、政治や軍略にかまけるよりも、もっと深い意味をもつ人生を追求する道を選びました。

ですから、私たちがブッダのことを話すとき、正式の修行をする機会や余裕など、常にあるわけではないことを理解していた人として、その姿を念頭に置いております。彼が人類に残した賜物の一つに、瞑想はいつでも、どこででもできるという教えがあります。実際、瞑想を日常生活に持ち込むことは、仏教の実践における主な目的の一つといえます。日々の活動は何でも瞑想のきっかけとなり得ます。暮らしの中で思考を見つめることは可能ですし、味、におい、形、音といった身の回りで経験されることにしばし注意を向けてもよし、心に去来する数々の経験をただ意識するという素晴らしい経験に、ほんの数秒間、心を休めてもよろしい。

一方、略式の瞑想を行う場合、自分である種の目標を定めることが大切です。たとえば、一回につきほんの一、二分しかかからない瞑想を、日に二十五回行うとか。回数を数えておくのも有効です。第三世界の僧侶や遊牧民は数珠を用いて数えます。西洋では選択肢はもっと多く、小型電卓や携帯情報端末などが活用されます。もちろんメモ帳などに記入しても構いません。略式の修行で重要なのは回数を数えることであり、そうしておけば目標まであと何回かということがわかるわけです。たとえば、対象のない瞑想をしたら、これを一回と数える。それを終えて、再び試みれば、合計二回。

このような方法で瞑想を行う最大の利点は便利で手軽なことです。これは場所を選びません――海岸で、映画館で、仕事中でも、レストランでも、バスや地下鉄でも、学校でだってできます――瞑想を思い立つことがすなわち瞑想だということを覚えておけばよいのです。どのように瞑想を行ったかという問いに対する答えはどうあれ、瞑想をしようと思い立った回数を記録することが重要です。もし行き詰まったとしても、例えば年老いた雌牛は一日中外を歩いていて小便はどうするのか、といった話を思い出すとしましょう。顔に微笑みが浮かびさえすれば十分です。これは簡単かつ必要な実践法で、自分を楽にしてくれるものだと確認できればよいのです。

日に二十五回の短い瞑想が楽にできるようになれば、目標を五十回、あるいは百回へと徐々にあげていきましょう。主眼は計画を立てることです。そうしないと修行そのものを忘れてしまいます。毎日数秒から数分の瞑想を繰り返し、休んだり集中したりするあいだに心が安定してきて、いつしか晴れて本式の修行に臨むあかつきには、見知らぬ人と夕食をともにするような居心地の悪さは感じなくなっているはずです。自分の思考や感情、感覚などとはさらに親密な間柄となって、あたかも腹を割って話ができる旧友のようにも思えるでしょう。

略式の修行には他にも二つほど利点があります。第一に、日常生活にこの修行を組み込むことができれば、正式の修行のあいだは静かに穏やかでいるのに、いざそれが終わると、たとえば職場などでいらいらと怒りっぽくなるという弊を免れることができます。第二に、恐らくこちらの方がより重要でしょうが、瞑想するためには静寂な環境が必要だというよくある誤謬《ごびゅう》から徐々に脱却できます。

歴史上そのような環境を見出した人は一人としていません。気を散らすものはいたるところに存在します。山の頂上にのぼれば、町や職場と比べるとさすがに初めは静かに感じます。ところが心が落ち着くにつれ小さな音が聞こえてきます。虫の声、葉を揺らす風の音、鳥や小動物の気配、岩のあいだを滴る水――あなたのもとめた静寂はたちまち破られるのです。部屋にこもっての瞑想も同じです。窓や戸を閉め切っても、何かに気を殺がれるでしょう――体のどこかが痒いとか、背中が痛いとか、喉が渇いた、蛇口から水が滴っている、時計が気になる、上の部屋で歩く音がうるさい。どこへ行こうと、必ず邪魔が入ります。略式の修行による最大の恩恵は、邪魔ものがどんなかたちであろうと、どれほど不快であっても、それらにどう対処するかが学べることにあります。

いつでも、どこでも

瞑想によって出合ったものと仲間になること。
――ジャムグン・コントゥル

このことを念頭に置いて、日常生活で実践可能ないくつかの方法を考え、一見すると邪魔なように見えるものを、心を休める一助にするべく利用しましょう。古い経典ではこれを「人生を道にたとえよ」などといいます。

通りをただ歩くだけでも、「心の充実《マインドフルネス》」を育む材料にはこと欠きません。何かの用事で外出する、例えばスーパーに買い物に行ったり、レストランへ昼食に行ったりするとき、目的地に着いたあとで振り返ってみて、そこまでどうやって行ったか覚えてますか。判断力を欠いたサルすなわち心の意識が叛乱を起こし、気を散らすありとあらゆるものを振りまいて、今、ここをじっくり生きることはおろか、悟りをめざす集中や訓練の機会さえ失わせるという、古典的なたとえ話になぞらえることができます。ここでいう機会とは、まわりの状況へ意識的に注意を向けることです。建物や歩行者、通りを走る車、街路樹などをよく観察しましょう。目に見えるものに注意を向ければ、サルはおとなしくなります。心は落ち着いて、冷静さという感覚を育み始めます。

あるいは歩くという肉体的感覚に注意を向けてください。脚が動く感覚、足の裏が地面に着く感触、呼吸や心拍のリズム。もし急いでいたとしてもこうした注意は可能ですし、どこかへ急ぐときに通常ついてまわる不安に対抗する有効な手段ともなります。足早に歩きながらも、注意を自分の肉体的感覚や道行く人々、場所、その他のものどもに向けるのです。そしてただ考えるのです。「今、通りを歩いている……。今、建物を見ている……。今、Tシャツとジーンズの人を見ている……。今、左足が地面に着いた……。今度は右足が地面に……」。意識を自分の行動に差し向けると、気が散ることや不安は徐々に消えて、心はより平穏にくつろいできます。目的地に到着すれば、次の移動に向けてさらに心地よい、開かれた位置にいることがわかります。

同じ種類の注意は、自動車の運転にも、家庭や職場における日々の経験にも向けることができます。

目に見えるさまざまな対象をただ見るだけでよいのです。音を援用してもいいでしょう。料理したりそれを食べたりという単純な作業も実践の機会を提供してくれます。例えば野菜を切るあいだ、野菜の断片の色や形に注意を向けられますし、スープやソースの煮え立つ音などもいいでしょう。食べるときにはにおいや味に注意を向けてください。これらの実践の合い間に対象のない瞑想をはさんで、心を休めて開き、どんなものへも好き嫌いなしに注意が向けられる準備をします。

寝ているあいだでも、夢を見ているあいだでも、瞑想は可能です。眠りに落ちるにつれ、心を対象のない瞑想に休めるか、または眠気に対してそっと注意を向けるのです。眠りに落ちる際、次のように何度かそっと呟くことで、夢を瞑想に変えられるのです。「私は夢を認識する、私は夢を認識する、私は夢を認識する」。

結び

すっかり気分が落ち込んだときが、自分を助け、自分をくつろがせ始めるときなのです。
——チューギャム・トルンパ

瞑想はワン・サイズの既製品ではありません。人は誰もが気質、履歴、能力などの組み合わせにおいて独特なものを持っています。この事実をふまえて、ブッダは多種多様な方法を伝授することで、年齢も立場も違うすべての人々が自らの本性を認め、無知や嫌悪に由来する心の毒から本当の意味で脱却することを可能にしたのです。これらの手法のいくつかはごくありふれたものに見えるかもしれませんが、実際に仏教の実践法の真髄をあらわしています。

ブッダの教えの本質とは何か。正式の修行を通じて私たちは「空《くう》」、「智慧」、「慈悲」といったことがらを直接に経験することを学びますが、これらの経験とて、もし日常生活の諸相に関係づけることができなければ、意味のないものと化してしまいます。どのくらい「静穏」や「洞察」、「慈悲」が育まれたかを測るには、日常生活に向き合うほかないのです。

それでもブッダは私たちに自ら実践を試みることを勧めています。ある経典によれば、ブッダは弟子たちに自分の教えを額面通りに受け取るのではなく、自ら修行を通してそれを検証するよう促すのです。

黄金に対しては、火を近づけ、切りつけたり、擦《こす》ってみたりするだろう、
同じように、賢い僧侶は私の教えを吟味する。
私の教えをよく調べなさい、
根拠もなしに信じちゃいけないよ。

これと同じことを、私はあなたがたに問いかけます。その教えは本当にあなたの役に立っているか、自分で見極めなさいと。それにはいくつかの実践法が有効でしょう。そうでないものもあります。い

くつかの手法にはただちに親近感を覚えるいっぽう、他のにはもう少し精進が必要という場合もありましょう。瞑想の修行なんかしても、よいことなど何もないという人だっているかも知れません。それはそれでいいのです。もっとも肝心なのは、「静穏」、「明晰」、「自信」、「やすらぎ」といった感覚を生み出すものとして実践法をとらえ、実際にやってみることなのです。それができれば、あなたは自分だけでなくまわりの人すべてに恩恵を与えることになります。これはすべての科学、すべてのスピリチュアリズムがめざすべき目標ではないでしょうか。より安全で、より調和の取れた、より優しい世界に向けて。私たち自身だけでなく、来るべき世代のためにも。

第3部 果

経験は脳を変化させる。
――ジェローム・ケイガン

第15章　問題が起きたら

初めのうちは心はなかなか安定せず、休ませるのにも長い時間がかかる。
だが、忍耐強く続けるうち、心の静穏と安定は次第に育ってくる。
――ボカル・リンポチェ

瞑想に心を休ませればいくつかの素晴らしい経験が訪れます。少し時間がかかることもありますが、初めての修行なのに座ってすぐに訪れることもあります。これらの経験のうち、もっとも一般的なものは次の三つ、すなわち「至福」、「明晰」、そして「脱概念」です。

「至福」とは、私が教わったところによると、心身両面で味わう、いささかの翳《かげ》りもない幸福感、安楽で軽快な感覚をいいます。この経験がさらに高じると、あたかも目に見えるものすべてが愛によって成立しているように思えてきます。肉体的な痛みさえごく軽く、ほとんど気がつかない程度にまで薄まるのです。

「明断」は、物事の本性を見通すことができると感じられる、その感覚です。一片の雲もないよく晴れた日に、眼前の景色がずっと見わたされる、すべての現実をそのように見ることができる、そうした感覚といえばいいでしょうか。すべてのものがくっきりと見え、それぞれが意味を持って立ち現れる。心を乱す考えや感情も、この明るい景色の中ではそれぞれ落ち着くべき場所に落ち着きます。「脱概念」とは、心の完全な開放を経験することです。概念的な区分け、例えば私と他者、主体と客体など、どんな種類の条件付けによっても「気づき」を得た心が左右されない状態をいいます。始まりも中間も終わりもない、宇宙のように無限に広がる純粋な意識を経験すること。夢を見ながら目覚めている、夢の中で経験するすべてのことが夢を見ている当人の心と不可分であることを自覚している、そうした境地です。

　しかしながら、多くの場合、瞑想を始めたばかりの人はいざ座ってみても何も起こらないと訴えます。ごく短い間、非常に僅かではありますが、心の静穏を感じることもあるようですが、たいていは瞑想のために座る前も終わった後も、違いはほとんど感じられないというのです。そのような場合の失望感はよくわかります。さらに、方向を見失う感覚、つまり自分の慣れ親しんだ思考や感情、感覚が若干傾くような感覚にとらわれる人もいるようです。この場合、傾く方向はよい場合も悪い場合もあります。

　至福や明晰を味わっても、方向を失う感覚を経験しても、あるいは何も経験しなかったとしても、瞑想によって生じたことがらではなく、瞑想をしようという意思こそが大切なのです。「心の充実《マインドフルネス》」はすでに実現されているのですから、あとはそれと繋がりを持とうとすることが、それに対する「気づき」を育むことになるのです。こうして修行を続けるうち、次第に何かを少しずつ感じるようになるでしょう。日常の心の状態とは若干異なった、心の静穏、やすらぎといった感覚です。そういうことが経験されれば、乱れた心と、瞑想による落ち着いた心との違いは直感的に理解できるはずです。

初めのうちは、たいていの人にとって、あるがままの「気づき」のうちに心を長時間にわたって休めるのは非常に難しい。しかし、ごく短い時間でもよいのです。前にも説明しました通り、一回の瞑想のうちに短い休憩を何度も入れることを忘れないでください。心をしばし休めるあいだ深呼吸するなども効果的です。繰り返しが肝要なのです。

状況は刻々と変化するものです。真のやすらぎは変化に対応できる能力に存するのです。例えば、座って自分の呼吸に静かに集中している最中に、階上の住民が掃除を始めたり、近所で犬が鳴き出したりします。背中や足が痛くなったり、どこかが痒くなったりするかも知れません。わけもなく最近した喧嘩のことが脳裏をよぎったりもするでしょう。これらは常に起こりうるのです――そして、このことこそ、ブッダが数多くの瞑想法を授けたいまひとつの理由なのです。

このような邪魔が入ったとき、これも修行のひとつだと思うことです。自分の「気づき」をこうした邪魔ものに向けてご覧なさい。呼吸法の実践中に犬の鳴き声や掃除機の音が聞こえてきたら、音による瞑想に切り替えて、注意を音に向けて心を休めるのです。背中や足に痛みを感じたら、痛みを感じる心に注意を向ければよろしい。どこかが痒くなれば、掻けばよいのです。お寺で説教や読経が行われるのを見たことがある方なら、居並ぶ僧侶がしきりに体を掻いたり、座布団の位置を変えたり、やたらと咳き込んだりする場面に出合ったことが少なからずあるでしょう。事実、僧侶らは修行に真剣であればあるほど、姿勢を変えたり痒いところを掻いたり、意識的にそういうことをしているのです――痒いという感覚、実際に掻いている感覚、そして掻くことによって得る安堵の感覚に注意を向けているのです。

もし何か強い感情にとらわれたなら、前にも申し上げたように、その感情を経験している心に注意を向けるようにします。あるいは例の「トンレン」法に切り替えるのもよいでしょう。自分のその強い感情――怒り、悲しみ、妬み、欲望など――を瞑想の材料として利用するのです。

反対に、瞑想の実践に入ると、心が霧に包まれて眠気をもよおすという人も多いようです。何とか目を開けていよう、今行っていることに集中しようと、そんなことばかりに気を取られ、今日はもう瞑想はやめてさっさと寝床につこうかという誘惑に絶えず駆られます。

このような場合に対処するには、方法が二つあります。まず一つめ、これは五感に意識的であれという教えを応用したものですが、だるい、眠いという感覚そのものに注意を向けることです。別な言い方をしますと、だるいという感覚に支配されるのではなく、その感覚を利用するということです。座っていられないようでしたら横になってもよろしい。その場合も背筋はできるだけ伸ばしてください。

もう一つの解決法は簡単です。視線をあげて上を見ること。あごをあげて頭まで動かす必要はありません。視線だけを上に向けるのです。これは心を覚醒させる上で有効な方法です。逆に視線を下げると、はやった心を落ち着かせる効果があります。

だるさを覚えたり気が散ったりして、なおかつ以上のような対処法が効かない場合はどうするか。いったん中止して休憩しなさいと、私はふつう弟子に言います。散歩をする、家事を片付ける、運動をする、本を読む、庭いじりをする。何でも構いません。心と体の準備ができていなければ、いかに瞑想を試みようとしても意味がないのです。気が進まないのに自分に無理強いすると、瞑想そのものに嫌気がさし、つい目先の愉しみに走って怠りがちになります。そうなりますと、テレビの番組など何でも面白そうに思えてきます。

瞑想の実践が進んだ諸段階

種々の思考で濁った（心の）水を洗い流しなさい。
――ティローパ

瞑想を始めたばかりの初心の頃、その実践に入る前に比べてはるかに多くの思考、感情、感覚が湧き起こってくることを経験して、私は怖ろしくなりました。やすらぐどころか、心がかえってはやり出すのです。「心配ない」と師は口をそろえて言いました。

「心は悪い方には行っていない。今まで気がつかずにやり過ごしてきたさまざまな活動に、よく気づくようになっただけなのだ」

「雪どけ水」の経験

師はこの経験を春の雪どけ水があふれ出ることになぞらえて説明してくれました。雪がとけて山から洪水となって流れ落ちるとき、いろいろなものが一緒に巻き込まれる。岩や石くれ、その他もろもろが水とともに流れてくる。水の流れは速いので、流れてくるものの一つ一つを見分けることはできない。いろいろなものの破片で水は濁っている。それと同じで、精神的、感情的な「破片」によって心は曇りやすいのだ、と。

そして「ドルジェ・チャン・トンマ」という短い経文を教わりました。思考や感情、感覚が心に押し寄せたとき、この経文に助けられます。その一部をざっと訳しますと、

瞑想で大事なのは、気を散らさないことだそうな。
心が知覚するどんな思考も、それ自体は無だ。
思考の源につい休もうとする瞑想者を、
あるがままの心に休むよう助け給え。

世界各地で弟子と行動をともにしておりますと、瞑想の初心者が最初に遭遇するのがどうやらこの「雪どけ水」の経験らしいことがわかってきました。この経験に対してはいくつかの共通する反応が

見られますが、私自身もそのすべてについて覚えがあります。ある意味では私は幸運でした。これらをすべて経験することで、自分の弟子たちをさらに踏み込んだかたちで理解してやれるからです。そういっても、当人にとっては「雪どけ水」は大変な試練です。

「雪どけ水」をせき止めるために、思考や感情、感覚を故意にさえぎって、静穏、開放、やすらぎといった境地を何とか得ようとする試みがまず見られます。経験をさえぎろうとするこの試みは生産的とは申せません。精神的、感情的な緊張を生み、結局は肉体、特に上半身を凝り固まらせることになります。目をむき、耳をそばだて、首や肩が不自然なまでに凝ってしまう。私はこの状態を「虹の」瞑想と考えるようになってきました。雪どけ水の流れをせき止めて得た静けさは、虹のようにはかなく移ろいやすいものだからです。

かりそめの静けさを無理に得ようとする試みを放棄しますと、今度は「生の」雪どけ水が襲ってきます。それまでにせき止めようとしてきた種々雑多な思考や感情、感覚に、心が押し流されてしまいます。これはすでに第2部で説明しました「おっと」の経験の一種といえましょう――思考や感情、感覚を観察しようとして、かえってそれらに押し流されるのです。押し流されたと自覚したら、心の中で起こっていることをもう一度よく観察するよう努めてください。私はこれを「引っ掛かり」式瞑想と呼んでいます。経験に何とか引っ掛かって留まるのです。もし引っ掛からずに押し流されてしまえば、何らかの失望を感じることになります。

この「引っ掛かり」状態に対処するには二つの方法があります。気が散るままに押し流されることに対して抱いた失望感が非常に強かった場合、失望したという経験そのものに静かに心を休めてください。失望感がそれほどでなければ、気が散ってもそのままに捨て置き、覚醒した心を現在進みつつある経験に休めてください。例えば自分の体の諸感覚に注意を向けてもいいでしょう。頭は少し熱っぽく、心拍はやや速めで、首や肩も少し凝っているはずです。覚醒した心をこれらの経験、つまり今実際に起こりつつあることに休ませるのです。あるいは、注意をひたすらに向けたまま、押し寄せる雪どけ水そのものに――第1部、第2部ですでにお話ししたようなやり方で――心を休めるのです。

いずれのやり方で対処するにしても、「雪どけ水」の経験は、瞑想にまつわる先入観を捨てる上で重要な教えとなります。瞑想を行うことに対して何かしらの期待を抱くことで、その期待が後になって大きな障壁となることがしばしばあります。重要なのは、心の中で起こっていることを、あるがままに見つめるよう心がけることです。

また、諸経験の往来があまりに素早くて、それらを認識できないということもあり得るでしょう。思考や感情、感覚の一つ一つは、大きな池に落ちる水滴のように、一瞬のうちに池に溶け込んでしまう。しかしこれは大変によい経験なのです。対象を持たない瞑想の一種で、心のやすらぎを持続する実践法のうち最良のものといえます。「水滴」をつかみ損ねたといって自分を責めないように――それどころか、むしろ喜ぶべきです。自分の力で瞑想状態に入ったあかしなのですから。そこまでに至る人はなかなかいません。

修行をある程度続ければ、押し寄せる思考や感情が次第に落ち着きを見せ、そういった経験をより明確に吟味することができるようになってきます。思考や感情は常にそこにあるのですが、雪どけ水が塵《ちり》や澱《おり》をかき回すのと同じで、なかなか目に見えにくい。考え方の癖や諸々の雑音が心を曇らせる元凶となるのですが、瞑想によってそれらは鎮まり、それに伴って、普通の状態における意識下で絶えず起こっている活動が見えてくるのです。

思考や感情、感覚の一つ一つはまだよく観察できなくとも、その姿を垣間見ることはできる――前にお話しした、もう少しのところでバスに乗り遅れる、それに似た経験はある、という人は、それで結構です。思考や感情を観察し損ねた、という感覚は進歩の兆しであり、心が研ぎ澄まされて、ちょうど刑事が事件の鍵を見つけるように、ものの動きを追う準備が整ったことになるからです。

修行を続けるにつれ、諸々の経験に対して、以前よりも明確に気づくことができるようになります。この現象を説明するのに、私の師は強風に翻《ひるがえ》る旗の例をひきました。旗は風のままに絶えず翻ります。この旗の動きがあなたの心を翻弄する種々の出来事で、旗竿があなたに生来備わった「気づき」だと思えばいいでしょう。旗竿はまっすぐに、しっかりと立って、ぶれることなく大地に根ざしています。旗を翻す風がどんなに強くても、旗竿は動きません。

「川」の経験

修行を続けると、徐々にではありますが、心に去来する思考や感情、感覚の動きが必然的にはっきりと見えてきます。ここに至りますと、「雪どけ水」の経験から、師がいうところの「川」の経験に移ります。物事はまだ動いていますが、もっとゆっくり、静かに動くようになるのです。瞑想が「川」の段階に入ったことを示す最初の兆候として、さほど苦労しなくとも瞑想による「気づき」の状態に入るのを時々は自覚すること、自分の体の内外で何が起ころうとも、それらに自然な形で「気づく」ということがあります。正式な修行を行えば、「至福」、「明晰」、そして「脱概念」といった経験を、より明確なかたちで得ることができるでしょう。

これら三つの経験は同時に訪れることもありますし、一つが他の二つよりも強く現れることもあります。いずれにせよ、以前よりも体は軽く、緊張もほぐれたように感じるはずです。五感も以前より敏感に、あるいは「透明」度が増したように思えるでしょう。重くて息苦しい感じはもうありません。思考や感情もさほど強力なものではなくなります。これらは瞑想による「気づき」という「果汁」が浸透して、「絶対的事実」ではなく「一過性の印象」となるのです。「川」に入ると、心がさらに落ち着いたことを自覚します。心の動きを重大なこととしてとらえることなく、その結果、さらに大きな自信、開いた心を自発的に経験することになります。誰と会っても、どんなことを経験しても、またどこへ行こうと、自信や開いた心は微動だにしません。こうした経験がもし訪れなくとも、身の回りの世界が美しいと感じ始めるはずです。

こうしたことがいったん起こりますと、それぞれの経験のあいだのわずかな隙間を認め始めます。隙間は最初はごく小さい――「脱概念」とか「非経験」ということばが一瞬頭によぎる程度です。ところが時が経ち、心が落ち着いてくると、隙間は段々大きくなります。これこそが「シネー」法の真髄、つまり思考、感情、その他心の中で起こるさまざまな出来事のあいだの隙間を認識し、その中に心を休める能力といえます。

「湖」の経験

「川」の経験のあいだ、あなたの心にはまだ多少の波風が立ちます。しかし次の段階、私の師はこれを「湖」の経験と呼びますが、そこに至れば心はあたかも湖面のごとく、滑らかで、広々とした、開いた状態になります。純粋な幸福感を味わい、自信にあふれ、いささかも動じることなく、たとえ睡眠中であっても瞑想による「気づき」の状態を持続することができます。実生活においては依然としてさまざまな問題――否定的な思考、強い感情、その他――を経験するでしょうが、それらは瞑想による「気づき」をより深めるよい機会でこそあれ、もはや障害にはなり得ません。これは長距離走者が、走るのをやめようと抵抗する心の「壁」を破ってもう一キロ余計に走ることで、さらなる力を身につけようとするのに似ています。

同時に、あなたの肉体は「至福」に伴う軽みを感じ始め、「明晰」性が発達することで五感がさらに研ぎ澄まされて、ついには鏡に映る像のごとく明瞭なものとなります。「川」の段階ではまだ「判断力を欠いたサル」の心がいくつかの問題を提出しますが、「湖」の段階に至りますと、もうサルは退場しております。

仏教の古い説話によりますと、これら三つの段階を経ることは、蓮の花が泥中より咲き出ることにたとえられます。蓮は初め湖や池の底に沈む泥から芽を出しますが、水面上に花をつける頃には泥の跡を見せません。事実、花弁には泥をはじく性質があるようですが、これと同じで、心が「湖」の経験に至ったとき、執着や欲望といった輪廻《サンサーラ》にまつわる諸問題の痕跡はどこにも見えなくなります。そればかりか、古《いにしえ》の聖人らが持ち得た類の、例えば透視とかテレパシーといった優れた能力をも育むかも知れません。もしこのような経験をお持ちになったとしても、それを人に語ったり誇ったりせずに、師か、師にもっとも近い弟子の一人に打ち明けるにとどめてください。

仏教の伝統では、自らの経験や達成は他人にむやみに語らないことになっておりますが、これは自慢が慢心を呼ぶからであり、折角の経験を他者に対する世俗的な力に用いるという悪弊に陥って、自分にも他者にも害を及ぼさないようにするためなのです。こうした理由により、瞑想の修行はある種の誓願、誓約――サンスクリット語で「サマーヤ」――を要請します。瞑想によって得た能力の濫用を避けるためです。この誓約は核爆弾を誤って使用しないように結ぶ条約のようなものです。誓約を破ることはすなわち修行によって得た悟り、能力をすべて失うことです。

「経験」と「悟り」を混同すること

自分に属する物をすべて捨てなさい。
――ギャルワン・カルマパ九世

「湖」の経験は「シネー」法の最たるものと目されてはおりますが、それ自体が悟り、すなわち真の覚醒というわけではありません。修行における重要な一歩であっても、究極の目標ではないのです。「悟り」とは、輪廻《サンサーラ》や涅槃《ニルヴァーナ》の基礎となる「仏性《ぶっしょう》」を十全に認識することです。思考や感情、その他すべての感知できる経験から自由であること。自己と他者、主体と客体という二元論的な経験から自由であること。知識、智慧、慈悲、能力において無限であること、と言い添えておきましょう。

父はあるときこんな話をしてくれました。まだチベットに住んでいた頃のことだそうです。弟子の一人のある僧侶が山にこもって修行をしておりました。ある日、父に山まですぐ来てほしいとその僧から連絡がありました。父が山に行ってみますと、僧が興奮していうのに、「私は完全な悟りを開きました。空も飛べるのです。でも、まずは師の許しを得たいと思いまして」。

父にはわかっていました。その僧は自身の「本性」を垣間見た――あるいは単に経験した――だけなのだと。そこで父は冷たくいい放ちました。

「忘れなさい。あなたは飛べやしない」

「いやいや」僧は興奮して反論します。

「では、もしこの窟のてっぺんから飛び出せば――」

「やめておきなさい」父は僧のことばを遮ります。

両者は長いあいだ押し問答を続けましたが、ついには僧の方が折れました。

「そうおっしゃるのなら、わかりました。飛んだりしません」

昼どきが近づいていましたので、僧は父に昼食を用意することになりました。父の膳をととのえてから僧は窟を出ました。その直後、どすんという妙な音が聞こえました。窟のはるか下方から悲痛な声が聞こえてきます。

「助けてください。脚が折れました」

父は崖を降りて僧を発見しました。

「悟りを開いたのではなかったのかね。君の経験はどこに行った」

「経験なんておっしゃらないでください」僧は泣き叫びます。

「私は今、痛みの中におります」

もちろん慈悲の心を発揮して、父は僧を窟まで連れ帰り、折れた脚に副木《そえぎ》をあて、チベット流の治療を施しました。僧はこれを教訓として、以後ずっと肝に銘じたそうです。

父と同様に、私の師も常に口にしておられましたが、一時の経験と真の悟りとはしっかり区別せねばなりません。大空に漂う雲のように、「経験」は常に移ろいます。「悟り」――「本性」に気づき、その「気づき」が磐石なものとなること――は大空そのものであって、移ろう「経験」の背景にどっしりと控えています。

「悟り」を開くには修行を徐々に進めていくほかありません。一日のうちにごく短い時間、何回かに分けて行うことから始めるのです。「静穏」や「明晰」を得る経験が積み重なってきますと、短時間の経験でもそれによって徐々に長時間の実践へと発展して行きます。疲労が激しいとき、まったく気が向かないときは、無理に瞑想しようとしてはいけません。逆に、今が集中のときですよと、どんな小さな声でも心の中から聞こえるときは、どうぞ実践に入ってください。

「至福」や「明晰」、「脱概念」といった経験が訪れたとしても、これらに執着することなくすぐに手放すことも重要です。これらは確かに快い経験であり、本性と密接に関わっていることを如実に示してもいます。しかし、これらの経験は一旦得てしまうと失いたくない、ずっと持っていたいという誘惑に駆られます。これらの経験を心にとどめ、大切に思うことは問題ありませんが、しがみついたり、何度も思い出そうとしたりしますと、幻滅や焦燥といった感情にとらわれてしまいます。私もそうでした。同じ誘惑に屈して焦燥感を味わった経験があります。「至福」や「明晰」、「脱概念」の兆しが見えたら、それは心による自発的な経験として、あるがままに受け取るのがよいでしょう。

「至福」や「明晰」といった経験に執着しますと、経験そのものが持つ生きた、自発的な性質が失われてしまいます。単なる概念、死んだ経験と化してしまうのです。どんなに努力して保持しようとしても、徐々に色あせるのは避けられません。また、後で再現しようと試みても、以前に感じた味といいますか、思い出が残っているだけで、直接の経験そのものとは違っているのです。

私が得た最も重要な教訓は、積極的な経験が快いものであった場合、それに執着しないということです。心による経験はすべてそうですが、「至福」や「明断」、「脱概念」もまた自然に去来します。自分で作り出したり引き起こしたりできるものではありませんし、制御することも不可能です。これらはただ、心の持つ自然な性質なのです。これらの肯定的な経験が生じたとき、ただそこに立ちどまって、感覚が消え去るまで待つということを私は教わりました。「至福」や「明断」などの素晴らしい経験が訪れたときに実践法を中断すると、予想に反して、それらに執着しようと試みた場合よりも効果が長続きすることがわかりました。また、次回の瞑想が待ち遠しく感じられるようにもなりました。

さらに重要なのは、「至福」や「明断」、「脱概念」の経験が訪れた時点で瞑想を中断するのは、「ジンパ」、すなわち物事に執着する癖から脱却するための非常に有効な訓練となる、という事実です。素晴らしい経験への執着は瞑想にとってはまことに危険なことで、素晴らしい経験をすることは悟りの兆しにほかならない、とつい考えてしまいがちなのです。ただし、ほとんどの場合、本性を垣間見るのはほんの一瞬のできごとであり、太陽が雲に隠れるようにすぐに朦朧《もうろう》としてきます。こうした純粋な「気づき」の瞬間が過ぎれば、今度は心が直面する通常の状態、つまり倦怠、散漫、動揺といったことどもを処理せねばなりません。これらに向き合うことで育まれる力は、「至福」や「明断」、「脱概念」といった素晴らしい経験に固執していては決して得られないものです。

ご自身の「経験」を道案内や霊感の一種と考えてください。旅するときのように、まわりの景色を楽しんでください。景色はすなわちあなたの心です。あなたの心がすでに悟りを得ているのなら、もし旅の途中でしばし休んで、目的地に思いを馳せたとき、自分がすでにその目的地に達していることがおわかりになるでしょう。

第16章　内なる仕事

悟りを開くには――内から行うしかない。
――第十二代タイ・シトゥ・リンポチェ

教えを広めるために世界中をまわっていると、いろいろな言葉に出合うという特典があります。その中に一つ、米語の表現ですが、私の気に入ったのがあります。仲間内で行われる犯罪を指す言葉で、「内部の犯行《インサイド・ジヨブ》」。この種の犯罪に加担する個々人はふつう、どんな組織であれ、犯罪が露見しないように手の内をしっかり把握しているつもりで油断しがちです。ところが、たいていの場合どこかに遺漏があり、自らの行動そのものによって破綻するのです。

心の悩みに支配されることは、ある意味で「内なる仕事《インサイド・ジヨブ》」といえましょう。気に入ったものを失くすとか、できれば避けたい場面に遭遇するとか、そのような場合に感じる苦痛というのは、心について私たちが知ることのできる、あるいは知るべきであることがらを、すべては把握していないから生じるのです。無知にとらわれ、その解決を外部の何かにもとめる――その何かというのは、もともとの問題を引きおこした「無知」の反映に過ぎないのですが——そうした行動は、自分をさらに堅牢な監獄に押し込めるだけです。

思考や感覚の生物学的な仕組みについて、私は勉強したことを一つ一つ検証してみましたが、苦痛の監獄から逃れる道は一つしかなく、それは最初にとらわれるきっかけになったのと同じ種類の行動に立ち返るしかない、ということです。自分の心の中に自然に存在するやすらぎを認識しないかぎり、外側にある対象や行動に持続性のある満足は見出せません。

幸福とか不幸というのは「内なる仕事」の範疇にあるのです。

生き残りか繁栄か、それが問題だ

すべての幸福は「徳」から生じる。
——ガムポパ

子供のころ、幸福には二種類あると教えられました。「一時的な幸福」と「長く続く幸福」です。「一時的な幸福」は、心にとってはアスピリンの錠剤のようなもので、情緒的な苦痛を何時間か鎮めてくれます。「長く続く幸福」は、苦しみの底に沈んでいる原因を除くことで得られます。この両者の違いは、第1部で論じました「状態」と「性向」の違いに、いろいろな点で似ています。遺伝学的に申し上げれば、幸福をもとめる上で、ヒトは永続性のある「性向」よりも一時的な「状態」を指向するようプログラムされているのは明らかです。飲食や性交という行動によってホルモンを分泌させ、肉体的、精神的な快感を生み出すのです。ホルモンを分泌することで、個体の存続や遺伝子の次世代への伝達を確実なものにするための、「生き残り」を前提にした行動は重要性を帯びてきます。

ところが、こうした行動を通して得られる快感は、一時的なものであるべく遺伝学的に設定されているのだとも習いました。もし飲食や性交によって永続的な幸福感が得られるとすれば、一度行ってしまえばもう満足してしまって、種の存続をはかる作業には関心がなくなってしまいます。厳密な意味で生物学的に申し上げれば、生き残りのための衝動によって、私たちは幸福よりもむしろ不幸の方へと導かれる傾きがあります。

これは悲観的な面ですが、楽観的な面もあります。私たちの脳には生物学的な意味での「抜け道」が用意されており、それによって遺伝学上の素因の多くを克服することが可能になります。一時的な幸福を再生産するために同じ行動を強制的に何度も繰り返すかわりに、訓練を通じてもっと永続的な幸福を認識し、それを受け入れ、そこに心を休めることができるようになるのです。この「抜け道」とは、具体的には高度に発達を遂げた大脳の新皮質です。これは主に理性、論理、概念などを司る領域です。

巨大かつ複雑な新皮質を持つことによる欠点ももちろんあります。対人関係の清算からスーパーに行く時間の決定まで、選択の良否をめぐってあれこれと思い悩むあまり、決断をまったく下せなくなることもあります。ただ、多くの選択肢の中からどれかを選ぶという能力には、そうした欠点を無視して余りある利点があります。

脳を管理する

火をおこすための薪《たきぎ》、それ自体は火ではない。
――ナーガルジュナ（龍樹）

今日では脳が左右二つの半球から成ることはすでに常識となっています。いずれの一方ももう片方の鏡像ともいうべき似た形をしており、それぞれが小脳扁桃、海馬、それに新皮質の理性に関する処理の多くを司る前頭葉を備えています。「左脳」型、「右脳」型などとよく話題にのぼりますが、これは左脳のはたらきが活発な人は分析を好む知的なタイプ、右脳が活発な人は創造的で芸術家肌だとする俗説をいいます。この説の真偽は私にはわかりません。私が教わったのは、過去二、三年にわたる調査によると、ヒト、及び進化が十分に進んだ種（われらが友「判断力を欠いたサル」もそうです）においては、情緒を形作ったり経験したりする上で二つの前頭葉はそれぞれ異なったはたらきをする、ということです。

二〇〇一年にダラムサラで「心と生命研究所」の会議が催され、リチャード・デイヴィッドソン教授がある研究を発表しました。ウィスコンシン大学マディソン校のワイスマン脳画像及び行動研究室において、さまざまな種類の感情を起こさせるように集められた写真を何人かに見せて行った調査結果です。これらの写真は赤ん坊を優しく抱く母親から事故で黒こげになった犠牲者まで、被写体は千差万別です。被験者は二か月にわたって、二、三週に一度の割合でテストを受けました。喜び、優しさ、慈悲といった肯定的な感情を催す写真を見せられたとき、被験者の左前頭葉のはたらきが活性化し、逆に、怖れ、怒り、嫌悪といった否定的な方を見せられた被験者は右前頭葉のはたらきが活性化する、という明白な結果が出たのです。

言い換えれば、幸福、慈悲、好奇といった肯定的感情は左前頭葉の、立腹、恐怖、嫉妬といった否定的感情は右前頭葉の、それぞれの活動に密接に関係している、ということです。こうした関係性を特定することで、幸福や不幸についての生物学的な基礎研究が一歩前進したかたちで理解されますし、長い目で見れば、幸福に関する実践科学の発展にも大いに寄与するものと思われます。さらに、デイヴィッドソン教授とアントワーヌ・ルッツ教授による現在進行中の研究を理解するための重要な鍵となることでしょう。その研究とは、さまざまな段階の瞑想を経験した修行者と、瞑想の経験などまったくない被験者とを比較するものになるそうです。

その手始めとして、私は「予備研究」と聞きましたが――つまり、より特殊な基準と制御のもとで進められることになる臨床実験につなげることを目ざして、研究者に資するよう考案された一種の事前調査、とでもいいましょうか――ともかくそのような試みが二〇〇一年に行われました。予備研究の被験者は僧侶で、チベット仏教の何人かの高僧のもと、三十年以上も修行を続けてきた人です。あらかじめ注意しておきますが、この予備研究についてはまだ結果がすべて出そろったわけではありません。その理由として、第一に、そしてこれがもっとも重要なのですが、未発見の技術的問題をあぶり出すため、研究結果の吟味にはかなりの時間を要すること。第二に、研究結果をよく吟味することで、この研究に直接関係のある情報とそうでない情報を研究者が見分けられるようにすること。第三に、チベットの僧侶に関しては、言葉の問題もあって被験者と調査員とのあいだの意思疎通が困難であること。そして最後に、前章の終わり近くで申し上げましたとおり、チベット仏教の修行者には「誓約《サマーヤ》」に基づく自己抑制が自然とはたらきますので、然るべき師に対してでないと実際にどのような経験をしたのか、その性質については詳しくは語れないこと、などがあげられます。

この予備研究の目的は、被験者が三十年以上にもわたって続けてきた心の訓練の手法が、本人の脳のさまざまな部位における活動に明らかな変化を及ぼしているかどうか、それを見極めるところにありました。実験のこうした目的のため、僧侶はいくつかの種類の瞑想を行うことを要求されました。特定の対象を定めた瞑想、慈悲を起こす瞑想、対象のない「シネー」法（この僧侶はこれを「冷静沈着」の瞑想、つまり、特定の対象を持たず、冷静沈着な心にただやすらぐこと、と表現しておりました）などです。一分間休んでは特定の瞑想を一分間行う、その繰り返しでした。

予備研究のあいだ、僧侶の脳はｆＭＲＩ（機能的磁気共鳴画像）機でスキャンされ、その後二回、脳波計による計測が行われました――一回目は百二十八本の、二回目はその倍の二百五十六本のセンサー付きコードが用いられましたが、これは通常の病院で脳波を測る場合よりも遥かに多い数です。脳波計による実験風景の写真を私も見ましたが、大変おもしろいものでした。まるで何百匹もの蛇が僧侶の頭にまつわりついているようです。これらの蛇どもから集められた情報をもとに、マディソン校の研究室で開発されたプログラムで解析した結果、僧侶の脳の奥深くの、各部位における活動が地図として表されました。

脳をスキャンすることで得られた数々の複雑なデータをすべて振り分けるには、コンピュータを用いても数か月の時間を要するでしょうが、予備研究の最初の試験結果によれば、少なくとも僧侶の脳における活動内容の変化に呼応すると思われる神経回路の変化と、僧侶が実践した瞑想法とのあいだには、何らかの関係があるようです。一方、瞑想の訓練経験のない被験者に同じテストを施しますと、ある特定の課題を脳に行わせるとき、僧侶の場合よりもその能力は限定的なものにとどまりました。

さて、先日イギリスを訪れたとき、この実験についての話をしましたが、何人かの人にロンドン大学で行われた別の実験のことを教えてもらいました。これはロンドンのタクシーの運転手を対象にMRIを用いて行われたそうです。二年から四年を要する「知識」と呼ばれる研修を終了した運転手たちは、それによって複雑怪奇なロンドンの街路を頭にたたき込まれるのですが、いずれの脳にも海馬の領域で目覚しい発達が見られました。海馬は主に場所の記憶を司ると考えられています。ごく簡単に申し上げれば、繰り返しの経験によって脳機能の構造が実際に変化することが、この研究によって確認され始めたのです。

他人の感情や感覚を認識する能力は哺乳類に特有のもので、大脳辺縁系が司ります。この能力は確かに価値のあるものですが、時に悩ましい存在にもなり得ます。いっそいかなる場合においても単純な反応を見せるだけの方がいいのではないか。死ぬか生きるか、食うか食われるか式の、白黒はっきりつけるやり方です。いや、そんな単純なやり方では、存在という観点からすると失うものが多すぎるでしょう。大脳辺縁系のおかげで、私たちは愛したり、愛されていると気づいたりできるのです。友情や社会の基本構造を培うことができるのです。社会を作ることで生き残るためのより大きな安全が確保でき、それが子孫の繁栄を約束することにもなります。大脳辺縁系はまた、美術や詩歌、音楽などに惹起される繊細な感情を私たちに味わわせてもくれます。たしかにこうした能力は複雑で扱いにくい。でも、次にアリやゴキブリを見かけたとき、彼らのように絶えず戦々兢々として単純な世界に生きるのがよいか、愛や友情、希望といった複雑で繊細な感情を持ち、美を堪能できるような、そんな生活がよいか、ちょっと考えてみてください。

大脳辺縁系には二つの異なる、しかも互いに関連する機能があり、それらは親愛の情や慈悲の心の発達に大いに関係します。一つは神経科学の世界でいう「辺縁系的共鳴」——これは別々の脳と脳のあいだに働き、顔の表情、フェロモン、体や筋肉の動きなどから相手の感情を認識する機能です。辺縁系がこれら繊細な兆候をいかに素早く処理するか、その速度は驚くべきで、そのおかげで私たちは他人の感情を認識するだけでなく、それに応じた肉体的反応を調整することができるのです。自分の心を観察して、移行や変化に注意を払う訓練を受けていなければ、多くの場合「辺縁系的共鳴」は無意識のうちに起こります。この素早い調整力は、脳の敏捷性を示す奇跡にも似た一例でしょう。

二つめの機能は「辺縁系的改訂」と呼ばれるもので、簡単に申し上げれば、辺縁系における神経回路を変化させる、つまり「改訂」する能力です。これはラマ僧や療法士のような人との直接の交わりを通しても、あるいは何かひとまとまりの指示を伴う行為、例えば車の修理とかブランコの組み立てとか、そうしたことを通しても得られます。この部分の神経回路は変化に対して弾力的だという基本原則があります。ごく簡単な例をあげましょう。あなたがロマンチックな好意を抱いている誰かについて、別の友人に話をするとします。そしてその友人があなたにこう言ったとしましょう。「おやまあ。前にもそんなタイプの人と付き合ってひどい目に遭ったじゃない。あの時の苦しみ、もう忘れたの」。新しい人間関係を築くことを再考する原因となるのは、この友人が実際に発した言葉ではなく、むしろ彼あるいは彼女の声の調子や表情かも知れません。声や表情は自覚できるレベルにはとどまりますが、必ずしもそれらに意識が向いているとは限りません。

瞑想――特に、慈悲についての瞑想――によって新しい神経回路ができ、脳の中の異なる領域間の交流が促進されて、何人かの科学者が提唱する「脳全体の活性化」に至ると、私にはそのように思えます。

しかしながら、仏教の観点からしますと、慈悲についての瞑想を行うことで経験の本質に対する見方が広がるのです。自己と他者、主体と客体を区別したがる癖を心から除き、意識の分析的な面と直感的な面を一つにするのです。その境地はこの上なく愉快で自由にあふれています。

他者に対する親愛の情と慈悲を育む訓練を通して、辺縁系における作用をさらに意識的な「気づき」に結びつけることが可能になります。アントワーヌ・ルッツ、リチャード・デイヴィッドソン両教授の主導による脳研究の初期において（私もそれに参加しておりました）、対象のない慈悲についての瞑想——空《くう》と慈悲の統一を土台とした実践法——を行うと、いわゆる「ガンマ波」のはたらきが活発になるという発見がありました。脳における電気的活動による波動が脳波計によって計測されたのですが、これは脳のさまざまな領域で情報の統合が進んだことを反映しているとのことです。ガンマ波は極めて高い周波数を持ち、集中や知覚、意識、それに第1部でお話しした「神経同期」に関連があるとされています。脳の広い範囲で自然に同期するかたちでさまざまな神経細胞が交信する、その活動をガンマ波が仲介すると、多くの脳神経学者は考えています。

予備研究では、長年にわたって瞑想を行ってきた人はガンマ波の活動が活発であることがわかりました。瞑想を通して脳がより安定した、統合された状態に至ったことをこの結果は示唆しています。脳神経科学は比較的新しい分野で、それに要する技術も未発達です。瞑想の実践によって脳内の広い範囲にわたる交信が活発化するとはまだ断言できる状態にありません。それでもロンドンのタクシー運転手の件は、経験の反復によって脳の構造が変わることを示唆しているといっていいでしょう——つまり、思考や感情、感覚に関する経験を透明化することに集中すれば、脳の関連領域が変化するかも知れない、とも考えられるのです。

慈悲のもたらす果実

どんなに小さな成果であっても、大きな幸福をもたらしてくれる。
――箴言集

すでに申し上げた通り、瞑想を行うことは心や感情に充電するようなものです。「慈悲」は心や感情を扱う「技法」であり、充電した電池を正しい方法で利用します。わざわざ「正しい方法」などと念を押しましたのは、裏を返せば、間違った方法をとる可能性が常に存在するからなのです。「シネー」法を通してせっかく身につけた能力を、他者に先んじたり害を与えたりする目的で用いることで、自分の心と感情の安定を確保しようというのです。それはさておき、ある程度の経験を得たなら「慈悲」と「シネー」法はふつうは並行して実践します。

「慈悲」の瞑想を「シネー」法と組み合わせると、自分自身だけでなく他者にも恩恵を施すことになります。自分にも他者にも同じように恩恵を施していると気づくことこそが進歩なのです。

「慈悲」には相補性があります。心と感情の安定が進み、慈悲をもって理解することでその安定を他者にまで広げ、他者を優しく情のこもったやり方で扱うことで、あなたの目的、あるいは願望はより早く簡単に達成されるでしょう。その理由は、他者を慈悲を用いて扱う――幸福をもとめ不幸を避けたいという、自分と同じ願望を他者も抱いているのだと理解する――と、まわりの人たちもあなたに魅力を感じ、人を助けたいと思うあなたと同じ気持ちを、その人たちもあなたに対して抱くのです。

その人たちはあなたの話にもっと耳を傾けるようになり、あなたに対する信頼や尊敬も高まってきます。かつては敵と思われていた人からも尊敬と配慮をもって扱われるようになり、困難な仕事を手伝ってくれたりします。争いは以前より簡単に解消し、新しい人間関係を築くのにさほど心労を感じなくなって、職場での昇進も早まるでしょう。家族との関係もうまくいくはずです。それもこれも、「シネー」瞑想で充電し、充電によってより優しい、理解のある、情のこもった関係を他者と構築できたからなのです。ある意味で、慈悲の実践は「相互依存」の本来の姿を行動という形で見せることです。他者に対して心を開けば開くほど、他者もそれに応じてくれます。

慈悲によって心が開かれてくると、自分自身に対してももっと正直になれます。間違いを犯してもすぐにそれを認め、正す方向に踏み出せるのです。同時に、他人のあらさがしなどもしなくなります。人にどなられたり、意地悪なことをされたりしても、(自分でも驚くでしょうが)同じやり方で反発する気がなくなっていることに気づくはずです。

何年か前、ヨーロッパで教えを授けていたとき、一人の女性がやってきて、隣人との間で抱えている問題を私に打ち明けました。女性と隣人の家はごく狭い庭で互いが隔てられているだけです。どうやらその隣人は、彼女の庭に小さな物を投げ込んだり、植木にいたずらしたりするようです。隣人にその行為の理由をただしたところ、「人を困らせるのが好きだから」という返答でした。

ちょっとした「攻撃」がその後も続くにつれ、彼女も頭にきて、いっそ同じようなやり方で報復しようかとも考えました。「庭戦争」はだんだんエスカレートして、双方の敵意は増すばかりです。

憤懣《ふんまん》やるかたなしといった表情で女性は私に解決策を尋ねました。隣人のために慈悲の瞑想を行いなさいと私は答えました。

「それはもう試しました」と彼女はいいます。「効き目はありません」。

どういうやり方で行ったのかを聞いたあと、私は説明しました。慈悲の瞑想は、自分にとっていやな相手に対して親切心を抱くばかりではいけない。相手の行動の動機をいま少し分析することも必要で、それと同時に、相手の感情を理解する——相手も自分と同じように、幸福をもとめ不幸を避けたいと思っていることを斟酌するように伝えたのです。

翌年、ふたたびヨーロッパを訪れますと、例の女性がまた現れました。今回は笑顔にあふれています。彼女の話では、すべてが変わったといいます。何が変わったのかを問いますと、「去年教わったとおりに瞑想しました。隣の人が何を感じているか、動機は何だろうと考えたのです——自分と同じように、ただ幸福をもとめ、不幸を避けたいだけなのかと。しばらくすると、自分がもうその人を怖れていないことが突然わかりました。その人が何をしようと、それによって私が傷つくことはない。もちろん嫌がらせは続きましたが、さほど気にならなくなりました。その人のために慈悲の瞑想を行ったことで、どうやら自信が深まったようです。仕返ししたり怒ったりする必要はありません。嫌がらせといっても、害のない、小さなことですから」。

彼女はなおも続けて、「しばらくすると、その人の方も困ったようです。何をしても手ごたえがありませんし、いったんそれに気づくと、嫌がらせをやめたばかりか、私の姿を見ると——気まずそうな顔をするようになりました。ある日、私のところにきてそれまでの行為を謝罪しました。私はその人のために慈悲の瞑想を行いました。それによって私が自信を持ったのはもちろんですが、その人もまた同じように少しずつ自信を持ったんじゃないでしょうか。自分をことさら強く、危険な人物に見せる必要がなくなったのです」。

私たちの多くは孤立して暮らしているわけではありません。相互依存の社会に生きているのです。もし生活の質を上げたいと思うなら、誰かの助力を仰がねばなりません。相互依存という関係なくしては食料も雨風をしのぐ屋根も、仕事すら手に入らないでしょう。スターバックスでコーヒーを買うことだってできません。ですから、他者に対するのに慈悲を用いることで、自分の生活の質も向上するのです。自分と世界の関係、自分自身の生活を見つめなおせば、親愛の情や慈悲がいかに有効なのかがわかってきます。

慈悲を育むことで受けるもう一つの大きな恩恵は、他者の望みや怖れを理解することで、自分自身のこと――望むこと、望まないこと、あるいは自分の真の本性などについて、それらを理解する能力も高まるということです。そうなると、孤独感や自分自身に対する過小評価も自然に消えてなくなります。誰もが幸福を望み不幸を怖れていると認識できれば、たとえあなたが恐怖や欲望に駆られていたとしても、自分一人ではないことにも気づくでしょう。それがわかれば、他人を怖れることなどなくなります――誰もが潜在的な友であり、兄弟姉妹なのです――というのも、みなが同じ恐怖、同じ欲望、同じ目的を共有しているのですから。こうした理解に立てば、他人との心と心の付き合いがもっと簡単にできるようになります。

この種の心を開いた付き合いについて、ニューヨークでタクシーの運転手をしているチベット人の友人が好例を提供してくれました。ある日、彼は渋滞時にあやまってUターンして、一方通行路を逆走してしまいました。たちまち警官に停められ、違反切符を切られて、裁判所に召喚されました。裁判所に出頭しますと、その友人の列のすぐ前にいた男はずいぶんご立腹のようすで、裁判官や切符を切った警官、弁護士らなどに食ってかかっています。そうした乱暴な振る舞いのせいで裁判所での心証は悪く、異議申し立ては却下されて多額の罰金が課されました。

友人の番がきて、裁判官の前に出ますと、彼はリラックスしたようすで微笑みを浮かべ、切符を切った警官におだやかにおはようございますといい、礼儀正しく時候の挨拶などを述べます。一瞬、警官はとまどったようすでしたが、すぐに挨拶を返しました。友人は裁判官にも丁重な挨拶をします。いざ裁判が始まりますと、裁判官は友人に問いかけました。「さて、どうして違法なUターンをしたのですか」。友人は礼儀正しく説明を始めました。その日は渋滞があまりにもひどく、実際それしか方法がありませんでした、と。裁判官は警官に事実関係を確認しましたが、警官も友人の主張を裏付け、あの状況下では友人の犯した過ちにも同情の余地があるとも付け加えました。裁判官は友人を無罪とし、晴れて放免となったのです。その後ロビーで、警官は友人にそっと耳打ちしたそうです。「うまくやったな」。

友人にとって――私にとってもそうですが――この裁判所での経験は単純な形の親切、慈悲の心を実践することによって、いかに恩恵を受けるかということの好例となりました。人を自分がそうしてほしいように扱い、敵などと見なさない。実生活における立場がどうあれ――タクシーの運転手でも、有力な政治家でも、あるいは大企業の幹部でも――他人を友人として扱い、自分と同じ望みや怖れを抱いているものと考えれば、幸福を得る機会はぐっと増えてきます。こういう姿勢で臨むとその効果は覿面《てきめん》で、もし誰か一人にこうした良い影響を及ぼせば、その人がまた誰か他の人に良い影響を及ぼします。相手が三人になれば、それぞれがまた三人ずつに影響し、結局あなたはこの時点で十二人もの人に影響を及ぼしたことになります。こうしてどんどん連鎖反応が続いていくのです。

第17章　幸福の生物学

心の深いところから因果律に則《のっと》ったかたちで自信を起こしなさい。
――パトゥル・リンポチェ

科学において本当にすぐれた実験は、解答もさることながら、多くの疑問を提示してくれるものです。訓練された瞑想者を検査したことで生じた重要な問題として、心を管理するという彼らに共通する能力が、似たような生まれつきのものなのか、文化的な環境の賜物なのか、あるいは同じ訓練によるものなのか、その因子は何かということがあります。別の言葉で申し上げれば、幼少の頃からチベット仏教の僧院という特殊な環境下で教育を受けたわけではないごく普通の人々が、瞑想の技法を実践することで恩恵を得ることがはたしてできるのでしょうか。

仏教の瞑想者に対して臨床実験を行うという手法はまだ発展の途上にあり、右の質問に確信をもって答えられるようになるまでにはいま少し時間がかかりそうです。ブッダは何百、何千もの普通の人々――農夫、牧童、王、商人、兵士、乞食、あるいは罪人――に対して教えを授けたとされております。

自分の体調や環境に左右されずに永続する幸福を獲得するため、心のあり方を微妙に変える方法を教えたのです。もし彼の教えが有効なものでなかったなら、すでに彼の名は忘れ去られておりましょうし、仏教という伝統も存在しなかったでしょう。あなたがこの本を手にとることもなかったわけです。

潜在能力を受け入れる

拘束の原因が何であれ、そこにこそ自由への道がある。
――ギャルワン・カルマパ九世

幸福を得るための「内なる仕事」を始めるのに、ことさら良い人間である必要はありません。チベット仏教の歴史上、高僧と呼ばれた人の中には殺人を犯した者もいます。今、彼は聖人と崇められ、耳に手をあてて普通の人々の祈りを聞く姿が多く描かれています。

彼の名はミラレパ。十世紀ごろ、裕福な夫婦の間に一人っ子として生まれました。父が不慮の死を遂げたあと、叔父によって財産を奪われ、母とともに貧しい暮らしに追いやられましたが、この環境の変化は母子とも不本意ながら受け入れざるを得ませんでした。当時のこととして、夫を喪った妻、父を喪った子は、親戚の男たちの決定に従わねばならなかったのです。

さて、ミラレパが年頃になると、母親は彼をある呪術師のもとへやりました。親戚連中に復讐するため、まじないを習わせたのです。自分自身の怒りと母親を喜ばせたい一心でミラレパは黒呪を修め、従兄弟の結婚式の日に呪いをかけて叔父の家を没落させ、三十五人もの同族の者を殺害しました。

ミラレパが実際に呪術もしくは類似のわざを用いて殺人を犯したかどうかは議論の分かれるところです。事実としては、彼は親類を殺害し、後になって罪の意識と悔恨に苛《さいな》まれました。ちょっと嘘をついただけでも夜眠れないとおっしゃるあなた、三十五人もの親戚を殺したらどんな思いか、想像してご覧なさい。

ミラレパは罪を償うため家を出て、生涯を他人の福祉のために尽くそうと志し、マルパという人のもとで学ぼうと南チベットに赴きました。マルパは三度インドを旅して仏教の真髄を学び、その教えをチベットに持ち帰りました。いろいろな点でマルパは普通の人間でした――仏教でいう「在家信者」で、妻帯して子供もあり、畑も持って、家族とともに身過ぎ世過ぎに汲々《きゅうきゅう》とする毎日でした。それでも彼は法《ダルマ》に身を捧げ、この献身によって大きな勇気を得たのです。チベットからインドまで、ヒマラヤ山脈を徒歩で越えるのは並大抵のことではありません。途中で命を落とす人も少なくなかったのです。最後の旅を終えてしばらく後、インドは外敵の侵入に見舞われ、仏教の経典や寺院は多くが破壊されて、修行に励んでいたほとんどの僧侶や導師が殺されたというわけですから、マルパは機会にも恵まれていたといえましょう。

マルパはインドから持ち帰った知識をすべて長男のダルマ・ドデに伝授しました。しかしダルマ・ドデは落馬事故で亡くなり、その悲しみも癒えぬうちから、マルパは教えを伝えるべき別の後継者を探しておりました。彼はミラレパを一目見て、教えを修めるだけでなくその真髄にまで至って、それを後世にまで伝えるだけの素質があると感じました。ミラレパは自らの行いに心つぶれ、悔恨の情深く、その償いのためには何でもするという意思にあふれていたのです。

ミラレパは経験だけを通して仏教の教えの根本をすでに悟っていました。考えたり、口に出したり、行ったりするすべてのことは、経験としてそのまま自分に返ってくる。誰かに痛みを与えれば、その痛みは十倍になって自分に帰ってくる。誰かに幸福を授ければ、やはり十倍になって返ってくる。心が安定していれば、まわりの人の心も同じだけ安定する。

こうした理解は長く命脈を保ちました。同じことを表すのに文化が違えば表現も違います。ハイゼンベルクの有名な不確定性原理でさえ、内的経験と外的兆候に密接な関係があることを認めています。今、特におもしろく感じますのは、最新の科学技術を用いれば、そういった原理を直接目で確かめられるようになったことです。心を鎮め、慈悲を育むことで、高い水準の個人的な喜びを得ることができ、幸福感を持続させるために脳機能の構造を実際に変えてしまうこともある、という事象についての客観的な証拠を最近の研究者たちは提示し始めました。

一般の人に仏教の瞑想が及ぼす効果を調べるため、リチャード・デイヴィッドソン教授と彼のグループは米中西部のある企業の協力を得て一つの実験を行いました。瞑想の実践法は、職場での心理的、肉体的ストレスを軽減するのに効果があるかどうか、それを見極めるのが目的です。その企業の社員を招いて瞑想のコースを受講させることにして、血流や脳波の簡単な検査を施した後、参加者を任意の二つのグループに分けました。一つのグループはただちに瞑想の訓練を始め、もう一つのグループは第一のグループに対する検証が十分なされた後で訓練を受けさせました。訓練自体は十週間にわたって行われ、マサチューセッツ大学の医学部教授で、同大学記念医学センターのストレス軽減クリニックの創始者でもあるジョン・カバット＝ジン博士がこれを担当しました。

瞑想の訓練が終了した後も数か月にわたって被験者を検査しましたところ、訓練終了後、三ないし四か月以内に、肯定的な感情を司るとされる左前頭葉において、徐々にではありますが電気的活動が確実に増加していることを、デイヴィッドソン教授の研究チームは発見しました。その同じ期間、被験者からはストレスの減少、心の落ち着き、通常一般の意味においての幸福感、などの事象が見られたとの報告も相次いで寄せられたとのことです。

さらに興味深い結果も近く見出されることでしょう。

幸福な心、健康な体

肉体、言語、心という特別な贈り物を得て、
人間は建設的な行動を追求するという稀有な能力を得た。
――ジャムグン・コントゥル

人間の心の状態は身体にある程度の影響を及ぼします。このことについては仏教徒と現代の科学者の間に意見の相違はほとんど見られません。卑近な例で申しますと、昼間誰かと喧嘩をする、料金未

払いにより電気を止めますという通知を受け取る、このような場合、夜、寝床に入ってもなかなか寝付けないのではないでしょうか。あるいは仕事でプレゼンを行う、上司にトラブルを報告する、などという場合、筋肉が緊張したり吐き気をもよおしたり、頭がずきずき痛んだりするかも知れません。

つい最近まで、心の状態と身体的経験との間の関係を示す科学的証拠はさほど多くは見られませんでした。リチャード・デイヴィッドソン教授の会社員を対象にした研究では、瞑想の訓練の終了時期をちょうどインフルエンザの予防注射の時期に合わせました。被験者の血液を採取して調べた結果、瞑想の訓練を受けた社員は受けてない社員よりも多くの抗体ができておりました。つまり、左前頭葉に大きな変化が見られた社員は免疫系も増強されていた、ということです。

この種の結果は現代科学の大いなる進歩を示しています。私が話をした多くの科学者は心と体の間に関連性があるかどうか、長い間懐疑的でした。この研究以前には、これほどはっきりした証拠はなかなか得られなかったのです。

長い歴史の中で、心と体の関係についていえば、科学は主として正常ではなく異常な状態に注目してきました。ところがここにきて少し風向きが変わって参りまして、多くの科学者グループが幸福で健康な人間への解剖学的、生理学的な接近を試みています。

過去数年間に多くの研究がなされ、前向きな心と病気のリスクの減少との間には密接な関係があることがわかってきました。例えば、ハーバード大学公衆衛生学科、社会と人間の発展及び健康部門の助教、ローラ・D・クブザンスキー博士は、過去十年間に及ぶ千三百名の病歴調査を始めました。被験者は主に退役軍人で、一般人がなかなか受けられない水準の検診を受けてきた人々であり、十年という長期間にわたる病歴もかなり正確に把握できます。「幸福」とか「不幸」というのは広い意味を持つことばですので、クブザンスキー博士は「楽観的」か「悲観的」かという点に特化して着目しました。これらの性格付けは標準的人格テストで規定されています。楽観的とは、将来に対して何も不安はない、なぜなら節目節目の重大事には日頃からの備えで対処できるから、と考えるタイプ、悲観的とは、問題が起こっても運命を変えることができない以上、甘んじて受け入れるしかないと考えるタイプです。

年齢、性別、社会・経済的地位、運動歴、アルコール摂取、喫煙といった因子を統計学的に処理した上で被験者を調査した結果、ある種の心臓疾患の発生率が、楽観的とされたグループの方が悲観的なグループよりも五〇パーセント近くも低いことがわかりました。最近のインタビューで博士は答えています。「私は楽観的ですが、こんな結果は予想していませんでした」。

デューク大学心理学専攻助教、ローラ・スマート・リッチマン博士の研究は、幸福に関連する二つの肯定的情緒、すなわち希望と好奇心について調べたものです。複数の診療科を持つある医院の患者で、アンケートに同意した約千五十名に対し、精神状態、行動の様子、その他収入や学歴などについて聞きました。

リッチマン博士と彼女のチームはこれら被験者の過去二年間の病歴も調べました。そして、例の統計学的処理を施した上でわかったことは、希望や好奇心を強く抱いている人は糖尿病、高血圧、呼吸器系疾患の進行の度合いが低いということです。科学者として典型的な、慎重を期したことば遣いでリッチマン博士は総括しました。
「肯定的な情緒は病気の進行に対して保護的な役割を果たしているのかも知れません」

至福の生物学

頼りになるのは、崇高で貴重な人間の身体だ。
——ガムポパ

心のことで何かわからないことがあると、しばらく黙って耳をそばだてていれば、自然に答がどこからか聞こえてきます。おもしろいですね。ですから、身体に及ぼす心の影響を調べることのできる技術がこれだけ発達してきたという事実は、現代の科学者が心と身体の関係を研究することに興味を抱いている証左ではないかと、私は信じて疑いません。これまでに科学者によって提出された問いはすぐれて理性的なものであり、それに対する解答も興味深く、結論を出すのに急なものではありませんでした。幸福とその特質に関する科学的研究は緒に就いたばかりですので、多少の不確実性には目をつぶらねばなりません。産みの苦しみが過ぎるまでもう少し時間を与えましょう。

いっぽう、仏教式訓練の有効性について客観的に解明するべく、科学者は互いに協力し始めました。例えば、リチャード・デイヴィッドソン教授が被験者から採取した血液サンプルを調べますと、前頭葉が肯定的なタイプの人は、ストレスに対応する副腎皮質ホルモン、コルチゾールの分泌が少ないことがわかりました。コルチゾールは免疫系の機能を抑えるはたらきがありますので、自信や幸福といった感情や人生を制御できるという見込みを持つことと、強く健康的な免疫系を備えていることのあいだに何らかの相関関係がありそうです。逆に、不幸、制御不能、運任せといった感情に即してコルチゾールの値は上がり、結果として免疫系が弱まって、さまざまな病気にかかりやすくなります。

「空《くう》」を認識することによる恩恵

あなた自身が生きた教えだ。あなた自身が生きた法《ダルマ》なのだ。
——チューギャム・トルンパ

時々刻々と私たちが経験する思考や感情、感覚は、我慢強く観察するうちにいずれも実質を備えたものではないと徐々に認識できますので、第2部で紹介しました瞑想法はどれを用いても自分が「制御不能」に陥るのを軽減する助けになります。もしあなたが経験するすべての思考や感覚が実質を備えたものであるとしたら、あなたの脳はそれらの質量に耐えきれず押しつぶされてしまうでしょう。

あるとき、弟子の一人がこういいました。「修行を通じて、感情というのは具体的な事象ではないということがわかりました。自分が落ち着いているかそうでないか、その状態に応じて移り変わるのです。もし事象であれば、そんな風には変化しないはずです」。

同じことが思考や五感についても当てはまります。いずれも無限の可能性を秘めた「空」の一時的な現れと仏教では考えられています。異なる目的地をめざして空港内を行き交う乗り換え客と同じで、そのような人は誰もが「ここは単なる通過点です」といいます。

では、「空」を認識することで病気の原因となるストレスが軽減されたりするのでしょうか。前の方の章で、「空」と夢の中の経験との比較を、自動車の例を引いてお話ししました。夢の中に出てくる自動車は「本物」ではありません。工場でいろいろな部品から組み立てられた物ではない、という通常の意味においてです。それでも、夢の中で自動車を乗り回す経験は極めて本物に近い。私たちは自動車を運転したり、近所の人や友人に見せびらかしたりする「本物」の愉しみを味わう一方、事故を起こせば「本物」の不幸を経験することになります。ですが、夢の中の自動車は実際に存在するものではありません。ただ私たちが夢を見ていることに全く気が付いていないだけで、その結果、自動車に関する経験すべてが本物のように思えるのです。

夢の中ではある種の約束事が強く働いて夢を本物らしく見せます。例えば滝の夢を見たとしましょう。ふつう水は下に向かって落ちます。火は夢の中でも炎が上に立ちのぼります。悪い夢の場合は——例えば自動車事故に遭ったり、高いビルの屋上から飛び降りて地面に叩きつけられたり、炎の中を通り抜けたりする——そんな夢を見ても、夢の中で経験する苦痛は本物のように思えます。

ここで質問です。今までのよりは少し答えにくいかも知れません。目を覚ます以外に、夢の中で味わうこの種の苦痛を回避する手立てはあるでしょうか。

私は講習会でこの質問を何度も取り上げました。答えは千差万別です。中には非常におもしろいものがありました。透視能力のあるお手伝いさんを雇うというのです。夢で苦痛を感じたらその人が夢の中に入ってきて、そこから逃れる手引きをする。透視能力のあるお手伝いさんなどこの世に何人くらいいるのか、あるいは履歴書に透視能力ありと書けば就職が有利になるのか、私には判断がつきかねます。

また別の人は、覚醒した状態での瞑想を長時間行えば、よい夢を見る確率が自然に上がるのではないかといいます。残念ながら、私がこれまでに出会ったり話したりした人々の中には、そうした事例はありませんでした。あるいは、ビルから飛び降りる夢を見るうち、自分が空を飛べることに突然気づく場合もあるのでは、という人もいます。どのような道筋でそんなことが起きるのか私にはわかりませんが、これはちょっと危ない提案のような気がします。

ごく稀に、もっとも現実的な解決策として、夢の中でこれは夢なのだと自覚することを挙げる人もいますが、私が教わったかぎりにおいてはこれが一番よい解答だと思います。夢の中で自分は夢を見ていると自覚することができれば、夢である以上、何でも思いのままです。高いビルから飛び降りても怪我一つしません。炎の中に飛び込んでも火傷を負わず、溺れたりせずに水をわたることだってできます。自動車を運転中にもし事故を起こしても無傷で済むでしょう。すべての現象が「空」であると認識する訓練を重ねることで、目覚めている時間の方でも偉業が達成できる、というのが今回のポイントです。ほとんどの人は目覚めているときも夢を見ているときと同じような限界を感じ、とらわれの感覚という幻想に縛られています。ところが毎日数分間でも自分の思考や感覚を見つめるということを行えば、以前思っていたほどには日々の経験が磐石な、変更不可能なものではないことに気づき、自信が持てるようになります。神経細胞による「うわさ話《ゴシップ》」は、いったんはそれが真実だと思い込んだとしても徐々に変化して、脳細胞と感覚器の細胞とのあいだの関係もそれに従って変わってきます。こうした変化はごくゆっくりと進むことを念頭においてください。変化が本来の速度で、ご自身の本性に合わせた形で進むにまかせることです。ここのところで焦りますと、失望感を得るのはまだしも、下手をすると自分を傷つけかねません（例えば、「空」についてほんの一日か二日瞑想したからといって、その後すぐに炎の中を歩いたりすることは、私はおすすめしません）。

自分の持つ潜在力、すなわち「仏性」を本当の意味で認識するために必要な根気と精励について考えるには、最適な例として映画『マトリックス』シリーズの第一作をおすすめします。すでにご覧になった方も多いでしょう。私がこの映画で感心しましたのは、「マトリックス」という世界にとらわれた人々が経験するふつうの現実が実は幻想だったということもそうですが、主人公のネオという人物がさまざまな機器を用いて訓練を経てもなお、その人生の大半において真実だと思っていた限定された世界が、実は自分の心の反映に過ぎないことを理解するのにある程度の時間がかかる、という点でした。この限定された世界に最初に向き合わねばならなかったとき、彼は怖れを抱きますが、私にはその怖れが何であるか、容易にわかります。案内人でかつ師匠となる別の登場人物モーフィアスに説得されても、ネオは自分の真の能力をなかなか信じることができません――私もまた自分の本性というものを信じることができませんでした。師がその潜在力を実際に示すことで、私は本性というものを初めて知ったのです。映画の最後になってようやくネオは自分に授けられた教えがすべて真実だと身をもって経験し、それと同時に飛び出した弾丸を空中で止めたり、空を自由に飛んだり、実際に起こることを予見したりできるようになります。

彼はこれらのことをじっくり時間をかけて学ばねばなりませんでした。ですからほんの二、三日の瞑想で水の上を歩いたりビルから飛び降りたりできると思わないでください。まず最初に感じる変化としては、開放感や自信、素直な心が自分の中で高まったことに気づくでしょう。まわりの人々の思考や動機を以前よりも速やかに知ることができるようにもなります。この実績は決して小さなものではありません。「智慧」への第一歩なのです。

もし瞑想の実践を続けられれば、「本性」の持つあらゆる素晴らしい資質が徐々にその姿を現すとでしょう。自分の本質は決して害されたり壊されたりしないことに気づくはずです。また、他者の思考や動機を、当の本人よりも先に「読む」ことができるようになります。将来に対してより透徹したまなざしを向け、自分の行動も他者の行動についても、それらが引きおこす結果を見越せるようにもなるでしょう。そして、おそらくこれが最も重要な点ですが、怖れを抱いたとしても、肉体にどんなことが起ころうとも、「本性」は本質的に破壊することができないものなのです。

第18章　さらに先へ

人間の存在、この極めて稀なることの利点を考えなさい。
——ジャムグン・コントゥル

現代の科学者がこれまで研究してきたところ、すべての生物の中で、自分の人生の行方を吟味して決定したり、その決定によって人生が束の間の幸福に終わるか永続的な幸福へと導かれるかを判断する能力は、人間にしか備わっていないそうです。遺伝学的には私たちは一時的な幸福に向かいがちですが、より深い、息の長い自信や安心感、幸福感を自らの内に認める能力も備えています。知覚を有する生物の中で、理性や感情と生き残るための本能との関係を強化する必要性を認識する能力において人間は傑出しており、またそうすることで——自分とその子孫だけでなく、恐怖や苦痛を感じるすべての生物のための——一つの宇宙を生み出し、その中で楽しく平和にすべてが共存するのです。

たとえ今は気がつかないとしても、そういう宇宙はすでに存在しています。仏教の目的は、この宇宙は——実は私たちの中にある無限の可能性に他ならないのですが——今、ここに存在するのだということを認識する能力を育むことにあるのです。それを認識するためには、心を休めることを学ばねばなりません。自然な「気づき」の中で心を休めることによってのみ、思考や感情、感覚は私たちそのものではないということがわかってくるのです。思考や感情、感覚というのは肉体の機能です。仏教徒として学んだこと、現代科学について学んだことのすべてが、人間は肉体だけの存在ではないことを示唆しています。

本書で私が紹介しました練習法はあなたの潜在能力、つまり「仏性」の実現に至るための初歩に過ぎません。心を落ち着かせたり、心に親しんだり、また親愛の情や慈悲を育んだりすることで、あなたの生活に意外な変化が訪れます。誰もが困難に直面したとき自信や平常心を持ちたいと望むものです。孤独感を紛らしたり消し去りたいと思います。たとえ間接的であっても、そうすることで自分や自分の愛する者、まだ見ぬ自分の子孫が幸せに暮らせる環境ができるのなら、他者の幸福に寄与したいと思うものです。自分と自分を取り巻く世界に対する条件付きの考え方を捨てるための少しの辛抱、少しの頑張り、少しの意思があれば、以上のようなことは達成できるのです。夢の中で覚醒するために少し練習して、夢の中での経験と夢を見ている人の心はまったく同じだということを理解すればよいのです。

夢の中の風景が無限に広がって見えるように、あなたの「仏性」も無限に広がっています。過去の仏教の聖人にまつわる説話には驚くべき男女がたくさん登場します。水の上を歩いたり、火傷を負わずに火の中をくぐったり、遠くに離れた人々とテレパシーで交信したりとさまざまです。私の父もまた、目のまわりの薄い皮膚と筋肉を切るという手術を受けた際、痛みを感じなかった、ということがありました。

ここである人物の話をしましょう。彼は二十世紀の人で、知覚を有する存在として可能な限りの潜在能力を実現しました。彼の名はカルマパ十六世。チベット仏教カギュー派の前の管長です。一九五〇年代後半にチベットを襲った困難の中で、彼とその弟子たちは北インドのシッキムに居を移し、大寺院やいくつかの学校、そして亡命チベット人を援助するための機構を立ち上げました。シッキムにおける共同体が少し落ち着いたところで、カルマパは旅に出て世界中をまわり、当時ようやくチベット仏教の特殊性に気づき始めた多くの人々に教えを授けたのです。欧州や米国をまわった際には、いわゆる奇跡といったことも披露しました。例えば堅い岩の表面に足跡を刻み付ける、米国南西部の旱魃《かんばつ》地帯に雨を降らせる——ホピ族の居住地である砂漠地帯で、自然に泉を湧かせるなどということもありました。

ところが、「本性」を最も印象的なかたちで見る者に訴えたのは、実はカルマパ十六世の死に際しての振舞いでした。一九八一年、彼はシカゴ郊外の病院でがんの治療を受けていました。その病状を診た医師のチームは困惑を隠せませんでした。はっきりとした原因は不明ですが、がんは時にきれいに消え失せたかと思うと、患部以外の場所に突然ひょっこりと現れたりするのです——医師の一人がいみじくも述べたように、まるで「彼の体は医療機器をからかっているよう」でした。病気のあいだ、カルマパは決して痛みを訴えませんでした。彼は自分のことよりも病院のスタッフの幸福により心を配っていました。スタッフも折を見ては彼の病室を訪れました。病状の深刻さにもかかわらず、彼の全身から立ちのぼる大いなる静けさと慈悲の心をただ味わいたかったからです。

彼が亡くなったとき、治療にずっと付き添ってきたラマ僧や他のチベット人は、三日間は彼の遺体をそっとしておいてほしいと頼みました。高僧が亡くなった際のチベットでの習慣なのです。カルマパは病院のスタッフに深い印象を与えておりましたから、病院側もこの要望を受け入れ、霊安室には移さずに、死の間際にとっていた瞑想の姿勢のまま病室にとどめておきました。

この三日間、彼の遺体を調べた医師たちの報告によれば、死後硬直は見られず、心臓のあたりには生者のごとく温もりがあったとのことです。二十年以上経った今日でも、遺体のようすについては医学的な説明がつかず、実際にそれを目撃した人々は、そのとき受けた強い衝撃をいまだに拭えないようです。

カルマパ十六世が西洋の病院で治療を受け、そこに遺体を残そうと決めたことは、人類に対する彼の最後の、そして最大の贈り物だったのではないかと私は思います。西洋の科学者に、通常の考え方では決して説明のつかない人間の持つ潜在能力を、身をもって示したのです。

師を見つける

きちんとした精神上の師に導かれるべきだ。
——ギャルワン・カルマパ九世

古今を通じて高僧といわれる人々について興味深いのは、彼らがみな同じような訓練を受けたということです。実践法は数々ありますが、本書でも紹介しましたように、まず最初に心を休め、慈悲を育みます。そしてより賢明で老練な先達の導きにより、本性へとたどり着くのです。もしあなたがもっと先へ行こう、自分の本性を開拓し、さらに経験したいと思うのなら、導きが必要です。師が必要なのです。

よき師の条件とは何でしょう。まず第一に、相伝による訓練を受けた者でないといけません——さもなければ、自分で勝手に規則やガイドラインを決めてしまったり、本で読んだ知識を間違ったまま繰り返し用いたりするおそれがあります。相伝によって修行した師に教えを受けることで得る大きな、しかし精妙な力というものがあります。第1部で申し上げた「相互依存」（縁起）の力です。相伝によって修行した師に就いて学びますと、その宗派の「家族」の一員となるのです。ことばにならない重要な教えを生家、あるいは育った家から受けるのと同じで、真の師を観察したりともに過ごしたりするだけで、かけがえのない教えを得ることができます。

ある特定の宗派の戒律のもとで修行することに加えて、よき師になるには慈悲の心を示さねばなりませんし、その行動を通じて、直接に言及することなく、それとなく自分の「悟り」を示すことも必要です。自らの達成をことさらに語る師は避けましょう――このような自慢話は得てして何も達成していないことの証左なのです。それなりの経験を積んだ師は自分の業績を語ったりはせず、むしろ自らの師のことを話します。輝く金塊のように、師を包むオーラのようなものが見えてくるものです。金塊そのものを見るのではなく、その輝きを見るのです。

幸福を選ぶ

意思というものは心の業《カルマ》である。
――グナプラバ

テレビゲームに興じる子供を見てご覧なさい。敵を殺したり点数を稼いだりするため、ボタンを押すのに必死になっています。ゲームというものにいかに中毒性があるか、おわかりですね。では一歩引いて考えましょう。「マネーゲーム」でも「恋愛ゲーム」でも、大人のあなただって同じようなゲームに興じており、しかもいずれにも中毒性があります。子供と大人の大きな違いは、大人には経験があり、途中でやめることができることです。自分の心をもっと客観的に観察することを選べますし、そういう選択ができない他者に対して慈悲の心を育むこともできます。

ここまでお話ししてきましたように、ひとたび自分の「仏性」に対する「気づき」を育み始めますと、日々の経験に変化がどうしても見えてきます。頭を悩ませていたことどもは徐々にその力を弱めていきます。あなたはより賢くなり、リラックスして、心が開かれます。障害物さえもさらなる成長の糧と認識するようになります。自分の限界や弱さといった根拠のない幻想は徐々に薄れ、自分自身の奥深くに、確固たる真の自分を発見することになります。

とりわけ、自分の潜在能力が見えてきましたら、同時にまわりのすべての人の潜在能力も見えてきます。「仏性」は選ばれた少数の人にのみ与えられた特権ではありません。「仏性」を認識したかどうかの見極めは、それがいかに平凡なものかがわかるかどうかです――すべての生物が「仏性」を持っているが、みながみなそれを認識しているわけではない、ということを知る能力といってもいいでしょう。自分を非難したり害を与えたりする人々に対して心を閉ざすのではなく、逆に心を開くのです。彼らとて単なる莫迦者ではなく、あなたと同じく幸福ややすらぎをもとめていることがわかるでしょう。単に自分の本性が認識できず、弱さ、怖れといった感覚に押し流されているだけなのです。

修行はまず、単純によいことをしようと望むことから始め、「心の充実《マインドフルネス》」をもってすべての活動を行い、他者に対して心を大きく開くことです。自分の経験を条件付けているのは苦痛かやすらぎかを判別する上で、「動機」はもっとも重要な因子です。「心の充実」と「慈悲」は実際には同じペースで育まれます。心が充実すればするほど、慈悲の心も持ちやすくなります。他者に心を開けば開くほど、すべての行動において心が充実してきます。

思考や感情、感覚の連鎖に流されることもあります。これらはあなたの心の弱さ、限界を助長します。しかし、あなたの「本性」は純粋で、何ものにも条件付けされず、害されることもないということを、どうか覚えておいてください。無知という眠りの中にとどまるのも自由ですが、いつも、そしてすでに、覚醒しているのだということを忘れないでください。いずれにしても「本性」の持つ無限性をよく表しています。無知、弱さ、怖れ、怒り、欲望。これらはみな「仏性」の持つ無限の潜在能力の表れなのです。これらの選択にあたっては本質的に善悪の区別はありません。仏教の修行の成果は、私たちの「本性」が無限である以上、こうした心の軌轢も単に選択の問題に過ぎない、ということを認識することなのです。

もちろん無知を選択することも可能です。「気づき」を選択するのも、それが可能だからです。輪廻《サンサーラ》と涅槃《ニルヴアーナ》は単なるものの見方の違いであって、その違いは経験をどのように調べ理解するか、その選択に立脚するものです。涅槃には呪術めいた性質はありませんし、輪廻は悪いものではありません。もし限界や怖れ、弱さを感じたり、過去の経験に傷ついたりした場合、それはあなたの選択であって、違う選択をする機会はじゅうぶんあるということを忘れないでください。

本質的に仏教の道には「在俗」か「修行」かの二通りの選択があります。もちろん馴染みのある、つまり俗世間的な思考や行動の型に従うことは楽でもあり安定もしています。安楽な俗世から一歩外に出ますと、必然的に未経験の世界に足を踏み入れることになり、これは実に怖ろしい――私も修行中、このどっちつかずの世界で落ち着かない思いをしました。馴染んだ世界に戻るか、怖いのは馴染みがないからだと腹を据えて前へ進むか、どうするか決めかねるところです。

自分の潜在能力を見極めるかどうかの判断にまつわる不安は、何人かの弟子にいわせれば、腐れ縁を断ち切ることに似ています。関係を断つという行為には、何となく気が進まない、何か失敗したような感じがつきまといます。腐れ縁を断つことと仏教の修行に入ることとの第一の違いは、修行に入れば自然に腐れ縁は断たれる、ということです。潜在能力を見極める方を選択すれば、自分を過小評価することも徐々になくなっていきますし、自分の意見も積極的で包括的なものになり、自信も生きる喜びも増してきます。同時に、まわりの人々にも、本人が気づいているかどうかはともかく、自分と同じような潜在能力が備わっていることもわかってきます。彼らを脅威と見ず、自分は彼らの恐怖や不幸を理解している、問題を指摘するより解決を与えてやる、といった態度で臨むのがいいでしょう。

最終的には、心の軋轢《あつれき》に気づく不快さか、その軋轢に支配される不快さか、どちらかを選ばねばなりません。思考や感情、感覚に「気づき」をとどめておき、それらが心と身体が相互に作用してできた産物だと認めるのは、必ずしも快いこととは申せません。このように考えることはときに不快感を伴います。同じことは、何か新しいことを始めるときにもあてはまります。ジムに通う、仕事を始める、ダイエットを行う、などです。

初めの数か月が常に難しいのです。仕事に必要な技術を身につける、運動の動機付けを探す、毎日健康的な食事をとる。いずれも簡単ではありません。ですが、しばらくすると、さほど難しくはなくなり、楽しいと思ったり、達成感を得たりします。あなた自身がまったく変わるのです。

瞑想にも同じ効果があります。最初の何日かは気持ちよくできるのですが、一、二週間過ぎる頃には、修行は試練と化します。時間がわからない、座るのが苦痛だ、集中できない、疲れる。長距離走者があと一キロ余計に走ろうとするときのような、壁に突き当たるのです。体は「もう無理だ」と訴えますが、心は「まだ行ける」といいます。どちらの声も愉快ではありません。いずれを選ぶにしても、何らかの努力を要するのです。

仏教は三つ目の選択枝をよく用意しますので、しばしば「中道」であるといわれます。あと一秒、音やロウソクの炎に集中できないのなら、そこでやめればよろしい。さもないと瞑想は苦行となってしまいます。「ああ、もう七時十五分だ。座って幸福について瞑想しなくちゃ」などと思うのはやめてください。そんなやり方では続きません。反対に、もう一分か二分行けそうだと思ったら、どうぞ続けてください。その成果に後で驚くでしょう。自分では認めたくない抵抗の裏に、ある種の特別な思考や感情を見出すのです。あるいは単に思ったほど長く心を休めることができたと感じるだけかも知れません――ですが、その発見こそが自信につながるのです。コルチゾールの分泌を抑え、ドーパミンの分泌を高め、左前頭葉のはたらきを活発にするのです。こうした生物学的な変化は一日に大きな違いをもたらし、肉体的にも落ち着きや自信を与えることになります。

どれほど長く瞑想しようと、どのような実践法を用いようと、それに気づくかどうかは別にして、瞑想は最終的には慈悲を生み出します。これが最も重要なのです。心を見つめると、自分とまわりの人々との類似を認識せずにはいられません。幸福を望むのは他者も同じで、怖れや怒りにしても同じことです。自分の心を見つめると、自分と他者とのあいだの、想像していたすべての違いが自然に消え失せ、古くから伝わる「四弘誓願《しぐせいがん》」が、心臓の鼓動に合わせて、自然に鳴り響くのです。

すべての生き物が幸せで、また幸せを生み出すように。
すべての生き物が苦痛と、その原因から逃れられますように。
すべての生き物が喜び、また喜びのもととなりますように。
すべての生き物が平等で、執着や嫌悪から自由でありますように。

訳者あとがき

今本　渉

「心は持ちよう」とか「病は気から」という表現がある。これらの常套句に異を唱える人はそうあるまい。たしかに心の持ち方ひとつで人生がよくも悪くもなりそうだし、病気に対するに強い意志をもってすれば（そうしない場合と比べると）何となく快方に向かいそうである。こういうことは誰しも覚えがある。

極めて大ざっぱにいえば、本書はこれらの常套句によって意味される内容を、（チベット）仏教の、そして現代科学の、双方の立場から実践的かつ理論的に解明しようとする試みである。仏教（あるいは、もっと広く東洋思想）と現代科学を結びつけての考察は本書がはじめてというわけではなく、一般読者として受容できるレベルにおいては、早くも一九七〇年代にはフリッチョフ・カプラ（『タオ自然学』）から諸星大二郎（『暗黒神話』『孔子暗黒伝』）にいたるまで、さまざまな表現方法で先鞭がつけられている。当初は何となく胡散臭い色物と見られていた観のあるこうした試みは、その後、ケン・ウィルバーやイリヤ・プリゴジンらの研究によって多方面から補強され、今日では「真面目」に議論されるべきテーマとなった。

では、「心」とは、「気」とは何だろうか。

たとえば『広辞苑』第六版をひいてみると、これら常套句の文脈に沿った意味としては、およそ次の通りである。

「こころ（心）」……人間の精神作用のもとになるもの。また、その作用。
「き（気）」……心の動き・状態・働きを包括的に表す語。

要するに、人間の精神活動の拠りどころを示す語、といっていい（「気」についてはひとまず措く）。むかしの日本人はその拠りどころを心、つまり心臓にもとめた。今の常識ではそれは頭であり脳である。科学がそれを証明している。ただ、それを心臓にもとめる名残はある。英語におきかえて「熱いハートの持ち主」などといったりする。心とは、頭であり、脳であり、またときどき心臓でもある。

英語が出たついでに、英語では何というかを考えよう。英語で心は「ハート（heart）」であり、「マインド（mind）」である。むかし、英語の授業で「マインドとハートは違う。マインドは頭で、ハートは心だ。ものを考えるのがマインドで、感じるのがハートだ」と教えられたものだが、実はマインドもハートも心である。『オックスフォード英語辞典（ＯＥＤ）』をひくと、それぞれ次のような説明がある（和訳は筆者による）。

「マインド」……精神的、心理的な存在、またその機能。

「ハート」……広い意味で「マインド」に同じ。感情、意思、知性のはたらきを含む。

いっぽう、英語でも「ハート」は「心臓」、つまり生命活動の中心部という意味に引っ張られる傾向が強く、その意味では日本語の「心」と守備範囲がかなり似ている。

話が複雑になってきたので整理すると、

「心」＝精神活動の拠りどころ＝「マインド」

であり、また、

「心」＝（精神活動を含む）生命活動の中心＝（「マインド」を含む）「ハート」

というような感じだろうか。

なぜこのようなことに拘泥するのか、これには子細がある。本書の原文には、「ハート」ということばは（ものの中心という意味以外では）ほとんど使用されず、「マインド」ということばで精神活動全般があらわされている。翻訳にあたってはこの「マインド」ということばをすべて「心」と訳した。よって、本書に現れる「心」とは、脳とか心臓とかの場所によらず、「精神活動の拠りどころ」としての「マインド」の訳語として了解されたい。この「マインド」と「心」の関係があいまいだと、本書で扱われている「心」と「脳」の関係のくだりなど、ちょっとわかりにくくなるかも知れないので、ひとこと申し添える次第である。

わかりにくいといえば、英語であらわされた仏教語をどのように日本語にうつすかという問題がある。もともと日本には仏教受容の長い歴史があり、仏教に特有の語彙群が形成されている。「縁起」とか「回向」とか、「業」、「智慧」、「法」などと、それこそ枚挙にいとまがない。これらの語には日本における歴史や宗派の違いによるさまざまな形象《イメジャリ》がまつわりついており、しぜん読者の脳裏に、時に難解な、時に抹香臭い、いわゆる先入観というものを作りがちである。本書の眼目としては、宗教とか科学とかは別にして、まず自己啓発ということを念頭においた、あくまでも手引き書であるという点を鑑みて、どうしても必要な場合以外はなるべく仏教語ではなく日常語にうつすことにした。そのありようは、実際に本書を読んでいただくほかはない。

翻訳は第1章から第12章までと「はじめに」を松永が、第13章から第18章までと「序文」を今本がそれぞれ担当し、全体の用語、表現の調整を今本が行った。

ここでもうひとりの訳者である松永太郎のことについて少し申し上げる。がんらいこの「訳者あとがき」は彼が書くべきはずのものであった。実際に原書に出合い、これを翻訳することを決め、着手したのは松永である。彼は家業の会社経営の傍ら、洋の東西を問わず思想書に親しみ、当該分野における多くの翻訳書を手がける一方、各種のワークショップ、ネット上でも重要な発言を重ねており、長年の蓄積を彼自身のことばでまとめあげて、さあこれから本格的に発信しようという矢先に、この世での生を終えてしまった。彼との個人的なつきあいのことはくだくだしくなるので詳述はしないが、私も長らく生業の傍ら翻訳活動を続けてきて、その間、同じような立場にある者として、彼は常によき先輩であり年上の友人であった。何年か前に私は翻訳業に専念することとなって、ここしばらくは隠遁生活を送っており、彼との連絡もとだえていたところ、逝去から三か月ほど過ぎてから、令夫人の松永直美さんとPHP研究所の若林邦秀さんから、本書を完成させるべくお話を賜ってはじめてその事実を知ったのであった。

本書は翻訳家、松永太郎の最後の書となった。彼の訳した章をつらつら読んでいると、博識でいつも陽気だった太郎さんの声が、たしかに行間から聞こえてきた。晴れて本書を上梓することで、私としても亡き彼に対してよいはなむけができたと、感慨にたえない。

復刊によせて

今本　渉

本訳書の元版は二〇一一年にPHP研究所から刊行されたが、それからもう五年の月日がながれた。その五年の間に、この本に書かれている「瞑想」について、とりわけその方法論はわが国でも一般にひろく認知された感がある。たとえば「マインドフルネス」という用語ひとつ取っても、今日ではカタカナ表記でもじゅうぶん通用するけれど、五年前は決してそうではなく、本書でも「心の充実」という訳語をあてて、それに「マインドフルネス」とルビを振るという処置を施した（今回の版でもそれは踏襲している）。

つまりは、本書の先進性がようやく多くの人々に理解されはじめた、と言うべきか。自信をもってそう言えるだけの内容が本書には詰まっている。お読みいただければわかる。

五年前のあの震災のあと、心のケアということがいかに大切か、多くの人がわが身のこととして思い知ったに違いない。世界に目を向けると、現在でもいたるところで争い、いさかいが絶えないのも事実である。このような世界にあって、本書で説かれる「瞑想」の重要性はいっそう増していると考えるのは私だけではあるまい。

とは言え、われわれはつねに世界平和のことだけを考えて生活しているわけでもない。ひとりひとりの個人がいかによりよく生きるか、すべてはまずそこからだろう。この本にはそのためのヒントがたくさん書いてある。訳者である自分が言うのも気恥ずかしいが、仕事に疲れたとき、自分の進むべき道に迷ったとき、ネガティヴな気分になったときなどは、書棚から本書を引っぱり出して再読三読し、瞑想することで心を新たにすることが多い。一読者として、原著者のヨンゲイ・ミンゲール・リンポチェにこの場を借りて感謝したい。そして、しばし絶版状態にあった本書にふたたび光を当てる機会を下さったパンローリング社にも同じく感謝を申し上げる。

■著者紹介

ヨンゲイ・ミンゲール・リンポチェ
（Yongey Mingyur Rinpoche）

1975年、ネパール、ヌブリ生まれ。チベット以外の場所で修行した新世代の師僧として、チベット仏教界の新星と目されている。チベット仏教の伝統に基づく実践的かつ哲学的な教えを身につけると同時に現代科学の領域にも深い理解を示し、両者の統合をはかる活動を続けている。特に、生物学者のフランシスコ・バレーラ、神経科学者のリチャード・デイヴィッドソンらとの交流は有名。誠実で、ときにユーモアをたたえた講話は、世界規模で仏教徒、非仏教徒を問わず多くの聴衆を魅了している。その様子は自身のウェブサイトtergar.orgでも（動画を含め）閲覧できる。

■訳者紹介

松永太郎（まつなが・たろう）

翻訳家。1949年、東京生まれ。1972年、アメリカ留学。

訳書に、ケン・ウィルバー『進化の構造（1）（2）』『統合心理学への道』『存在することのシンプルな感覚』『インテグラル・スピリチュアリティ』（以上、春秋社）、ケヴィン・アンドリュース『イカロスの飛行』（みすず書房）、ドン・ミゲル・ルイス『四つの約束』（コスモスライブラリー）、ステファン・ボディアン『過去にも未来にもとらわれない生き方』などがある。2010年逝去。

今本渉（いまもと・わたる）

翻訳家。1961年、大阪生まれ。東京大学文学部卒。

訳書に、L・P・ハートリー『ポドロ島』、エリオット・ポール『不思議なミッキー・フィン』（以上、河出書房新社）、ロバート・エイクマン『奥の部屋』（ちくま文庫）などがある。


本書は『「今、ここ」を生きる――新世代のチベット僧が説く幸福への道』（2011年9月、PHP研究所）を新装改訂したものです。

2016年 10月 3 日 初版第 1 刷発行

フェニックスシリーズ ㊵

今、ここを生きる
——新世代のチベット僧が説くマインドフルネスへの道

著　者　ヨンゲイ・ミンゲール・リンポチェ
訳　者　松永太郎／今本 渉
発行者　後藤康徳
発行所　パンローリング株式会社
〒 160-0023　東京都新宿区西新宿 7-9-18-6F
TEL 03-5386-7391　FAX 03-5386-7393
http://www.panrolling.com/
E-mail　info@panrolling.com
装　丁　パンローリング装丁室
印刷·製本　株式会社シナノ

ISBN978-4-7759-4159-1

好評発売中

内向型を強みにする

おとなしい人が活躍するためのガイド

マーティ・O・レイニー【著】
ISBN 9784775941157　304ページ
定価:本体価格 1,300円+税

つきあい下手、考えすぎ、疲れやすい——内向的なあなたが長所をいかして堂々と楽しく生きるコツ

「外向型」と「内向型」。このちがいと自分の特性がわかれば、今までのように自分を責めたり、別の人間になろうと思うことなく、ありのままで生きられるだろう。具体的なアドバイスを通して、「内向型」の人がラクに楽しく生きることに大いに役立つはずだ。

人生が変わる発想力

人の可能性を伸ばし
自分の夢をかなえる12の方法

ロザモンド・ストーン・ザンダー,
ベンジャミン・ザンダー【著】
ISBN 9784775941072　272ページ
定価:本体価格 1,500円+税

欲しいものはすでにあなたの手のなかにある!

「思い込みを抜け出し、発想を転換し、新しい視点を得る12の手法」を発見したエピソードを実例とともに紹介する。12の手法は、誰かに変化をうながしたり、自分を矯正するのとは違う。ありのままを受け入れ、視点を少しだけ変えることで、競争や不足、自分や世間を縛る常識から解放されて、新しい枠組みを作り上げることだ。